全球数字贸易规则新趋势及中国政策选择研究

李墨丝／著

復旦大學 出版社

国家社科基金一般项目17BFX148

序言

世界贸易组织（WTO）总干事伊维拉指出，"未来的世界贸易是数字的、绿色的和包容的"。数字贸易是当今增长最快、最有活力的贸易领域之一，每年增速超过8%。数字贸易的快速增长凸显了数字技术在全球经济和贸易中日益增加的重要性和影响力，数字创新持续深化将进一步推动国际贸易的数字化转型发展。数字化是各类企业进一步融入全球价值链的黄金机遇。随着数字贸易不断发展，政策制定者、企业和消费者都在努力应对数字贸易带来的机遇和挑战。

面对复杂万变的世界经济格局，若要将数字贸易的巨大潜力转化为现实利益，关键是制定合理的政策法律，增强信任、提振信心。发展数字贸易不仅需要国内法律法规的支持，也需要国际规则、标准和准则的协调。然而，全球数字贸易规则不断演变，美式、欧式、《数字经济伙伴关系协定》（DEPA）模式的规则并行发展，过程中存在相当大的竞争性、不确定性和不稳定性，碎片化趋势甚至愈演愈烈。特别是2023年10月美国突然宣布撤回有关跨境数据流动、禁止数据本地化、源代码保护和数字产品非歧视待遇的WTO电子商务谈判提案，随后发布有关人工智能、云计算、数据传输等的一系列国内规则，背离其一贯坚持的高标准规则，极大地加剧了全球制度竞争的复杂性和不确定性。

李墨丝研究员撰写的《全球数字贸易规则新趋势及中国政策选择研究》一书，系统分析了数字贸易驱动因素对国际经贸规则提出的新需求，梳理了双边、区域和诸边层面数字贸易规则演变，剖析了跨境数据流动、数字产品税收待遇、数字技术和数字平台的监管协调等核心议题的实质争议，并提出我国参与国际规则制定以及构建国内法律体系的有效路径，为推进数字领域制度型开放和涉外法治建设提供了有益的思考，对学界深化这一主题的理论研究和政府、企业的相关实践具有重要的启示意义。

李墨丝研究员是国内较早关注并持续研究数字贸易规则的学者之一。她于2016年赴美国乔治城大学法学院访学，重点研究跨境数据流动等问题。2023年，她再赴瑞士伯尔尼大学世界贸易研究所访学，专门研究中欧数字规制合作问题。她曾获得亚太经合组织（APEC）合作基金支持并组织"APEC支持

WTO电子商务谈判研讨会",还多次参加WTO、APEC、经合组织（OECD）等国际组织和论坛的相关会议，就数字贸易规则开展广泛交流讨论。她从中得到的观察和看法反映在本书的相关论述和评论当中。

世界百年未有之变局加速演进，全球经贸治理体系正在发生前所未有的变化，数字贸易规则在地缘政治、地缘经济、地缘科技的裹挟竞争中演进。全球数字贸易规则不断调整给研究者提出了更多重要的命题。中国学者更加需要密切关注新趋势新动向，立足国情加强研究新问题、新情况，致力于提出中国方案、探索中国模式。

是为序。

WTO教席主持人、WTO亚太培训中心主任
上海对外经贸大学学术委员会主任、教授、博导

目录

第一章　绪论 ··· 001
　第一节　引言 ··· 001
　第二节　国内外研究状况 ··· 002
　第三节　研究方法与体例 ··· 003
　第四节　主要创新和不足 ··· 004

第二章　数字贸易：概念演变、驱动因素及规则需求 ········· 006
　第一节　数字贸易的概念演变 ··· 006
　第二节　全球数字贸易发展：驱动因素及规则挑战 ······ 014

第三章　美式数字贸易规则 ··· 026
　第一节　CPTPP 数字贸易规则 ······································· 026
　第二节　CPTPP＋数字贸易规则 ···································· 032
　第三节　美国贸易政策与美式数字贸易规则 ················· 037

第四章　欧式数字贸易规则 ··· 054
　第一节　欧盟贸易协定的数字贸易规则 ························· 054
　第二节　欧盟数字主权战略与数字贸易规则 ················· 060
　第三节　欧盟国际数据传输机制 ····································· 069

第五章　区域数字贸易协定的新模式 ································· 084
　第一节　数字经济伙伴关系协定 ····································· 084
　第二节　RCEP 电子商务章 ··· 102

第六章　WTO 电子商务规则谈判 ······································· 112
　第一节　从 WTO《电子商务工作计划》到联合声明谈判 ······ 112
　第二节　WTO 电子商务联合声明谈判的核心议题争议 ······ 119

第三节　WTO 电子商务联合声明谈判的推进路径 …………… 129

第七章　跨境数据流动议题 …………………………………… 134
第一节　跨境数据流动的规制路径 ………………………… 134
第二节　跨境数据流动规制的政策考量 …………………… 145
第三节　大国博弈视角下的跨境数据流动议题 …………… 154

第八章　数字产品税收待遇 …………………………………… 165
第一节　电子传输免关税 …………………………………… 165
第二节　数字产品跨境交易国内税 ………………………… 177

第九章　数字技术和数字平台的监管协调 …………………… 193
第一节　源代码和密码保护规则 …………………………… 193
第二节　互联网中介责任规则 ……………………………… 207

第十章　全球数字贸易规则的中国政策选择 ………………… 216
第一节　中国数字贸易发展现状及法律制度建设 ………… 216
第二节　中国参与数字贸易规则国际谈判的对策 ………… 229
第三节　中国参与数字贸易国际合作的路径选择 ………… 236

结语 ……………………………………………………………… 247

附录 ……………………………………………………………… 249
附录 1　CPTPP 有关电子商务的不符措施和双边换文 …… 249
附录 2　USMCA 数字贸易章 ………………………………… 251
附录 3　日本-欧盟经济伙伴关系协定电子商务章节 ……… 260

参考文献 ………………………………………………………… 264

第一章

绪　　论

第一节　引　　言

当前,数字技术加速更新迭代,正在并且继续深刻改变国际贸易的方式、对象和内容。全球数据呈现爆炸式增长趋势,数据驱动商业模式的数字平台大量涌现,数据跨境流动愈发活跃,推动数字贸易迅猛发展。数字贸易的发展为世界贸易的发展注入了新动能、开辟了新空间,成为拉动全球经济增长的新引擎。而且数字贸易展现出逆势增长的蓬勃生命力,预计未来还将显著增长。数字贸易已经成为各国加快经济复苏的重要选择。主要大国纷纷加紧布局,竞相制定政策推动数字贸易发展,并将数字贸易作为国家竞争的新领域。

全球数字贸易发展迅猛,数字贸易规则却远远滞后于实践。不像货物和服务贸易,很少有多边规则来促进和保护数字贸易发展。世界贸易组织(WTO)难以为飞速发展的数字贸易实践提供充分的法律框架,越来越多的双边和区域贸易协定纳入数字贸易章节,推动数字贸易规则向前发展。但是,全球数字贸易规则碎片化和单边措施的风险也在增加。而且数字贸易规则的起步阶段恰逢国际秩序深度调整期,经贸问题地缘政治化愈演愈烈。美国、欧盟、新加坡等经济体不仅加紧对数字贸易规则制定权和主导权的争夺,更使跨境数据流动和本地化等核心条款成为大国博弈的焦点。

中国是数字贸易大国,能否抓住机遇,主动参与、影响乃至引领数字贸易规则制定,具有重要的战略意义。但是,在当今世界百年未有之大变局下,中国参与制定数字贸易规则制定面临严峻挑战。一方面,国际规则制定权主要还是掌握在欧美发达国家手里,数字贸易规则也不例外。而且数字贸易规则是当前大国博弈的主阵地之一,主要经济体的争夺甚至比以往其他规则更甚。然而,中国在国际经贸治理体制内仍然是规则的接受者而非制定者,参与规则制定话语权不强的问题突出存在。另一方面,中国相应的国内法律制度尚未完善,特别是有关数据保护和数据流动的制度建设刚刚起步，还不能以国内法治为基础提出"中国方案"，形成国内法治与国际法治的良性互动。

鉴于此，中国如何更好地推动数字贸易规则谈判形成有利于己的规则，特别是在更高标准数字贸易规则上应当选择何种政策，是摆在我们面前亟待研究的问题。对全球数字贸易规则新趋势及中国的政策选择开展全面深入的研究，对于中国把握、参与、影响乃至引领未来数字贸易规则的制定，从而发挥数字贸易大国优势，具有重要的指导价值；探讨中国构建数字贸易规则体系的政策选择和法律制度，以及国内法治国际化的路径，是当前实践的迫切需要。

第二节　国内外研究状况

自1998年电子商务议题被正式纳入WTO框架后，电子商务的定性、分类、免征关税等未决问题开始受到学者的关注。2001年《美国-约旦自由贸易协定》开始纳入电子商务专章，到2011年《美国-韩国自由贸易协定》显示出对新互联网经济特征的理解，美式数字贸易规则逐渐引起学界和各国政府的重视。在《全面与进步跨太平洋伙伴关系协定》（CPTPP）中，美国首次要求成员方对跨境数据流动和禁止数据本地化作出有约束力的承诺，国外学界和智库有关数字贸易规则的研究明显增多，美国国际贸易委员会等相关机构也开展了一系列研究。

2013年斯诺登事件和2015年施雷姆斯（Schrems）案后，欧美学界对数据流动与隐私保护展开了广泛辩论。尤其是关于数据跨境传输的《安全港协议》，美欧之间的论战不绝于耳，《隐私盾协议》的出台也并未平息这场争论。对于数字贸易与网络安全，欧美学者也有一些讨论，涉及互联网审查与过滤、维护网络安全与促进网络开放之平衡等问题。但是，欧美学者的研究更多地关注数字贸易规则与私权层面的互联网用户安全，较少关注公权层面的网络安全治理。发展中国家在这方面的研究则相对缺乏。

2017年WTO电子商务联合声明谈判正式启动后，国外对于数字贸易规则的研究更加活跃，学界开展了大量学术探讨，WTO、联合国贸发会议（UNCTAD）以及经济合作与发展组织（OECD）等国际组织也予以高度重视，推出了一系列研究报告。上述学术论文和研究报告不局限于WTO电子商务联合声明谈判本身，也关注与此相关的区域和双边谈判进展，以及谈判背后的国内规制问题,推动数字贸易规则研究不断深入。

国内学界也在密切关注全球数字贸易规则的最新发展趋势,特别是对美式数字贸易规则已有较多研究,对跨境数据流动规制的研究成果也比较丰富。但是总体来看,有关全球数字贸易规则的研究还不够系统、深入,难以回答我国应当在谈判中选择何种政策,并构建相应的国内规则体系,在维护安全的前提下促进数字贸易发展这一重大问题。鉴于数字贸易发展将直接影响中国在全球数字经济竞争格局中的地位,而缺乏有效规制的数字贸易又会影响网络安全和数据安全,因此,全球数字贸易规则在形成过程中如何在安全与发展之间寻求适当平衡,是影响我国未来数字贸易发展的关键问题,但现有的研究远远无法满足实践需要。

第三节 研究方法与体例

在研究方法上,本报告以文献研究为主,辅之以实地调研,主要采用以下四种方法。

第一,比较分析法。横向对比美式、欧式和《数字经济伙伴关系协定》(DEPA)模式数字贸易规则之异同,纵向比较以"CPTPP+"为代表的新一代数字贸易规则与以往规则之异同,并以此为基础对数字议题谈判趋势做出预判。

第二,规范分析法。考察跨境数据自由流动、源代码保护等与监管自主权之间的平衡和协调,在此基础上探讨相关制度的应有完善。

第三,跨学科方法。结合国际经济法和国际贸易学科的研究方法,分析数字贸易的驱动因素及其对全球数字贸易规则提出的新需求。

第四,实地调研法。赴跨国和本土互联网企业、外国商会、本地行业协会、相关政府主管部门等开展调研,了解和求证数字贸易规则政策试点及国际合作的现有基础和可行路径。

在研究体例上,本书主要分为四个部分。第一部分为第一章,涉及数字贸易的概念演变,数字贸易的发展趋势及其对数字贸易规则提出的新需求;第二部分为第二章至第五章,主要研究双边、区域和诸边层面的数字贸易规则与谈判,包括美式、欧式、DEPA模式等数字贸易规则的主要条款和特点以及WTO电子商务联合声明谈判的核心问题;第三部分为第六章至第八章,主要研究更高标准数字贸易规则的核心争议条款,涉及跨境数据流动、有关数字产品和服务的税收条款以及有关数字技术和数字平台的监管协调规则；第四部分为第九章，主要研究全球数字贸易规则谈判的中国政策选择，涉及参与国际谈判和国际合作的对策建议。此外，附录部分收录了笔者整理的CPTPP有关电子商务的不符措施和双边换文以及翻译的两部数字贸易规则文本，以供研究者参考。考虑到商务部已经公布CPTPP和DEPA的参考译文，因此本书不作收录。

需要说明的是，广义的数字贸易规则通常包括：专门处理电子商务或数字贸易的单独章节、跨境服务提供章节中的电子商务相关条款、信息通信技术合作章节中的电子商务相关条款以及有关数字贸易的知识产权条款等。由于篇幅所限，本书研究的数字贸易规则仅指专门处理电子商务或数字贸易的单独章节中的条款。

第四节　主要创新和不足

本书在已有研究的基础上，对全球数字贸易规则新趋势及中国的政策选择进行比较系统、深入地研究，并在以下方面形成了创新和特色。

第一，对数字贸易的定义进行深入分析。本书在全面梳理WTO、OECD和美国的数字贸易定义的基础上，深入分析了不同定义的异同点，特别是美国数字贸易内涵和外延多次调整所体现的政策方向。

第二，对数字贸易的驱动因素及规则诉求进行创新研究。本书基于国际组织权威报告的观察，结合自己的认识，总结出数字贸易发展的三大关键驱动因素，并进一步分析了三大驱动因素对国际贸易规则提出的需求，以揭示全球数字贸易规则发展的动因。

第三，对"CPTPP+"数字贸易规则及发展方向进行创新研究。本书创新性地提出了"CPTPP+"数字贸易规则的概念，基于CPTPP之前和之后电子商务和数字贸易条款的对比，总结出"CPTPP+"数字贸易规则发展的基本方向，由此发现其与全球数字贸易规则驱动因素及规则需求的对应关系。

第四，对欧盟跨境数据流动规则及法律政策背景进行研究。本书重点研究了欧盟贸易投资协定跨境数据流动条款范本和《欧盟-英国贸易与合作协定》跨境数据流动条款的特点，以及上述条款提出的背景，指出其体现了欧盟数字主权战略和欧盟数据领域的"布鲁塞尔效应"。

第五，对DEPA数字经济新议题的内容和趋势进行创新研究。本书超越数字贸易规则的维度，研究数字身份、人工智能、数据创新、竞争政策、中小企业、数字包容性等更广泛的数字经济议题，分析数字经济新议题与已有数字贸易规则之间的继承和发展关系。

第六，从大国博弈角度对跨境数据流动规则进行创新研究。本书在中美欧数字博弈背景下研究跨境数据流动规则，揭示跨境数据流动议题是经贸问题地缘政治化和西方价值观贸易的集中表现，分析贸易协定协调跨境数据流动规制所面临的严峻挑战。

第七，对数字产品跨境提供的税收待遇问题进行创新研究。本书不仅将电子传输免关税的相关研究扩展至3D打印等新兴技术发展给免关税带来的新问题，还试图从国际贸易法视角分析数字产品跨境提供的国内税的协调问题，从而与国际税法领域的数字税问题研究形成互补关系。

第八，从监管协调角度对数字贸易相关规则进行创新研究。本书主要分析了数字技术和数字平台相关贸易规则涉及的监管协调问题，包括源代码和算法保护条款、加密信息通信技术（ICT）产品条款和中介责任条款，以揭示政府和企业利益的不同之处以及政府合法公共政策目标可能引发的监管摩擦。

第九，对中国加强数字贸易国际合作的路径进行创新研究。本书以东盟和欧盟作为重点合作对象，围绕DEPA数字经济新议题和中欧跨境数据流动合作机制开展研究，以期为全球数字贸易规则制定提供制度性公共产品。

考虑到议题本身的新颖性和复杂性及其对中国参加国际谈判和构建国内法治的挑战，本报告仅选取了跨境数据流动、数字产品的税收待遇、数字技术和数字平台的监管协调三个新议题进行专项研究，对其他议题并未做专门研讨。此外，本书虽然对如何厘清数据保护主义与合理监管之间边界的问题有所涉及，但仍然有待进一步深入研究。最后，本书主体部分完成于2022年8月之前，对于此后数字贸易规则领域发生的许多重要变化，仅作有限补充，未能详细展开。

第二章

数字贸易：概念演变、驱动因素及规则需求

在国际经贸规则体系中，数字贸易是一个新的概念。如何界定数字贸易？哪些主要因素正在驱动数字贸易发展？数字贸易发展对现有国际贸易规则提出了哪些新挑战和新需求？这些问题都关系到对全球数字贸易规则新趋势的理解和认识。因此，本书首先对数字贸易的概念演变、驱动因素及规则需求进行研究，以厘清这些全球数字贸易规则研究涉及的基本问题。

第一节 数字贸易的概念演变

对于数字贸易，目前没有统一或者公认的定义。不同国际组织和国家采用的是不同的术语和界定。这不仅是因为数字贸易是一种新的贸易形态，更重要的是，随着数字技术迅速更新迭代，数字贸易的内涵和外延还在不断变化。

一、国际组织的数字贸易定义

(一) WTO 的相关定义

WTO 采用的不是"数字贸易"的术语，而是"电子商务"的术语。早在 1998 年，WTO 就开始使用电子商务的概念。WTO 将电子商务定义为"通过电子方式进行的货物和服务的生产、分销、营销、销售和交付"[1]。根据这一定义，WTO 所指的电子商务既涉及货物贸易，又涉及服务贸易，其与传统商务的区别主要在于提供方式不同，即并非物理方式而是电子方式，这是电子商务的核心。

---

[1] See WTO, Work Programme on Electronic Commerce, Adopted by the General Council on 25 September 1998, WT/L/274, 30 September 1998, p.1.

在WTO框架下，货物贸易领域的电子商务是指消费者通过在线商店订购产品，并由境外生产商或零售商直接将产品运输给消费者。WTO将服务贸易领域的电子商务初步分为三种不同类型的交易。(1)提供互联网接入服务本身，即为企业和消费者提供接入网络的商业服务。(2)服务的电子交付，即服务产品以数字化信息流的形式交付给消费者的交易。这一类型的电子商务的整个交易都以电子方式进行，如在线提供的金融服务、电信服务、娱乐服务和专业服务。(3)使用互联网作为分销服务的渠道，即通过网络购买货物和服务，但随后以非电子方式交付给消费者。这一类型的电子商务的电子阶段是分销服务的一种方式，如网上超市①。

对于上述服务贸易领域电子商务的交易类型，许多问题有待进一步探讨，其中主要包括：第一，服务的电子交付是个相当宽泛的描述，随着互联网的飞速发展，新兴服务是否涵盖在内，如物联网、大数据、云服务、3D打印等？如果只涵盖部分新兴服务，如何认定究竟是哪些服务，这些服务属于哪些部门？由于这些服务一般都会涉及跨境数据流动、数据本地化等敏感问题，各方分歧很大。第二，由于互联网接入与电信服务密切相关，电信服务早已属于WTO规则的范畴，是否还有必要将互联网接入服务纳入电子商务的谈判范围？各方对是否建立竞争性电信市场的争论也相当激烈？

进入21世纪以来，互联网和数字技术的飞速发展，对全球电子商务带来了重大影响。物联网、云服务、人工智能、3D打印、区块链等正在深刻改变贸易方式、贸易对象和贸易内容。WTO定义的电子商务是否涵盖这些新兴服务，不能够完全确定。而且对于电子商务与数字贸易的关系，各方也有很大分歧。欧盟、韩国等认为，WTO定义的电子商务本身足以涵盖数字贸易的概念②。美国则持相反的意见，认为数字贸易的概念比电子商务更广泛，而电子商务更倾向于货物的在线订购③。无论电子商务和数字贸易有何区别，在WTO电子商务

---

① See WTO, WTO Agreements and Electronic Commerce, WT/GC/W/90, 14 July 1998, p.1.
② See WTO, Work Programme on Electronic Commerce, Trade Policy, the WTO, and Digital Economy, Communication from Canada, Chile, Colombia, Côte d'Ivoire, the European Union, the Republic of Korea, Mexico, the Republic of Moldova, Montenegro, Paraguay, Singapore and Turkey, JOB/GC/116/Rev.1, 8 June 2017, p.2.
③ 参见美国国际贸易委员会先后发布的三份数字贸易报告有关数字贸易的定义。See USITC, Digital Trade in the U.S. and Global Economies, Part 1, July 2013; USITC, Digital Trade in the U.S. and Global Economies, Part 2, August 2014; USITC, Global Digital Trade 1: Market Opportunities and Key Foreign Trade Restrictions, August 2017.

谈判及其他国际经贸谈判中,很多时候两者是混用的,因此本书也不做严格区分。

(二) OECD 的相关定义

近年来,OECD 也在密切关注数字贸易。OECD 在 2018 年的一份贸易政策文件中指出,尽管对数字贸易并没有形成一致的定义,但是人们越来越多地认识到,货物和服务贸易中包含数字方式推动的贸易,无论是数字交付还是实物交付的。虽然所有数字贸易都是以数字方式推动的,但并非所有数字贸易都是以数字形式交付的①。可见,OECD 有关数字贸易的定义与 WTO 界定的电子商务比较接近,既包括无实物形式的单纯数字交易,也包括以实物形式交付的交易(见图 2-1)。

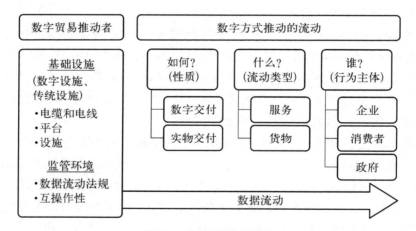

图 2-1 数字贸易的类型

资料来源：Javier López González & Janos Ferencz (2018).

2020 年,OECD 在其与 WTO、国际货币基金组织(IMF)联合发布的《数字贸易测度手册》中,从统计的角度,进一步明确了数字贸易的概念框架,将数字贸易定义为数字订购和/或数字交付的所有贸易,包括：(1) 数字订购的贸易(相当于 OECD 定义的电子商务),即通过计算机网络采用专门用于接收或下订单的方法进行的商品或服务的国际销售或购买；(2) 数字交付的贸易,即使用专门为此目

---

① See Javier López González & Janos Ferencz, Digital Trade and Market Openness, OECD Trade Policy Papers No. 217, https://doi.org/10.1787/1bd89c9a-en, visited on 1 December 2018.

的设计的计算机网络以电子方式远程交付的国际交易。无论是数字订购还是交付,都必须通过计算机网络进行,不包括通过电话、传真或手动键入的电子邮件。需要明确的是,"订购"和"交付"两个概念并不是相互排斥的,许多数字交付的服务是数字订购的,但也有许多不是数字订购的①(见图2-2)。

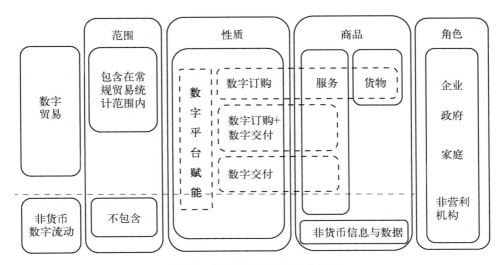

图 2-2　OECD 数字贸易概念框架

资料来源:OECD,WTO and IMF(2020).

二、美国的数字贸易定义

美国最早开始研究数字贸易,并在世界范围内强推"数字贸易"的概念。这一概念更能体现数据的核心作用及数字化的发展趋势,从而反映美国在数字市场的核心利益和关切。

美国贸易代表办公室(USTR)指出,数字贸易是一个很广泛的概念,不仅包括互联网上消费产品的销售和在线服务的提供,还包括支持全球价值链的数据流动、支持智能制造的服务以及大量其他平台、应用。数字时代,几乎所有业务的某些部分都是数字化推动的,每个行业都在利用数字技术开展国际竞争②。

---

① See OECD, WTO and IMF, Handbook on Measuring Digital Trade, Version 1, 2020, p.11.
② See USTR, Key Barriers to Digital Trade, https://ustr.gov/about-us/policy-offices/press-office/fact-sheets/2017/march/key-barriers-digital-trade, visited on 2 July 2018.

美国国际贸易委员会(USITC)作为负责向立法和执法机构提供国际贸易专业意见的联邦机构,也在不断探讨数字贸易的定义,并被广泛引用。USITC应美国参议院财经委员会的要求,先后两次提交报告《美国和全球经济中的数字贸易》,对数字贸易进行界定。在第一次报告中,USITC将"数字贸易"定义为"通过互联网交付的产品和服务"[①],具体分为数字化交付的内容、社交媒体、搜索引擎、其他数字产品和服务四大类(见表2-1),囊括了当时美国具有领先优势的所有业态。其中有些业态对其他国家而言是敏感领域,比如欧盟和加拿大基于"文化例外"对数字化交付的内容持谨慎态度,又如中国对社交媒体、搜索引擎有特殊监管政策。但是,USITC的数字贸易定义排除了大多数实体货物的交易,比如在线订购的货物和有数字对应物的实体货物,如纸质书以及以CD、DVD为载体销售的软件、音乐、电影,而在线订购的货物是中国的优势领域。

表2-1　USITC第一次界定的数字贸易的主要类型

数字贸易的类型	具体产品和服务
数字化交付的内容	• 音乐 • 游戏,包括所有格式和手机游戏、附加内容下载、游戏订购、社交网络游戏和在线多人游戏 • 视频,包括网络电视、电影和其他视频 • 书籍,包括电子书、数字课程材料和有声读物
社交媒体	• 社交媒体网站 • 用户评价网站
搜索引擎	• 通用搜索引擎 • 专业搜索引擎
其他数字产品和服务	• 软件服务,包括移动APP、通过云交付的软件等 • 通过云交付的数据服务,包括数据处理和数据存储 • 通过互联网交付的通信服务,包括电子邮件、即时通信和网络电话 • 通过云交付的计算平台服务

资料来源:USITC (2013).

在第二次报告中,USITC吸收了产业界对第一次报告中关于数字贸易定

---

① See USITC, Digital Trade in the U.S. and Global Economies, Part 1, July 2013, p.1-2.

义的反馈意见,比如要求通过互联网交付产品和服务会过度限制数字贸易的范围,原有定义不足以涵盖公司内部交易等通过互联网进行的各种活动等。因此,第二次报告采用更为广义的数字贸易定义,将其界定为"互联网以及基于互联网的技术在产品和服务的订购、生产或交付中扮演重要角色的国内和国际贸易"[①],涵盖了互联网促进的或者通过互联网进行的各种经济活动,并且不排除有形货物的贸易。第二次报告还分析了当时美国与数字贸易特别相关的数字密集型行业和部门(见表2-2)。所谓"数字密集型"是指在线销售(电子商务)占总销售的比重较高、信息技术相关投入占总投入的比重较高、信息技术(IT)数字职位占员工总数的比例较高、云服务支出占IT总支出的比重较高等。

表2-2 数字密集型行业和部门

行 业	涵 盖 部 门
内容	出版,包括报纸、期刊、书籍等;电影和录音,包括视频和音乐制作和发行;广播,互联网除外;新闻
数字通信	软件出版,包括数据处理、托管及相关服务;互联网出版和互联网广播;网页搜索门户
金融和保险	主要从事金融和保险交易的机构,以及为上述交易提供便利的机构
制造业	化工、印刷、工业机械、金属加工机械、发动机、计算机和电子产品、电力及配送、特种变压器、继电器和工业控制、运输设备、医疗设备和用品
零售交易	通过非商店零售商进行的汽车及零部件、家具、电子产品和家电、服装的零售交易
批发交易	通过企业对企业(B2B)电子市场进行的汽车及零部件、计算机、电子设备和服装的分销
其他服务业	会计、建筑服务、工程技术、平面设计、计算机编程、计算机系统设计、营销咨询服务、媒体采购代理商、旅游安排及预约服务、快递和速递服务

资料来源:USITC(2014).

2017年,USITC在提交给USTR的报告《全球数字贸易——市场机遇及主要外国贸易壁垒》中,第三次对数字贸易进行界定。该报告指出数字贸易是

[①] See USITC, Digital Trade in the U.S. and Global Economies, Part 2, August 2014, p.29.

"不同行业部门的公司通过互联网交付的产品、服务以及相关设备,如智能手机、互联网连接传感器"①。该报告还进一步明确了电子商务和数字贸易的关系,认为虽然数字贸易包括电子商务平台和相关服务的提供,但不包括在线订购的有形货物,也不包括有数字对应物的有形货物。这一点与USITC第一次报告相同,但并不意味着数字贸易的外延缩小了,反而因为美国将数字贸易链条向两端延伸,数字贸易的范围总体呈现扩大之势。

USITC第三次报告把数字产品和服务具体分为六大类(见表2-3)。相比第一次报告划分的四大类,数字贸易的外延得以大大拓展。考虑到互联网是数字贸易的基础设施,USITC将提供互联网接入的宽带和连接设备都纳入数字贸易的范畴。而且数字技术的行业应用也成为数字贸易的重要组成部分,因为物联网、机器人、无人机、3D打印等数字技术不仅是提高效率和生产力的工具,还是提供新的、增强型产品和服务的手段。更为重要的是,USITC突出强调了云计算服务在数字贸易中的重要作用,指出互联网连接越来越以云计算为基础,云计算服务将取代或补充传统的信息通信技术基础设施,既促进了其他服务的数字贸易,本身也是数字贸易的重要来源。

表2-3 USITC第三次界定的数字贸易的主要类型

主 要 类 型	具 体 内 容
互联网基础设施和网络通信服务	・互联网基础设施:固定和移动宽带 ・网络通信服务:广域网软件定义网络
云计算服务:数据处理、存储、分析和软件应用	・基础设施即服务(IaaS) ・平台即服务(PaaS) ・软件即服务(SaaS)
数字内容、搜索和新闻	・视频游戏 ・视频 ・音乐 ・电子书 ・搜索 ・新闻采集和社交媒体

---

① See USITC, Global Digital Trade 1: Market Opportunities and Key Foreign Trade Restrictions, August 2017, p.33.

续 表

主要类型	具体内容
电子商务、支付和记账	• 电子商务 • 数字支付 • 电子记账：区块链、数字签名 • 电子商务的快递和物流服务
数字技术的行业应用	• 物联网：传感器等 • 机器人及其他自动化过程：机器人、无人机、3D打印 • 云计算和数据分析的行业应用
消费者通信服务和连接设备	• 互联网连接设备：智能手机、可穿戴设备、远程健康监控、智慧家庭、智慧城市 • 通信服务：OTT（Over-The-Top）服务统一通信

资料来源：USITC（2017）.

由此可见，随着数字技术的迅猛发展以及认识的不断深入，美国数字贸易定义的内涵和外延不断变化，总体上呈现出不断拓展的趋势，以承载更多的对外贸易政策，并形成三个基本方向。

第一，不断强化服务贸易的支柱地位。USITC经过反复探讨之后确定，传统的电子商务即通过互联网开展的实体货物贸易不应被视为数字贸易。美国如此界定的考量主要在于引导数字贸易的政策制定，特别是数字贸易规则谈判，将重点放在服务贸易新规则，而非货物贸易便利化上面。

第二，不断强化"数字"和数据的核心作用。数字贸易的所有组成部分都离不开数据，尤其是云计算服务对数字内容、电子商务、行业应用、通信服务等的支撑高度依赖于数据的流动、储存和使用，并且越来越多地跨越边境。因此数据流动本身也是数字贸易的重要内容。美国将"数字"和数据作为数字贸易定义的核心，重点针对的是阻碍跨境数据流动的政策和监管措施。

第三，不断强化数字技术的基石作用。数字贸易是基于数字技术发展产生的贸易形态。计算、通信和信息处理三大技术领域的指数级增长，推动物联网、云计算、人工智能、3D打印和区块链等数字技术迅速普及，不断催生新的市场、产品和服务，数字贸易的范围得到了极大拓展。美国将数字技术及其行业应用纳入数字贸易中，目的是通过数字贸易规则保护技术创新，从而凭借技术优势保持其数字贸易市场的领先地位。

三、我国的数字贸易定义

2019年11月,中共中央、国务院发布《关于推进贸易高质量发展的指导意见》,对推进贸易高质量发展做出重大决策部署,在国家层面的政策文件中首次采用"数字贸易"的概念。2020年9月,商务部副部长王炳南在2020年中国国际服务贸易交易会数字贸易发展趋势和前沿高峰论坛上指出,数字贸易不同于电子商务,是采用数字技术进行研发、设计、生产并通过互联网和现代信息技术手段,为用户交付产品和服务,是以数字服务为核心、数字交付为特征的贸易新形态。从具体的领域看,数字贸易包括三大类:一是软件、社交媒体、搜索引擎、通信、云计算、卫星定位等信息技术服务;二是数字传媒、数字娱乐、数字学习、数字出版等数字内容服务;三是通过数字交付的服务外包[1]。《"十四五"服务贸易发展规划》明确了数字贸易的四种类型,即数字产品、数字服务、数字技术和数据。上述定义和分类基本上是在服务贸易框架下认识数字贸易的,强调数字贸易以数字服务为核心。值得注意的是,上述定义以制定数字贸易发展战略和国内政策为出发点,与我国在WTO电子商务谈判及其他国际经贸协定中的出发点不同,后者重点关注互联网支持的跨境货物贸易,同时关注服务贸易的数字化趋势[2]。

应当看到,对于数字贸易的定义,从国际谈判、国内政策和统计测量等不同的视角来看待,会形成不同的认识。国际层面和国家层面也有各自的政策需求。由于本书研究的是全球数字贸易规则,因此从规则制定的角度出发,对数字贸易作广义理解,借鉴WTO的定义,将数字贸易界定为通过数字方式进行的货物和服务的生产、分销、营销、销售和交付,其中既包括新兴的数字产品和服务,也包括传统产品和服务的数字化。

第二节 全球数字贸易发展:驱动因素及规则挑战

当前,数字技术加速更新迭代,已经并且还将深刻改变国际贸易的方式、对

---

[1] 参见中国新闻网:《商务部副部长王炳南:抓紧形成数字贸易的中国方案》,https://www.chinanews.com.cn/m/cj/2020/09-05/9283469.shtml,访问日期2022年6月6日。

[2] See WTO, Communication from China, Joint Statement on Electronic Commerce, INF/ECOM/19, 24 April 2019, para. 2.4.

象和内容。数字贸易越来越成为全球经济发展的重要推动力。数字贸易迅速增长,不仅与数字技术密不可分,还与数据流动和数字平台这些驱动因素紧密相关。全球数字贸易快速发展,对国际贸易规则提出了新挑战和新需求,推动着全球数字贸易规则快速形成并不断演化。

一、全球数字贸易发展的驱动因素

(一) 数字技术与数字贸易

数字贸易是数字技术催生的贸易。技术创新对数字贸易发展起着至关重要的作用。WTO《世界贸易报告 2018》将推动数字贸易发展的数字技术分为基础数字技术和数字创新两个层面[①]。

一是计算、通信和信息处理三大基础数字技术。得益于计算技术、通信技术和信息处理技术领域三股强大力量的进步,这些技术力量结合在一起,共同推动了数字技术迅速发展,表现为摩尔定律[②](集成电路处理或计算能力的跃升)、吉尔德定律[③](现代通信网络可承载信息量的进步)和信息数字化[④]。这三大技术力量驱动的数字革命,从根本上改变了人们通信、消费和生产的方式,并从贸易条件、贸易方式到交易主体,深刻改变着国际贸易的方方面面。尽管这不是技术第一次重塑世界贸易秩序,但采用数字技术的步伐尤为快速。正在进行的技术融合,有望以更新颖、更彻底的方式重塑和重构世界经济。

二是基于基础技术开展的数字创新。计算、通信和信息处理三大基础数字技术的指数级增长,为数字创新奠定了技术基础,推动数字贸易飞速发展。这些重要的数字创新包括:(1) 先进机器人和工厂自动化(也被称为高端制造);(2) 来自移动和互联网连接的新数据源(也被称为物联网);(3) 云计算;(4) 大数据分析;(5) 人工智能;(6) 3D 打印;(7) 区块链;等等。只有当这

---

① See WTO, World Trade Report 2018: The Future of World Trade: How Digital Technologies are Transforming Global Commerce, October 2018, pp.24-35.
② 摩尔定律是一种长期存在的技术趋势,源于电子时代初期的 1965 年,预测集成电路中的元件数量每年将翻一番(Moore, 1965)。理论上,这意味着集成电路的处理或计算能力每年翻倍。此预测后来被摩尔修改为每两年翻一番(也有说每 18 个月翻一番)。
③ 吉尔德定律预测,总带宽(通信系统承载能力的测量标准)增长将至少比计算能力快两倍(Gilder, 2000)。如果摩尔定律预测每 18 个月计算能力翻一番,那么,吉尔德定律则预测每 6 个月带宽翻一倍。
④ See WTO, World Trade Report 2018: The Future of World Trade: How Digital Technologies are Transforming Global Commerce, October 2018, p.24.

些技术成熟之后,且更好集成、更具互操作性及广泛使用时,数字创新才能更好地推进数字贸易发展(见图2-3)。

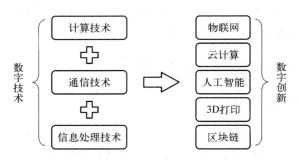

图2-3 数字技术与数字创新的关系

资料来源:作者根据WTO《世界贸易报告2018》绘制。

数字贸易增长的重要推动因素之一是从传统数据中心向云的转变。云计算已经成为数字贸易快速发展的新动能以及数字时代国际竞争的制高点。云可以汇集大量数据并进行分析,企业无需在内部开发IT技能,降低了企业访问IT硬件和软件的成本。云解决方案还可以为企业全球化提供更加便捷的方式,即将其运营和管理集成到跨多个站点和设备的应用程序当中。UNCTAD据此认为,由于用户能够用较低的成本在需要时访问可伸缩、有弹性的数据库,向云计算转变可以视为电信、企业和社会之间关系的一个阶段性变化[1]。美国国际贸易委员会也指出,全球数字贸易快速增长,正是得益于互联网使用越来越以云为基础[2](见图2-4)。

图2-4 基于云计算的数字贸易

资料来源:USITC(2017)。

---

[1] See UNCTAD, Information Economy Report 2013: The Cloud Economy and Developing Countries, December 2013, p.2.

[2] See USITC, Global Digital Trade 1: Market Opportunities and Key Foreign Trade Restrictions, August 2017, p.34.

由于数据存储、处理能力大幅增强,传输速度更快,价格大大降低,云服务得以广泛应用。Synergy 公司指出,2014—2016 年云逐渐成为主流,2017 年成为新常态,2018 年开始主导某些 IT 领域的支出①。国际数据公司(IDC)预测,到 2025 年,49% 的全球已存储数据将驻留在公共云环境中②。

云服务主要分为三个层面,包括基础设施即服务(IaaS)、平台即服务(PaaS)和软件即服务(SaaS)(见表 2-4)。SaaS 是其中最广泛的部分,市场规模也最大。作为全球云厂商总部云集的区域,美国一直占据着云计算市场的最大份额,亚马逊、微软、谷歌、IBM 等头部企业在全球市场上占绝对主导地位。另一方面,云计算在美国以外地区也迎来爆炸式增长,特别是亚太地区。

表 2-4 云计算的主要类型

基础设施即服务(IaaS)	全球营收(2017)	326 亿美元
	基本描述	根据需要为企业提供数据处理能力和存储资源;保障和维护数据中心基础设施
	主要服务	为个人和企业提供数据存储
	细分类别	内容分发网络(CDNs)
平台即服务(PaaS)	全球营收(2017)	128 亿美元
	基本描述	为软件和应用程序开发提供展业平台
	主要服务	应用程序构建工具;应用程序测试;平台托管资源
软件即服务(SaaS)	全球营收(2017)	656 亿美元
	基本描述	通过云提供软件服务,可互联网访问
	主要服务	桌面和移动应用程序;视频流,基于文本、语音、视频的通信;数据处理和分析;物联网
	细分类别	业务流程即服务(BPaaS);数据即服务(DaaS);统一通信即服务(UCaaS);安全即服务(SECaaS)等

资料来源:USITC;Gartner.

---

① See Synergy Research Group, 2018 Review Shows $ 250 billion Cloud Market Ecosystem Growing at 32% Annually, https://www.srgresearch.com/articles/2018-review-shows-250-billion-cloud-market-ecosystem-growing-32-annually, visited on 20 September 2019.

② See David Reinsel, John Gantz & John Rydning, Data Age 2025: The Evolution of Data to Life-Critical, IDC White Paper, April 2017, p.4.

3D打印也是一项改变未来国际贸易的技术。3D打印作为数字制造和智能生产的关键技术,正在影响企业的生产决策,重塑全球贸易和投资模式。3D打印通过将生产转移到更靠近客户的地方,减少了运输时间,可以进行定制生产并减少产品库存需求,从而改变贸易和生产流程。3D打印市场新兴业态不断产生,例如计算机辅助设计(利用计算机及其图形设备帮助设计人员进行设计工作,简称CAD)设计师、CAD文件市场和3D打印店。近年来,3D打印的主流应用已经开始起步。据预测,到2040年3D打印可能会消灭全球贸易的40%(ING,2017)。全球3D打印能力高度集中,美国(36.8%)、中国(10.3%)、日本(9.2%)、德国(8.4%)和英国(4.2%)五个主要国家估计占总数的70%[①]。3D打印的快速发展,将继续推动这场从中间产品贸易到包括知识产权内容在内的跨境数据流动革命。

以云计算、3D打印为代表的数字技术快速发展,对数字贸易规则也提出了诸多新需求和新挑战,不仅有数字产品分类、海关关税等问题,也有源代码和算法保护、加密技术等问题,还与数据流动等问题交织在一起。

(二) 数据流动与数字贸易

数据是数字贸易的核心。当前,全球数据呈现出爆炸式增长的趋势。无论数据是被创建、采集还是复制,所有这些数据的集合被称为全球数据圈,而全球数据圈在经历急剧扩张。IDC预测,全球数据圈将从2018年的33 ZB(1ZB相当于1万亿GB)增至2025年的175 ZB[②]。

数据流动是数字贸易的命脉。数据价值的最大化需要数据流动。支持数字贸易发展的重要技术都离不开数据流动,高端制造、物联网、云计算、大数据分析、人工智能等无一例外。海量数据快速累积,形成一个数据循环,进而影响数字贸易本身的结构和运作。首先,一系列先进的生产和用户设备生成大量数据,然后,这些数据通过物联网流向"云"中,再对其模式及相关性进行挖掘、分析,结果被输入机器学习及自动化决策的人工智能系统中,带来生产力和创新的系统级飞跃。围绕数字技术的数据循环,已经形成了全新的数据价值链,包括数据生成、采集、分析、交易[③](见图2-5)。

[①] See HP & AT Kearney, 3D Printing: Ensuring Manufacturing Leadership in the 21st Century, p.27.
[②] See David Reinsel, John Gantz & John Rydning, Data Age 2025: The Evolution of Data to Life-Critical, IDC White Paper, April 2017, p.4.
[③] See GSMA, The Data Value Chain, June 2018, p.3.

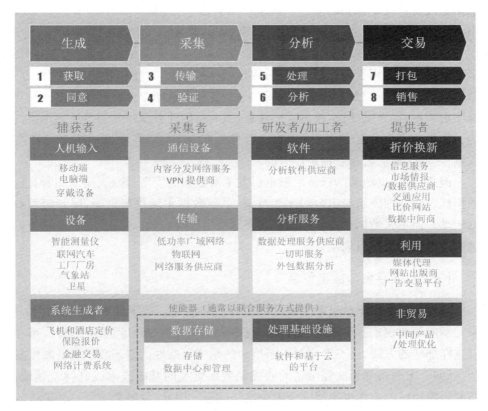

图 2-5　数据价值链结构及活动

资料来源：GSMA（2018）.

随着 ICT 技术的迅速普及以及企业数字化程度的不断加深，数据流动的重要性更加凸显。根据麦肯锡公司发布的报告，2014 年数据流动为全球 GDP 贡献了 2.8 万亿美元，数据流动创造的经济价值首次超过了传统货物贸易[①]。UNCTAD 估计，所有交易服务中约有 50% 是由技术领域，包括通过跨境数据流动来实现的[②]。数据流动不仅对信息产业至关重要，而且对传统行业也十分重要。麦肯锡估计，互联网数据流动中有大约 75% 的增加值流向传统行业，特

---

① See McKinsey Global Institute, Digital Globalization: The New Era of Global Flows, March 2016, p.1.
② See UNCTAD, Information Economy Report 2009: Trends and Outlook in Turbulent Times, UNCTAD/IER/2009, 22 October 2009, p.77.

别是通过全球性扩张、提高生产率和增加就业①。美国国际贸易委员会也指出,没有跨境数据流动,即使是有形货物的国际贸易也几乎是不可能的②。

跨境数据流动在很大程度上影响企业在国际上开展业务的能力。企业越来越多地将数据用于多种目的,包括调整产品和服务、管理全球员工、运营生产系统、监控供应链以及实时支持现场产品。各行各业的企业正利用数据推动自身实现转型,提高敏捷性,改进客户体验,引入新的业务模式并创造新的竞争优势。如果一家企业在不止一个国家运营且拥有供应商或客户,却不依赖于跨境数据流动,这样的公司恐怕是没有的。

但是,对数据流动的日益依赖也引发了对数据的安全、隐私、流动和所有权的担忧。一些国家纷纷出台法律和政策,采取数据本地化等措施,限制跨境数据流动。而主张数据自由流动的国家将这些措施视为数据保护主义,并竭力通过制定国际规则加以规制。

(三) 数字平台与数字贸易

高度依赖数字平台是数字贸易的重要特征之一。数字技术进步催生了一系列新的商业模式和产业组织特征。这些新的商业模式和产业组织特征都在以这样那样的方式,动态地应对不断增加的系统复杂性。鉴于数字贸易高度复杂,任何一家公司都无法完全精通或控制数字贸易的基础技术或其特定领域。即便是跨领域的合作也不能完全解决这一问题。因此,发展数字贸易必须依赖平台,由第三方提供互补的技术、产品和服务。

数字平台在世界经济中越来越重要。过去十年,数字平台在全世界大量涌现。按市值计算的全球八大公司中有七家都使用基于平台的商业模式③。2017年,市值超过1亿美元的平台公司的总价值估计超过7万亿美元,比2015年增长了67%。全球数字平台在某些领域取得了非常强劲的市场地位。例如,谷歌拥有大约90%的互联网搜索市场;脸书占据了全球三分之二的社交媒体市场,是全球90%以上经济体中排名第一的社交媒体平台;亚马逊在全球在

---

① See McKinsey Global Institute, Internet Matters: The Net's Sweeping Impact on Growth, Jobs, and Prosperity, 1 May 2011, p.1.
② See USITC, Digital Trade in the U.S. and Global Economies, Part 2, August 2014.
③ See PWC, Global Top 100 companies (2020) Global Ranking of the Top 100 Public Companies by Market Capitalization, https://www.pwc.com/gx/en/services/audit-assurance/publications/global-top-100-companies.html, visited on 7 July 2020.

线零售活动中占有近40%的份额,亚马逊网络服务在全球云基础设施服务市场中也占有类似份额。在中国,阿里巴巴拥有电子商务市场近60%的份额;微信拥有超过10亿的活跃用户,其支付解决方案与支付宝合起来几乎占领了中国整个移动支付市场①。

从价值链的角度看,数字平台可以分为三层:一是技术平台,二是由更高级的工具、硬件系统和软件环境组成的核心平台,三是开发者可以为终端用户开发更多产品和服务的更高级的平台。价值链以两种方式体现在平台体系中:(1)在每个平台层内,作为第三方连接到用户;(2)在不同平台层之间,从低级别的平台流向较高级的平台②(见图2-6)。

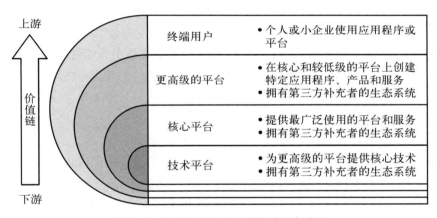

图2-6 数字贸易生态系统中的平台分层

资料来源:UNCTAD(2017).

数字平台在数据驱动型经济中占有主要优势。由于既是中介,又是基础设施,数字平台有能力记录和提取与平台用户之间的在线行为和互动相关的所有数据。数字平台的发展与其收集、控制和分析数据的能力直接相关,更多的用户意味着更多的数据,更多的数据意味着有更强的能力来击败潜在的竞争对手并形成先发优势。

但是,数字平台影响迅速扩大也引发了数字税收、隐私保护、数字市场竞

---

① See UNCTAD, Digital Economy Report 2019:Value Creation and Capture:Implications for Developing countries, UNCTAD/DER/2019, 4 September 2019, p.82.
② See UNCTAD, The "New" Digital Economy and Development, UNCTAD Technical Notes on ICT for Development No.8, October 2017, p.9.

争、互联网中介责任等一系列问题。以欧盟为代表的经济体出台法规加大对数字平台的监管力度,遭到美国反对并导致贸易摩擦。主要经济体还就数字税、互联网中介责任等数字贸易规则制定权展开争夺。

二、全球数字贸易发展对国际贸易规则的挑战

进入21世纪以来,以计算技术、通信技术和信息处理技术为核心的数字技术极大地改变了国际贸易。国际贸易经历了三次"松绑"[1],从传统贸易(最终产品贸易)阶段、全球价值链贸易(中间产品贸易和服务)阶段发展到以数字方式促进的贸易(互联互通时代)阶段,即数字贸易阶段。全球数字贸易规则迅速形成并快速变化,反映了数字贸易对国际贸易规则提出的新挑战和新需求(见表2-5)。

国际贸易经历了三个阶段:第一个阶段是传统贸易阶段,也即理查德·鲍德温所称的"第一次松绑"。这一阶段,运输成本下降使企业能够跨越边境分离生产和消费。消费者可以更多地获得来自国外的新的、更具价格竞争力的产品,并且贸易主要涉及最终产品。在这种情况下,贸易政策主要关注市场准入,以确保可以获得最终产品贸易带来的好处。

第二个阶段是全球价值链(GVC)贸易阶段,也即"第二次松绑"。这一阶段,运输和协调成本不断下降,使企业能够跨越边境分割生产过程,并利用区位比较优势。中间产品和任务的贸易蓬勃发展,全球生产部分转向新兴经济体。贸易政策更加复杂,越来越多地涉及贸易便利化和边境后问题。

第三个阶段是数字方式推动的贸易阶段,也即"第三次松绑"。这一阶段,运输和协调成本进一步降低,通过数据和信息传输来分享想法的成本大幅下降。这种超链接的新时代不仅涉及以数字方式交付的贸易,还涉及通过不断增长的数字连接实现的物理的、传统的全球价值链贸易,为企业提供了以前无法想象的进入外国市场的方式。数字化不仅改变了贸易方式,也改变了贸易对象:大量少量、低值的实物商品包裹和数字服务正在跨越边境;货物越来越多地与服务捆绑在一起;以前不可贸易的服务现在能够跨境交易。在这种背景下,市场准入和边境后措施谈判仍然是贸易政策的优先事项。数字贸易仍然涉

---

[1] See Richard Baldwin, 21st Century Regionalism: Filling the Gap between 21st Century Trade and 20th Century Trade Rules, WTO Staff Working Paper ERSD-2011-08, https://www.wto.org/english/res_e/reser_e/ersd201108_e.pdf, visited on 16 August 2020; Javier López González & Marie-Agnes Jouanjean, Digital Trade: Developing a Framework for Analysis, OECD Trade Policy Papers No. 205, https://www.oecd-ilibrary.org/trade/digital-trade_524c8c83-en, visited on 16 August 2020.

及跨境货物和服务，以及不同国家法律法规的适用。但是，有关数据流动、数字连接和互操作性的其他贸易政策因素也纷纷出现。

表 2-5　全球化浪潮不同阶段的特征、驱动因素和贸易政策

类型	特征	驱动因素	贸易政策
传统贸易	• 生产和消费跨境分离 • 最终品贸易	• 运输成本降低	• 市场准入
GVC贸易	• 跨境分拆工厂生产 • 中间品货物和服务贸易 • 作为任务外包的服务角色发生变化	• 运输成本降低 • 协调成本降低	• 贸易-投资-服务-知识相互联结 • 贸易便利化，国内、边境后网络业务管理系统（NTMs）
数字方式推动的贸易	• 生产、物流和消费以及更多传统贸易、GVC 贸易的分拆：超联结时代 • 量少的货物贸易和数字贸易 • 改变服务的可贸易性 • 货物和服务的捆绑销售	• 运输成本降低 • 协调成本降低 • 信息分享成本降低 • 数字化	• 数据流动 • 数字连接 • 互操作性

资料来源：Javier López González (2017).

随着数字贸易成为国际贸易主导模式，贸易政策变得越来越复杂，主要体现传统贸易特点的国际贸易规则显然无法为其提供充分的法律框架，亟需国际贸易体制特别是 WTO 多边贸易体制作出回应，因为相比双边和区域贸易规则，WTO 多边贸易体制更加契合数字贸易的全球属性。

第一，跨境自由数据流动是 WTO 多边贸易体制的最大挑战。一方面，跨境数据流动是数字贸易的基础和全球价值链的组织方式。特别是全球数字贸易快速增长得益于互联网使用越来越以云计算为基础[1]，数字贸易更加离不开跨境数据流动。跨境数据流动规则已经被纳入许多双边和区域贸易协定，但在多边贸易体制下还是空白。另一方面，对跨境数据流动的日益依赖也引发了对数据的安全、隐私和所有权等问题的关切。如何平衡跨境数据流动与国内监管权之间的关系，是 WTO 电子商务规则制定面临的一大挑战。

---

[1] See USITC, Global Digital Trade 1: Market Opportunities and Key Foreign Trade Restrictions, August 2017, p.13.

第二,数字技术和数字化对 WTO 多边贸易体制提出了新问题。随着数字技术的广泛应用,制造业和服务业相互交叉、相互融合、相互依存①。不仅越来越多的货物被数字化,服务以数字方式跨境提供,而且服务作为货物的组成部分进行国际贸易,给 WTO 分别规范货物贸易和服务贸易的现有法律框架带来了巨大冲击。例如,3D 打印技术用少量 3D 打印材料加上高附加值的 CAD 文件就替代了原来的货物,而 CAD 文件可以通过数字方式跨境提供;再如,智能互联产品②往往包含大量软件、工业设计等,但在海关估价时其价值却得不到体现。因此,在 WTO 电子商务讨论中,数字产品是货物还是服务的归类引发的非歧视待遇问题,以及可数字化产品引发的电子传输免关税问题,都引起了参加方的激烈争论。

第三,数字平台和平台化是 WTO 多边贸易体制面临的新情况。数字平台成为重要商业模式,带来的一大挑战是避税造成的税基侵蚀和利润转移,国际社会对此高度关注。尽管避税并不是数字平台独有的,但其固有特征无疑为避税提供了便利,即无形资产比重大且容易在全世界转移、相当部分价值来源于数据但很难确定价值在哪里产生③。欧洲国家谋划数字税,就是为了应对美国数字平台避税的做法。通常,税收利益分配属于国际税收协定讨论的范畴,贸易协定很少涉及。但是,美欧之间有关数字税的对抗已经激化,美国不仅对 10 个国家的数字服务税发起 301 调查,退出 OECD 数字税谈判,还寻求利用贸易协定率先制定数字税规则。《美日数字贸易协定》专门写入了"税收"条款,试图规制数字产品跨境交易的税收问题。同时,WTO 电子商务讨论仅涉及数字税中的关税规则,即电子传输免关税是否应当永久化,不同参加方的立场严重对立。

总体上,数字贸易这一贸易新形态对国际经贸规则提出了新需求,随着数

---

① See Hosuk Lee-Makiyama, Digital Trade in the U.S. and Global Economies, Submission to the USITC investigation, European Centre for International Political Economy, https://ecipe.org/wp-content/uploads/2014/12/USITC_speech.pdf, visited on 29 February 2020.
② 智能互联产品的概念由哈佛大学著名管理学教授迈克尔·波特于 2014 年首次提出。信息技术为所有产品带来革命性变革,原先单纯由机械和电子部件组成的产品,现在已升级为各种复杂的系统,由硬件、传感器、数据储存装置、微处理器和软件等以多种多样的方式组成,这种产品就是智能互联产品。See Michael E. Porter & James E. Heppelmann, How Smart, Connected Products Are Transforming Competition, 11(1) Harvard Business Review 64-89 (2014).
③ See UNCTAD, Digital Economy Report 2019: Value Creation and Capture: Implications for Developing Countries, UNCTAD/DER/2019, 4 September 2019, p.142.

字化转型的加速推进国际经贸规则正在调整。但是，全球范围内数字贸易规则的构建仍处于探索阶段，特别是新兴技术在众多领域的应用也不充分，相关规则还没有充分展开，全球数字贸易规则制定亟须加快推进。

第三章

美式数字贸易规则

当前,WTO 尚未形成与数字化相适应的新规则,而双边和区域层面数字贸易规则正在迅速深化。美国凭借数字贸易市场的绝对优势地位,在规则制定上占据主导地位,美式数字贸易规则引领全球。在美国的积极推进和强势引领下,从 CPTPP 到《美墨加协定》,再到《美日数字贸易协定》,美式数字贸易规则逐步形成,不断提高全球数字贸易规则水平。美国还将通过《美国-英国自由贸易协定》《印太经济框架》等谈判,寻求达成更高标准的规则,树立全球数字贸易规则的"黄金标准"。

第一节 CPTPP 数字贸易规则

2001 年以来,美国缔结的所有自由贸易协定(以下简称为自贸协定或 FTA)都包含电子商务专章。从 2001 年《约旦-美国 FTA》到 2007 年《秘鲁-美国 FTA》,美国主要是将"前互联网时代"FTA 的基本框架适用于电子商务。自 2010 年《韩国-美国 FTA》起,电子商务规则跳脱传统的 FTA,显示出对新互联网经济特征的理解。近年来,美国不断加大数字贸易规则的推进力度,新一代数字贸易规则正在迅速形成。2016 年 2 月,《跨太平洋伙伴关系协定》(TPP)正式签署。2017 年 1 月,美国宣布退出 TPP。2018 年 3 月,除美国以外,TPP 的 11 个原成员国签署 CPTPP,并于 2018 年 12 月正式生效,其中电子商务章完全继承了 TPP 电子商务条款。2018 年 11 月,《美墨加协定》(USMCA)签署,将电子商务章改为数字贸易章,对规则做了一系列改进。2019 年 11 月,《美日数字贸易协定》签署,并于 2020 年 1 月正式生效,在 USMCA 的基础上再次提高了规则水平。

TPP(亦即 CPTPP)被美国贸易代表办公室描述为一种反映现代经济特征

的新型协定①,是一部具有里程碑意义的 21 世纪贸易协定,为全球贸易设定了新的标准,并纳入了下一代问题②,其中包括数字贸易规则。作为全球范围内最早生效的新一代数字贸易规则,CPTPP 电子商务章继承了《美国-韩国 FTA》电子商务章的电子传输免关税永久化、数字产品非歧视待遇、在线消费者保护、互联网访问与使用原则等规则,并且首次确立了个人信息保护、跨境数据自由流动、禁止数据本地化、保护源代码等高标准规则。这些高标准规则体现了 CPTPP 数字贸易规则致力于遏制数据保护主义的意图,代表着当时保护和促进数字贸易的最高水平。鉴于 TPP 已被改组为 CPTPP,本章将以 CPTPP 电子商务规则为蓝本,研究美式高标准数字贸易规则的核心内容。

一、CPTPP 数字贸易规则的核心内容

(一) 数据自由流动

数据自由流动是美式数字贸易规则的核心诉求,主要包括三个方面:第一,跨境数据传输,旨在确保企业能够不受任意或歧视性限制地跨境传输数据,减少限制跨境数据流动的贸易壁垒;第二,防止数据本地化,旨在确保企业不被要求在其提供服务的每个管辖权范围内建立或使用独特的、资本密集型的数字基础设施,消除服务器、数据中心等计算设施的本地化要求;第三,禁止网页拦截,旨在确保缔约方政府不会任意拦截或过滤在线内容,也不要求互联网中间服务提供商进行拦截或过滤③。上述诉求在 CPTPP 中具体体现为以下规则。

第一,跨境数据自由流动。CPTPP 第 14.11 条"通过电子方式跨境传输信息"规定,缔约方应当允许涵盖的人为开展业务而通过电子方式跨境传输信息,包括个人信息。这一规定对缔约方的投资者和服务提供者为其业务活动进行的跨境信息传输提供了保障,但适用范围有限。根据第 14.1 条的定义,涵盖的

---

① See USTR, Summary of the Trans-Pacific Partnership Agreement, https://ustr.gov/about-us/policy-offices/press-office/press-releases/2015/october/summary-trans-pacific-partnership, visited on 27 June 2020.

② See USTR, Outlines of the Trans-Pacific Partnership Agreement, https://ustr.gov/about-us/policy-offices/press-office/fact-sheets/2011/november/outlines-trans-pacific-partnership-agreement, visited on 27 June 2020.

③ See WTO, Communication from the United States, Joint Statement on Electronic Commerce Initiative, JOB/GC/178 (INF/ECOM/5), 12 April 2018, p.2.

人包括涵盖的投资、缔约方的投资者以及服务提供者。也就是说,这一规定并非适用于所有的跨境信息流动,既不适用于普通的互联网用户,也不适用于信息的非金钱交易,而是仅适用于信息提供者的商业行为。值得注意的是,CPTPP 的措辞不同于《韩国-美国 FTA》。该协定第 15.8 条"跨境信息流动"虽无强制约束力,但并没有将适用范围限定于"涵盖的人"。而且当时美国首席谈判代表在其致韩国首席谈判代表的确认信中,已经指出该协定适用于互联网用户[1]。在一定程度上,CPTPP 促进跨境数据自由流动的雄心水平的确打了折扣。

关于金融数据的跨境流动,在 CPTPP 中,金融服务被明确排除在电子商务专章的适用范围之外[2],CPTPP 消除数据流动限制以及数据本地化的有关规定也不适用于金融服务[3]。这意味着 CPTPP 并不要求金融服务公司的数据跨境自由流动,也不禁止缔约方要求金融服务公司的数据来自本地服务器,这样一来,金融服务的数据自由流动仍然面临许多壁垒。CPTPP 对于金融数据的处理方式,遭到美国金融业[4]和部分国会成员[5]的反对,为美国后续在其他贸易协定中修改规则埋下了伏笔。

CPTPP 缔约方保留了为实现合法公共政策目标而采取或维持有关跨境数据流动措施的权利,但是措施的适用方式不得构成任意或不合理歧视或对贸易的变相限制,也不得对信息传输施加超出实现目标所需要的限制。此外,跨境数据流动规则同样可以适用其他例外规定。CPTPP 第 29 章"例外和总则"的规定确保了缔约方在公共安全包括其他政策领域享有监管权。在跨境数据流动方面,这一规定主要与网络审查和过滤有关。因为审查和过滤可能改变数据的流向,从而造成贸易扭曲,而 CPTPP 赋予了缔约方利用相关规则,挑战以歧视性方式实施网络审查和过滤的其他缔约方的权利。

---

[1] See USTR, Confirmation Letter (Access to and Use of the Internet), KORUS FTA Final Text, https://ustr.gov/sites/default/files/uploads/agreements/fta/korus/asset_upload_file844_12735.pdf, visited on 24 May 2021.

[2] See CPTPP, Art. 14.2(2).

[3] Ibid., Art. 14.2(3).

[4] See Inside U.S. Trade, Financial Services Firms Fight TPP Data Flow Rules, Backed By House GOP, November 19, 2015.

[5] See Services Coalition, 63 House Representatives in the U.S. Congress Express their Concern of the Exclusion of Financial Services from the Electronic Commerce Chapter in the TPP, https://www.servicescoalition.org/images/CSI_Public_Documents/House_Data_Localization_Letter_to_USTR_Treasury_N.compressed1.pdf, January 11 2016.

第二，禁止数据本地化。CPTPP 第 14.13 条"计算设施的位置"明确规定，缔约方不得以在其领土内使用或放置计算设施作为在其领土内开展业务的条件。这意味着缔约方既不能要求企业在当地建立数据存储中心，也不能要求其使用本地计算设施，即缔约方承诺不施加任何形式的计算设施本地化要求，从而大大降低了企业投资资本密集型数字基础设施的成本，为企业投资决策的最优化提供确定性和可预见性。与跨境数据自由流动条款一样，计算设施位置条款也做了公共政策保留，规定不得阻止缔约方为实现合法公共政策目标而采取或维持不符措施。

第三，支持开放互联网。第 14.10 条"电子商务网络的接入和使用原则"确立了旨在让消费者拥有一系列能力的网络管理原则，指出缔约方认识到，消费者可以在遵守合理网络管理的前提下由其选择接入和使用在互联网上可获得的服务和应用，在其选择的终端用户设备不损害网络的条件下将该设备接入互联网，以及获得互联网接入服务提供方网络管理行为的信息的能力可从中获益。不过，尽管这是 CPTPP 为数不多的几处涉及互联网用户的规范之一，但其措辞却不具有约束力，仅停留在强化共识的阶段。

(二) 数字产品公平待遇

数字产品公平待遇包括两个方面：第一，电子传输免关税。电子传输免关税待遇旨在确保缔约方继续并永久采取避免对数字产品征收关税的做法。CPTPP 第 14.3 条"关税"禁止对以电子方式传输的数字产品的进出口征收关税或其他费用，但是不阻止对其征收国内税、费用和其他收费。"电子传输"或"以电子方式传输"是指使用任何电磁方式进行的传输，但是并未明确究竟是指传输的载体还是传输的内容。与 WTO 每两年一次对 1998 年 WTO 电子传输免关税决定进行延期的做法相比，CPTPP 将电子传输免关税永久化了。

第二，数字产品非歧视待遇。数字产品非歧视待遇旨在确保产品在数字化及电子传输的过程中受到同等对待。CPTPP 第 14.4 条"数字产品的非歧视待遇"要求，缔约方给予另一缔约方的数字产品的待遇，不得低于其给予其他同类数字产品的待遇。当然，政府仍然可以向自己的制作者或开发者等提供补贴或赠款，包括政府支持的贷款、担保和保险。数字产品非歧视待遇条款会对缔约方数字市场开放和监管带来巨大挑战，特别是数字内容监管、云计算市场开放等。

(三)保护源代码

CPTPP 第 14.17 条"源代码"规定,任何缔约方不得以转移或获得另一缔约方的人拥有的软件源代码或该源代码表达的算法,作为在其领土内进口、分销、销售或使用该软件或含有该软件的产品的条件。当然,缔约方的监管机关或司法机关有权针对具体调查、检验、检查执法行动或司法程序要求另一缔约方的人保存及向监管机关提供软件的源代码或该源代码表达的算法,但需采取保护措施防止未经授权的披露。这一规定既要确保政府不强制要求获取或与当地企业共享源代码等专有信息,也要保留主管部门实现合法监管目标的能力。

(四)保护个人信息和在线消费者

CPTPP 第 14.7 条"在线消费者保护"要求缔约方应采取或维持消费者保护法,禁止将对从事在线商业活动的消费者造成伤害或潜在伤害的诈骗和商业欺诈行为。同时,缔约方明确承认保护隐私对于增强消费者对电子商务的信心的重要作用,因此第 14.8 条"个人信息保护"要求缔约方应采取或维持保护电子商务用户个人信息的法律框架,并公布其对电子商务用户提供个人信息保护的相关信息,且努力采取非歧视做法。此外,在建立保护个人信息的法律框架时,缔约方应考虑相关国际机构提出的各项原则和指导方针,例如《APEC 隐私框架》(APEC Privacy Framework)以及《OECD 隐私保护和个人数据跨境流动指南》(OECD Guidelines Governing the Protection of Privacy and Transborder Flows of Personal Data)等。这一规定旨在鼓励缔约方建立机制以增强不同体制间的兼容性,有利于在隐私保护法律比较严格的成员与隐私保护法律比较宽松的成员之间,就数据自由流动的权利义务达成一定的平衡。

二、CPTPP 数字贸易规则的重要影响

作为新一代数字贸易规则最早的范本,CPTPP 数字贸易规则已经并且还将对全球数字贸易规则的制定产生非常重要的影响。

第一,区域层面。CPTPP 能够就制定数字贸易规则在差异很大的成员国之间寻找到共同点,是第一部对跨境数据流动做出有约束力的承诺,并对数据保护主义进行限制的贸易协定,而且 CPTPP 透明度规则的高要求也会增强数字贸易的开放度,因此 CPTPP 数字贸易规则可能会对跨境数据流动起到重要

推动作用。此后,美国以 CPTPP 数字贸易规则为基础,在 USMCA 和《美日数字贸易协定》中形成了更高水平的数字贸易规则。

第二,多边层面。不论 CPTPP 数字贸易规则对 WTO 电子商务谈判的影响如何,都将对全球范围内的数字贸易和互联网治理产生重要影响,因为 CPTPP 覆盖的互联网服务提供者和使用者的范围是此前的贸易协定无法企及的。得益于 CPTPP 负面清单谈判方式及区域贸易谈判本身的优势,CPTPP 数字贸易规则取得了一定的突破,尽管与 WTO 框架并不兼容,仍然可为解决 WTO 电子商务讨论某些未决问题提供参考。

(1)对于电子商务免征关税的问题,CPTPP 贯彻了美国一贯的"零关税"主张,明确禁止对电子传输包括电子传输的内容征收关税,但也规定不阻止缔约方对电子传输的内容征收国内税、费用或其他收费。而 WTO 免征关税延期宣言决定的是临时性免征关税,并且其形式是宣言而非正式协定,不具有长期性和确定性。在 CPTPP 中,WTO 电子传输免征关税的上述问题得以解决。

(2)对于电子商务的定性和服务模式问题,即电子传输的数字产品属于货物还是服务,以及如何区分电子商务的跨境提供和境外消费模式,CPTPP 与美国此前的自贸协定的做法一样,采取回避态度。CPTPP 在数字产品定义的脚注中特别指明,"数字产品的定义不得被理解为缔约方表达对通过电子传输进行的数字产品贸易应被归类为服务贸易或货物贸易的观点"。可见,CPTPP 并不试图解决数字产品归类的争议,电子商务专章独立于货物贸易和服务贸易章节的做法也是要回避争议。但是,由于电子商务还要受到 CPTPP 投资、跨境服务贸易和金融服务相关条款(包括相关例外和不符措施)的约束①,这又增加了法律适用的不确定性。

(3)对于新型电子商务的分类问题,虽然 CPTPP 产业分类的依据同样是 1991 年《联合国核心产品分类表》②,没有单独划分电子商务这一类别,但是由于 CPTPP 采用的是负面清单方式,如果没有列明不符措施,则须承担开放义务,如此一来,未在不符措施中列明的新型电子商务也要开放,那么分类争议就不显得那么突出了。电子商务的服务模式问题也是如此,由于 CPTPP 在开列不符措施时不区分服务模式,这一争议随之淡化。

当然,对照 2016 年 2 月 USTR 在《数字贸易 12 条》的基础上推出的《数字

---

① See CPTPP, Art. 14.2.
② See CPTPP, Annex I and II: Non-Confirming Measures Consolidated Formatting Note.

贸易 24 条》的核心内容①，如实现跨境数据流动、防止数据（本地化）壁垒、推进规则和标准制定的透明度以及利益相关者的参与、确保与国有企业的公平竞争等，CPTPP 数字贸易规则的雄心水平低于预期也是显而易见的，最典型的例子就是 CPTPP 跨境数据流动规则的适用范围有限，而美国恰恰认为，数据自由流动才是真正意义上的 21 世纪贸易协定的关键内容，因为数据和信息能够跨境自由流动是互联网在全球市场上的传输能力的基础②。这种妥协不仅是 CPTPP 成员国博弈的结果，也是因为数字贸易本身相当复杂并快速发展，而数字贸易规则还很不成熟，许多问题都没有定论，仍需进一步探讨和谈判。

第二节 CPTPP+数字贸易规则

从 CPTPP 到 USMCA，再到《美日数字贸易协定》，数字贸易规则不断改写，在 CPTPP 电子商务规则基础上形成了更多的条款内容更加深化的、适用范围得以拓展的规则，本书将其称为 CPTPP+数字贸易规则。

一、《美墨加协定》的 CPTPP+数字贸易规则

《北美自由贸易协定》（NAFTA）缺失数字贸易规则，未能反映现代经济的特征，是美国主张重新谈判并签署 USMCA 的重要理由之一。尽管加拿大在 NAFTA 下享受的文化产业例外被 USMCA 保留（节目服务仍然涵盖在内）③，并且墨西哥也首次主张"文化例外"，将广播、报纸出版、影院服务排除在外④，但是，由于 USMCA 数字贸易规则的核心关切是数据和数字技术，传统的"文化例外"并不至于降低规则的整体水平。USMCA 数字贸易规则及相关规定对 CPTPP 电子商务规则做了重要改进：

第一，深化跨境数据自由流动和禁止数据本地化规则。USMCA 将上述两

---

① See USTR, Digital 2 Dozen, 2016.
② See Joshua P. Meltzer, A New Digital Trade Agenda, E15Initiative, International Centre for Trade and Sustainable Development (ICTSD) and World Economic Forum, August 2015, e15initiative. org/publications/a-new-digital-trade-agenda, visited on 17 June 2021.
③ See USMCA, Art. 32.6, Annex 15-D.
④ See USMCA, Annex 15-E.

项规则扩大适用于金融服务，旨在促进金融数据的自由流动。根据金融服务章第17.17条"信息传输"条款，缔约方不得禁止或限制通过电子方式跨境传输金融信息。第17.18条"计算设施的位置"规定，只要金融监管当局能立即、直接、完整和持续地访问其领土外的计算设施上存储或处理的信息，政府就不得限制金融公司计算设施的位置。同时，USMCA将禁止数据本地化升级为无例外的条款。第19.12条"计算设施的位置"删除了CPTPP第14.13条的合法公共政策目标例外，意味着据此在任何情况下政府都不得将在其领土内使用或放置计算设施作为市场准入的条件。

第二，扩大源代码等专有信息的保护范围。USMCA第19.16条"源代码"规定，不得以转让、访问企业的软件源代码或该源代码表达的算法作为市场准入条件，同时规定了强制披露的情形，以确保主管部门实现合法监管目标的能力。相比而言，CPTPP源代码条款仅适用于大众市场软件或包含该软件的产品，并不包括用于关键基础设施的软件，也不适用于政府采购。至于关键基础设施的范围，条文并未明确。CPTPP源代码条款也没有将源代码表达的算法纳入其中。算法与数据、算力一起并称为信息技术的三大基石，它不仅是大数据、物联网、云计算、人工智能等数字技术核心思想的体现，对搜索引擎、社交媒体等平台的运作也至关重要。随着数字贸易快速发展，算法的作用还将更加凸显。但是对于算法治理各方还有很大争议，禁止公开算法与算法透明度之间的冲突尤为突出。USMCA对算法加以保护，完全是为了维护谷歌、脸书、亚马逊等美国互联网巨头在算法上的竞争优势。

第三，增加互联网服务提供者的责任限制条款。USMCA新规定了"交互式计算机服务"条款，对提供或允许多个用户对计算机服务器进行电子访问的系统或服务，即互联网服务进行规范。根据第19.17条规定，互联网服务提供者原则上不得被视为信息内容提供者，对用户在互联网上传输信息导致的侵权行为，互联网服务提供者作为中介服务商无需承担法律责任。互联网服务提供者日趋平台化，全球互联网巨头都是大型平台企业，美国公司尤其如此，例如微软公司有Azure云服务平台、苹果公司拥有App应用商店平台。平台化使用户数量及其侵权风险大大增加。因此，对美国而言，明确限制互联网服务提供者的责任，保护互联网平台利益的需求十分迫切。

第四，增加开放政府数据的软法条款。USMCA首次将开放政府数据写入贸易协定。第19.18条"开放政府数据"规定，如果政府选择向公众提供政府信息,包括数据,则应努力确保采用机器可读和开放的格式,并且可以被搜索、检索、使用、重复使用和重新分发。由于大量可利用、可开发、有价值的数据集中在政府手中,这一规定将大大推动政府公共数据的开放,从而增加和创造商机。当然,"应努力确保"的表述使该条款不具有强制约束力,政府只需承担软法义务。但是,即使没有强制执行力和司法救济的保障,政府一般也会遵守开放政府数据规则的指引,并因违反义务面临来自其他成员国的政治外交压力。这将对政府开放敏感数据和重要数据带来一定的挑战。

二、《美日数字贸易协定》的 CPTPP+数字贸易规则

美国和日本都是数字贸易市场的主导者,且利益诉求相似,因此,两国意图通过双边贸易协定打造全球"黄金标准",在更大范围内影响数字贸易规则的制定。《美日数字贸易协定》(USJDTA)沿袭了 USMCA 跨境数据流动、计算设施位置、源代码、交互式计算机服务、开放政府数据等 CPTPP+数字贸易条款,并进一步强化了有关数字税收和数字技术的贸易规则。

第一,增加数字产品跨境交易国内税的相关规定。USJDTA 第 7 条"关税"条款秉承了电子传输免关税永久化的一贯做法,但删除了 USMCA 不妨碍国内税费征收的规定。此外,USJDTA 还纳入第 6 条"税收"条款,专门规定数字产品非歧视待遇原则上适用于所有税收措施,包括国内税。举例来说,如果日本不对本国在线提供的数字产品征税,也不得对美国跨境向日本提供的同类数字产品征税。这样一来,该协定明确了对数字产品跨境交易既不得征收关税,也不得征收国内税。实际上,对于电子传输和数字产品的税收问题,国际社会一直存在争议。WTO 电子传输免关税宣言以及此前的自贸协定仅要求不征收关税,并不限制国内税的征收。近年来,新西兰、澳大利亚已经开始对服务和数字产品的进口征收商品服务税(GST)[①],欧盟也对跨境在线销售货物和服务征收增值税(VAT)[②]。对此,USJDTA 在数字贸易税收规则上做出重要突

[①] See New Zealand, Taxation (Residential Land Withholding Tax, GST on Online Services, and Student Loans) Act 2016, Public Act 2016 No 21, Date of assent: 13 May 2016; Australia, A New Tax System (Goods and Services Tax) Act 1999, Compilation No. 74, Compilation date: 1 July 2017.

[②] See European Commission, Modernising VAT for Cross-Border E-Commerce, https://ec.europa.eu/taxation_customs/business/vat/modernising-vat-cross-border-ecommerce_en, visited on 6 June 2022.

破,与对数字产品征收国内税的做法针锋相对,也是要与欧盟对大型互联网企业开征数字服务税(DST)相对抗。

第二,增加加密 ICT 产品的专门规定。为了确保企业能够自主使用密码技术,USJDTA 第 21 条规定,不得以转让、访问有关密码技术的专有信息作为 ICT 产品的市场准入条件,包括披露私钥或其他秘密参数、算法规范等特定技术或生产过程,不得要求制造商或提供商与当地企业合伙、合作开发、制造、销售、进口、使用 ICT 产品,也不得要求其使用、集成特定的密码算法或密码。这一规定直指政府通过解密 ICT 产品获得用户资料的做法。近年来,对于科技公司不断升级的加密措施,不少国家的执法机构持否定态度,澳大利亚通过"反加密法",要求科技公司在必要时解密用户资料以协助打击犯罪[1],英美等国家也要求科技巨头在加密设备中开设"后门"。USJDTA 第 21 条的规定显然反映了美国的双重标准,即不管美国政府是否对科技公司提出解密要求,但在应对外国政府时,美国制定的贸易规则必须成为保护美国产业利益的有力工具。

三、CPTPP+数字贸易规则的发展方向

CPTPP+数字贸易规则代表着当前的美式最高标准。为了维护互联网产业的绝对领先优势,美国可能还将进一步提高规则水平。在最新发起的《印太经济框架》谈判中,美国就曾提出要制定更高水平的跨境数据流动规则。除了数据流动规则之外,与数字技术、数字税收有关的规则也将是 CPTPP+数字贸易规则聚焦的方向,这与美国数字贸易定义的发展方向可以形成对应关系。

第一,进一步强化与数据流动有关的规则。对于跨境数据流动的监管措施,各方出现了明显的两极分化:一种路线强调其对商业活动和从数字贸易中获益的能力的负面影响;另一种路线强调其对实现合法公共政策目标的重要意义,如保护隐私和安全。两种路线的冲突很难找到平衡点,因为不仅要协调贸易自由化与政府监管的矛盾,也要协调贸易治理与互联网治理的矛盾。显然,美国的制度框架以保护商业利益为根本,强调数据不像石油那样具有稀缺性,数据可以几乎没有成本地进行复制和传输,将数据限制在特定地域内并不合理,只有流动才能实现数据的巨大价值[2]。因此,美国主导的跨境数据流动规

---

[1] See Australia, Telecommunications and Other Legislation Amendment (Assistance and Access) Act 2018. No. 148, 2018.

[2] See WTO, Communication from the United States, Work Programme on Electronic Commerce, the Economic Benefits of Cross-border Data Flows, S/C/W/382, 17 June 2019, para. 11.

则不仅适用范围越来越大,从一般商业数据、个人数据扩大到比较敏感的金融数据;而且法律约束力越来越强,禁止数据本地化条款的规定从允许有限保留发展到没有任何例外,压缩相关监管措施的政策空间。

第二,进一步强化与数字技术有关的规则。CPTPP 及其后的美式自贸协定除了知识产权专章对数字技术提供保护之外,电子商务或数字贸易专章也包含相关条款,主要是禁止政府强制要求转让、访问源代码、算法、密码技术等专有信息作为市场准入条件,以及强制要求使用本地技术。不同于传统知识产权主要调整私主体的侵权,有关数字技术的规则还涉及公权力的干预,因此,如何平衡保护数字技术和维护公共政策目标关系的问题日益凸显。与算法透明度一样,源代码、加密技术的透明度问题也备受争议。这些专有信息的转让、访问、使用涉及安全、隐私、欺诈、竞争等一系列问题。尽管美国国内有关源代码公开或接受审查的呼声也很高,特别是 2015 年大众排放门丑闻爆发,大众汽车在部分柴油车上安装专门应对尾气排放检测的软件,而平时的排放量最高可达美国法定标准的 40 倍[1],相关讨论仍在持续发酵。但是,美国对外贸易政策的优先考虑显然是保护海外商业利益。基于贸易规则,加强对强制披露专有信息、强制技术转让、歧视性技术要求等的全面打击,是美国数字技术保护不变的方向。

第三,进一步强化与数字税收有关的规则。由于全球税制跟不上数字时代的步伐,特别是难以有效约束互联网巨头,数字税收成为贸易战的新爆发点。如何征收数字税,不仅涉及税收利益分配,还涉及税收主权问题,各方争论相当激烈。OECD/G20 自 2013 年启动国际税制改革项目"税基侵蚀和利润转移"(BEPS),到 2019 年发布 BEPS 2.0 即"双支柱"方案,针对遏制跨国企业规避全球纳税义务、侵蚀各国税基的行为,试图寻求多边层面的解决方案。欧盟内部对数字服务税有不同意见,法国、意大利等国家开始酝酿单边措施。美国威胁征收报复性关税,发起"301 调查"。数字税收之争实际上是税收规则制定权之争,美欧之间的较量还将愈演愈烈。尽管纯国内数字税不属于自贸协定讨论的范畴,跨境产品跨境交易税收问题、电子传输关税问题却是谈判的焦点。美国借自贸协定强化数字税收的相关规则,意在抢占国际税收制度重构的主导地位,以此保护主宰全球互联网的美国企业。

---

[1] See Consumer Safety Guide, Volkswagen Emissions Scandal-Largest Corporate Fraud in History, https://www.consumersafetyguide.com/volkswagen-emissions/, visited on 7 June 2020.

第三节 美国贸易政策与美式数字贸易规则

美国在数字贸易规则上的国际领导力,是从国内开始形成和推动的,其主导的数字贸易规则是国内数字贸易政策的直接体现。美国通过双边、区域、诸边数字贸易规则的制定和执行,以及 APEC、OECD、七国集团(G7)等协调机制的国际合作,为美国企业扫清数字贸易障碍,巩固其在数字领域的领导力。

一、美国数字贸易政策的要点

美国是 OECD 成员中唯一没有制定国家层面的总体数字战略,而是采用分散的、市场导向方法的国家,任何联邦机构都没有政策优先权,由多个部门共同负责监管。基于美国商务部《数字经济议程》、USTR《美国贸易政策议程》《国别贸易评估报告》《数字 24 条》等政策文件,美国已经建立起一整套的数字贸易政策体系。

第一,维护自由开放的互联网。美国出于维持网络霸权的需要,大力推行"互联网自由"战略,并将维护自由开放的互联网作为美国数字贸易政策的最高优先事项。2016 年 USTR《数字 24 条》指出:"自由开放的互联网有利于新兴的、改变游戏规则的互联网服务的创造和增长。"[1]2017 年《国家安全战略报告》也指出:"美国倡导开放和可互操作的通信,将全球信息和服务交流的壁垒最小化。美国将通过积极参与相关组织的工作,促进数据的自由流动并保护其利益。"[2]可见,美国主张维护自由开放的互联网,不仅是要确保互联网用户选择互联网服务、应用、终端设备的自由,还要确保数据、服务不受限制地跨境流动。在此要求下,持续关注主要贸易伙伴的互联网监管政策,大力打击本地化要求、数据跨境流动限制、网络过滤和审查等数据保护主义,是美国保护和促进数字贸易的主要任务,直接反映在跨境数据流动、计算设施位置、数字贸易互联网的

---

[1] See USTR, Digital 2 Dozen, 2016, Art. 1.
[2] See The White House, National Security Strategy of the United States of America, December 2017, p.41.

接入和使用原则等 CPTPP＋数字贸易规则中。

第二，保护知识产权和创新。知识产权是美国经济发展的重要驱动力。2014年，知识产权密集型产业约占美国 GDP 的 38.2%，占美国商品出口的 52%①。正是由于知识产权对美国经济贸易的重要性，知识产权侵权是美国贸易政策的重要关切，数字贸易政策也不例外。因为互联网和数字技术在为美国打开国际贸易市场的同时，也给其知识产权保护带来了更大的挑战。《数字24条》当中有 8 条是关于知识产权保护的。USTR 每年发布《特别 301 报告》和《恶名市场清单》，将软件盗版、网络盗窃商业秘密、与域名有关的商标侵权、规避技术保护措施、要求购买国内产品和技术等强制技术本地化措施等列为美国开展数字贸易的主要壁垒，而中国有关知识产权和创新的政策、做法是美国的重点关注。在 CPTPP＋数字贸易规则中则体现为源代码、加密 ICT 产品的相关规定。

第三，增强对互联网的信任。隐私保护和网络安全对开展数字贸易至关重要。全世界范围内，网络安全威胁日益严峻，重大安全事件频发，使互联网用户对隐私保护和网络安全普遍感到担忧，直接引发用户的不信任。美国也不例外。一方面，据白宫经济顾问委员会的统计，2016 年，业务中断、窃取专有信息等恶意网络活动给美国经济带来的损失高达 1 090 亿美元②。网络安全及隐私保护风险遍及依赖数据的所有行业，云计算服务尤其如此。2018 年，特朗普政府发布《美国网络安全战略》，将发展数字经济作为网络安全战略的四大支柱之一，凸显了网络安全与数字经济相辅相成的关系。这也促使美国通过个人信息保护、网络安全等数字贸易规则对此做出回应。另一方面，美国又高度关注其他国家保护网络安全和隐私的措施构成的贸易壁垒。USTR《2020 年贸易政策议程》明确指出要解决中国、越南的网络安全法的贸易限制问题③。USMCA 和《美日数字贸易协定》的网络安全条款均以美国商务部下属的国家标准技术研究所的《网络安全框架》④为最佳实践，试图约束贸易伙伴以网络安全之名行

---

① See U.S. Department of Commerce, Intellectual Property and the U.S. Economy: 2016 Update, the Economics and Statistics Administration & the U.S. Patent and Trademark Office, 2016, p.1.
② See The White House Council of Economic Advisers, The Cost of Malicious Cyber Activity to the U.S. Economy, February 2018, p.1.
③ See USTR, 2020 Trade Policy Agenda and 2019 Annual Report, February 2020, p.128.
④ See National Institute of Standards and Technology, Framework for Improving Critical Infrastructure Cybersecurity (Version 1.1), April 16, 2018.

数据保护之实的做法。

二、美国数字贸易政策的核心关切：消除壁垒

开放市场和减少贸易壁垒是美国贸易政策议程的基础①。美国国际贸易委员会估计，消除外国贸易壁垒可能会使美国GDP增加167亿～414亿美元（增长0.1%～0.3%），美国的实际工资可能会上涨0.7%～1.4%②。为此，美国持续关注数字贸易壁垒，并将减少数字贸易壁垒作为数字贸易政策的核心关切。2013年起，USITC多次开展数字贸易调查，要求企业报告其面临的数字贸易壁垒及对其构成贸易壁垒的程度，并评估这些壁垒对其销售和就业的影响。2016年，USTR专门成立数字贸易工作组，作为"快速反应小组"，负责快速发现并打击数字贸易壁垒③。尽管对数字贸易壁垒的感知因行业部门和公司规模而异，但是美国企业普遍认为，其他国家的本地化要求、隐私和数据保护要求、知识产权侵权、审查措施、边境措施、市场准入限制等对数字贸易构成了障碍④。其中，有些是特定的数字部门措施，例如限制跨境数据流动和强制数据本地化，有些则是传统的市场准入和投资措施，但也会影响数字产品和服务的提供。

（一）本地化措施

USTR将数字贸易的本地化措施界定为迫使企业在一国境内开展某些与数字贸易相关的活动的措施⑤。尽管本地化措施可用于实现合法的公共政策目标，但是有些措施以牺牲来自其他国家的商品、服务或知识产权为代价，保护、支持或刺激国内产业、服务提供商或知识产权，因此构成市场准入的非关税壁垒。对此，USTR进一步指出，本地化壁垒是指不合理地区分国内外产品、服务、知识产权或供应商，可以作为变相贸易壁垒的措施，并且可能符合或可能不符合WTO规则⑥。随着数字产品和服务的发展，数字贸易的本地化措施不断

---

① See USTR, 2021 Trade Policy Agenda and 2020 Annual Report, p.1.
② See USITC, Digital Trade in the U.S. and Global Economies, Part 2, August 2014, pp.16, 18 & 305.
③ See USTR, Ambassador Froman Announces New Digital Trade Working Group, https://ustr.gov/about-us/policy-offices/press-office/press-releases/2016/july/ambassador-froman-announces-new, visited on 6 June 2022.
④ See USITC, Digital Trade in the U.S. and Global Economies, Part 2, August 2014, p.77.
⑤ See USITC, Digital Trade in the U.S. and Global Economies, Part 1, July 2013, p.5-2.
⑥ Ibid., p.5-3.

演变。根据规范内容的不同,本地化措施大致可以分为三类,即数据本地化、内容本地化和本地企业政府采购优惠。

1. 数据本地化

要求企业将数据存储在本地是最为常见的本地化措施。有些措施明确要求企业必须将数据存储在收集数据的国家/地区,还有些隐性政策迫使企业将数据存储在本地服务器上,例如要求数据可供监管机构审查,这实际上意味着数据必须存储在国内①。据 USITC 统计,2011—2017 年,全球数据本地化措施的数量翻了一番②。数据本地化措施可能对那些依赖互联网为国外客户提供服务并提高运营效率的企业构成障碍,对公司通过迁移到云来提高运营效率的努力或试图进入新市场的中小企业而言尤其如此③。因此,USTR 将打击数据本地化措施作为数字贸易政策的最高优先事项,连续在《国别贸易评估报告》之外单独发布情况说明《数字贸易的主要壁垒》,对各国的数据本地化措施予以重点关注,将巴西、中国、欧盟、印度尼西亚、韩国、俄罗斯等经济体采取的相关措施识别为数字贸易壁垒④。

2. 内容本地化

内容本地化措施是指政府明确要求企业使用特定百分比或配额的本地数字投入,或包含来自本地的数字内容。例如,2018 年新修订的欧盟《视听媒体服务指令》要求确保广播电视节目全部播送时间的一半以上用来播放欧洲本土制作的节目⑤。内容本地化要求或配额是传统文化市场的产物,因为广播电视节目的时间档具有稀缺性,然而,此类措施已经不太适用于"货架空间"接近无限的在线市场了。但是,美国作为全球内容市场的世界霸主,仍然非常重视内容本地化措施对数字内容提供商的影响,因为据美国的相关行业代表反映,这些限制正在阻碍在线业务的开展⑥。

---

① See USITC, Digital Trade in the U.S. and Global Economies, Part 1, July 2013, p.5-4.
② See USITC, Global Digital Trade 1: Market Opportunities and Key Foreign Trade Restrictions, August 2017, p.16.
③ See Rachel F. Fefer, Shayerah Ilias Akhtar & Wayne M. Morrison, Digital Trade and U.S. Trade Policy, Congressional Research Service, May 11, 2018, https://crsreports.congress.gov/product/pdf/R/R44565, visited on 6 June 2022.
④ See USTR, 2018 Fact Sheet: Key Barriers to Digital Trade, https://ustr.gov/about-us/policy-offices/press-office/fact-sheets/2018/march/2018-fact-sheet-key-barriers-digital, visited on 22 June 2022.
⑤ See Revision of the Audiovisual Media Services Directive (AVMSD), Art. 16.
⑥ See USITC, Digital Trade in the U.S. and Global Economies, Part 2, August 2014, p.85.

3. 本地企业政府采购优惠

政府采购偏好和对本地企业的其他支持也有可能构成数字贸易的壁垒。有些国家通过政府采购来支持当地的数字企业,例如为拥有本土开发技术的 ICT 企业提供政府采购优惠,从而影响外国企业在当地市场的竞争力。在数字化更快的领域,政府有可能借各种理由将公共采购限定在本地公司,例如,巴西颁布第 12.349/2010 号法律,允许将战略性 ICT 产品和服务的采购限制为国内开发的产品和服务①。

(二) 隐私和数据保护措施

各国通常采取不同的隐私和数据保护措施,而且数据不会停留在同一个位置,在线交易也可能会在世界范围内即时传输信息。在这种情况下,确定哪个国家/地区的法律管辖特定交易以及必须满足哪些法律要求可能极其困难②。

以美国和欧盟为例。欧盟有区域层面的综合性数据保护法,《通用数据保护条例》(General Data Protection Regulation,GDPR)适用于所有部门的个人数据和隐私保护。只有当第三国因国内法或国际承诺而被视为能够提供充分的保护时,才允许将欧盟个人数据传输到该国。目前只有少数非欧盟国家达到充分性保护水平③。每个欧盟成员国都有对应 GDPR 的实施规定,但是这些法律可能会有很大差异。相比之下,美国对特定行业的数据保护适用不同的法律规定,《金融服务现代化法案》(Gramm-Leach-Bliley Act)规定金融机构如何收集、披露、共享和保护个人可识别金融信息,《健康保险携带与责任法案》(Health Insurance Portability and Accountability Act,HIPAA)规范受保护健康信息的使用和披露。而且美国国际贸易委员会、卫生与公众服务部及其他联邦和州监管机构都有针对性的隐私执法要求。正是由于美国采用特定部门立法和自律监管,欧盟没有给予美国以充分性认定,美国企业只能加入安全港协定和隐私盾协定(先后被欧洲法院判决无效)来保障跨大西洋的数据传输。这样一来,对于同时在美国和欧盟经营的跨国企业而言,这种监管方法的差异以及复杂的程序会产生高昂的合规成本。

---

① See USITC, Digital Trade in the U.S. and Global Economies, Part 1, July 2013, p.5-7.
② Ibid., p.5-8.
③ See European Commission, How the EU determines if a non-EU Country has an Adequate Level of Data Protection, https://ec.europa.eu/info/law/law-topic/data-protection/data-transfers-outside-eu/adequacy-protection-personal-data-non-eu-countries_en, visited on 6 June 2022.

（三）网络安全措施

针对黑客攻击、数据损坏、数据盗窃和资金盗窃等网络犯罪和网络安全事件频发的状况，不少国家采取或维持了网络安全相关措施。但是，美国认为，网络安全措施实际上可能会增加网络安全风险及其相关成本[1]，因而构成数字贸易壁垒。

1. 源代码披露要求

有些国家要求披露源代码，目的是确保进口的数字产品或服务不会对国家安全或网络安全构成威胁。例如，巴西、印度尼西亚实施或引入了相关措施，要求外国企业披露源代码，包括商业软件或智能手机应用程序的底层代码，作为在其境内开展业务的先决条件。巴西第 8135/2013 号总统令的实施条例草案包含政府采购限制，其中就有要求信息技术公司披露源代码的规定[2]。印度尼西亚通信与信息部第 82/2012 号条例也有披露源代码的要求[3]。对此，美国商业软件联盟等行业代表认为，源代码是有价值的专有信息或商业秘密，披露要求可能会大大增加知识产权盗窃、网络犯罪的风险[4]。这些风险足以将数字服务提供商完全排除在某些市场之外，或者迫使公司提供劣质产品或严格限制开源条件，以相应降低风险。

2. 密码使用限制

有些国家出于网络安全或国家安全的考虑，要求使用特定密码技术或标准。例如，在印度，根据电信部颁布的《互联网服务运营许可指南》，在没有额外监管批准的情况下只能使用 40 位密码，而大多数其他国家/地区允许使用从 128 位到 256 位的强密码标准[5]。密码的使用一直是争论的焦点，重点是隐私、安全、执法和国家安全的平衡。美国行业代表认为，限制密码使用的法律法规

---

[1] See USITC, Global Digital Trade 1: Market Opportunities and Key Foreign Trade Restrictions, August 2017, p.285.
[2] See Business Software Alliance, Special 301 Submission, February 6, 2015, https://www.bsa.org/sites/default/files/2019-03/BSA2015Special301.pdf, visited on 6 June 2022.
[3] See Information Technology Industry Council, USTR Request for Public Comments to Compile the National Trade Estimate Report (NTE) on Foreign Trade Barriers, October 28, 2015, https://www.itic.org/dotAsset/c28b5c56-ef55-488c-bc2b-f8a562f3bb79.pdf, visited on 6 June 2022.
[4] See Business Software Alliance, Special 301 Submission, February 6, 2015, https://www.bsa.org/sites/default/files/2019-03/BSA2015Special301.pdf, visited on 6 June 2022.
[5] Ibid.

通常会阻止公司使用某些方法来保护其产品，或要求公司使用实施该法的国家的国内市场上制定的密码标准。这样一来，密码限制会阻碍加密数据和支持加密的实物商品的跨境流动。密码使用限制也会增加大多数数字服务，包括基于云的数据处理、物联网、通信、内容和电子商务等的网络盗窃以及安全和隐私受损的风险。此外，密码使用限制还会迫使公司使用过时的密码标准，这可能会危及数据安全并增加合规成本[①]。

（四）知识产权侵权

对于依赖版权、商标、专利和商业秘密保护的数字内容和数字通信企业来说，有效的知识产权保护和执法至关重要。美国拥有大量世界领先的数字内容和数字通信企业，知识产权侵权是美国重点关注的贸易壁垒。当然，对大型零售企业等其他行业的企业来说，知识产权侵权也是主要数字贸易壁垒。

为促进线上和线下知识产权保护，USTR 每年都对其他国家的知识产权保护、执法和市场准入状况开展审查。对于做法特别恶劣的国家，可能会被列入"优先外国名单"；对于那些将成为双边关注重点的国家，可能会被列入"优先观察名单"；一些国家还可能被列入"观察名单"。2020 年《特别 301 报告》将阿根廷、智利、中国、印度、印度尼西亚、俄罗斯等 10 个国家列入了"优先观察名单"，将巴西、加拿大、墨西哥、泰国、越南等 23 个国家列入了"观察名单"[②]。对于这些国家，美国将通过加强双边接触、采取执法行动等措施，改善美国对知识产权保护的关切。2020 年《假冒和盗版恶名市场审查》还重点讨论了参与过大量商标假冒和版权盗版的 38 个在线市场和 34 个实体市场，并且首次重点分析了电子商务和互联网平台在促进假冒和盗版商品进口到美国方面的作用[③]。

互联网中介的知识产权保护法律责任不清也被识别为贸易壁垒之一。美国强调适当限制互联网中介知识产权责任的重要性，认为缺乏明确和平衡的法律框架来规范数字内容权利所有者和中介机构各自的权利和责任，可能会成为数字贸易的重大障碍，尤其是在新兴数字技术领域。美国 1998 年《数字千禧版权法案》（Digital Millennium Copyright Act，DMCA）第二章"在线版权侵权责任限制法"创设了互联网中介在特定行为下对其实施的侵犯版权行

---

① See USITC, Global Digital Trade 1: Market Opportunities and Key Foreign Trade Restrictions, August 2017, p.289.
② See USTR, 2020 Special 301 Report, April 2020.
③ See USTR, 2020 Review of Notorious Markets for Counterfeiting and Piracy, January 2021.

为的免责条款①。DMCA 的目的是通过使权利持有人能够对在线侵权者行使权利来促进利益平衡,同时如果互联网中介采取了旨在打击侵权的行动,则应限制互联网中介对其用户的侵权行为的责任②。此外,1996 年《通信规范法》(Communications Decency Act,CDA)第 230 条授予互联网中介对第三方创建的内容以及为限制对令人反感的在线内容的访问而采取的善意行动的免责权③。上述法律通过在清除非法内容和互联网中介提供有价值和创新服务的能力之间取得平衡,共同推动了美国互联网巨头的扩张。

(五) 审查措施

世界各国都在对互联网平台和内容进行审查。审查、过滤、拦截或以其他方式阻止访问可能会构成另一种形式的贸易壁垒。许多美国企业认为,对美国互联网平台和内容的封锁和过滤是数字贸易最直接的障碍,成本是巨大的。第一,互联网平台审查。除了中国之外,还有一些国家还对外国互联网平台施加比国内提供商更高程度的互联网内容拦截或过滤措施。例如,越南的外国互联网服务提供商必须通过网关,而国内的内容则可以避开④。又如,泰国成立了计算机数据过滤委员会,利用司法体系阻止其认为违反公序良俗和侵犯知识产权的网站⑤。再如,俄罗斯政府采取措施封锁流行的消息应用程序及其他网站和在线工具⑥。与国内竞争对手相比,这些障碍会降低美国公司的服务速度和质量,因为它们经常用户超时或以其他方式使外国网站不便使用。第二,互联网内容审查。对于外国音乐、娱乐软件企业而言,烦琐的内容审查程序会导致长时间的延迟,从而丧失合法分销产品的短暂窗口期。

(六) 边境措施

由于中小卖家越来越多地通过互联网直接联系到任何国家/地区的买家,

---

① See Digital Millennium Copyright Act, 17 U.S.C. § 512 (2012).
② See USITC, Digital Trade in the U.S. and Global Economies, Part 1, July 2013, pp.5-19.
③ See Communications Decency Act, 47 U.S.C. § 230 (2012).
④ See USITC, Digital Trade in the U.S. and Global Economies, Part 1, July 2013, pp.5-20.
⑤ See USTR, 2018 National Trade Estimate Report on Foreign Trade Barriers, 2018, p.446.
⑥ See Neil MacFarquhar, "They Want to Block Our Future": Thousands Protest Russia's Internet Censorship, The New York Times, April 30, 2018.

在线零售的兴起刺激了低价值或"微型"进出口的相应增长。据统计,2021年4月美国低价值货物出口总额为36.7亿美元,同比增长57.51%[1]。然而,关税和复杂的进出口文件等边境措施可能会增加小额交易的成本,从而妨碍数字贸易,尤其是中小企业参与数字贸易。

在影响数字贸易的边境措施中,美国非常关注关税豁免最低值(De minimis value),即如果给定货物的价值高于特定阈值,公司必须提交海关文件并支付关税和税费。如果门槛设置得较低,对于通过 eBay 等在线市场从事电子商务的小型出口商来说关税和海关程序尤其繁重。而许多海关在合规程序方面明显缺乏透明度又加剧了这一负担,因为不清楚需要填写哪些表格以及如何正确填写等等。此外,不少国家对最低值的适用还有一些限制,例如,在巴西,仅当使用邮政服务时,才可享受 50 美元以下货件的免税待遇,所有使用快递服务的货件均要缴纳关税[2]。因此,美国提倡提高最低值的门槛,并将门槛较低作为数字贸易的壁垒。美国企业代表指出,提高美国和其他国家的最低值将是促进互联网支持的贸易的直接方式[3]。

美国是 ICT 产品的主要出口国和进口国,虽然由于自贸协定和 WTO《信息技术协定》(Information Technology Agreement,ITA)的签署,许多产品并未征收关税,但是关税仍可能成为美国现有自贸协定或 ITA 未涵盖的国家或产品的贸易壁垒。

(七) 市场准入限制

随着数字贸易的增长,出口商可能面临的市场准入限制也在增加,在数字通信、数字内容等部门尤为突出[4]。尽管数字产品可以无形地跨越边境,但是许多监管措施可以限制数字产品的跨境提供,包括可能以多种方式影响数字贸易且相互关联的法律法规和政策措施,主要有:

1. 电子支付限制

由于各国政府往往希望加强对金融机构的监管,尽管电子支付公司不像银行那样提供金融服务,电子支付公司最终可能落入银行法规适用范围内,包括

---

[1] See US Trade Numbers,Exports:Low value shipments,https://www.ustradenumbers.com/export/Low-value-shipments/,visited on 6 June 2022.
[2] See USTR,2017 National Trade Estimate Report,2017,p.54.
[3] See USITC,Digital Trade in the U.S. and Global Economies,Part 1,July 2013,p.5-23.
[4] See USITC,Digital Trade in the U.S. and Global Economies,Part 2,August 2014,p.87.

要求电子支付公司取得开展业务的银行牌照、要求验证客户信息防止洗钱以及旨在维持银行偿付能力的其他审慎要求等。但与非银行机构不同,电子支付公司确实允许客户在其账户中存入货币余额。因此对电子支付公司的监管是否构成贸易壁垒还有一定争议。

2. 技术标准

各国往往以国家安全或公共政策目标为由,提出各种技术要求,强制使用特定技术或产品。这些措施可能会影响直接提供互联网相关服务的公司,或其他行业依赖数字平台提供服务、处理内部流程或跨境运输货物的企业。因此,美国将强制实施的软硬件产品特定技术标准也识别为美国出口相关商品和服务的障碍。

必须看到,美国决意利用贸易政策和规则来管理数字贸易壁垒并减少数字保护主义,特别是跨境数据流动的壁垒,主要源于美国互联网力量及其拥有的影响力与其他国家的力量和影响力之间的不平衡①。这种不平衡反映了美国和其他国家在什么是保护主义以及什么构成合法政策目标方面的分歧②。这也决定了美国和其他国家之间对数字贸易规则特别是跨境数据流动规则存在分歧。当然,美国所谓的数字贸易壁垒是否能构成贸易协定下的歧视或限制,则需要进一步探讨。

三、美国数字贸易政策国际化的路径

美国除了在双边、区域贸易协定中大力推行美式数字贸易规则以及在WTO框架下积极推动美国数字贸易主张,还通过APEC、OECD、G20等国际组织以及美日欧贸易部长三方会谈、G7数字和科技轨道、美欧贸易和技术委员会等国际协调机制不遗余力地推广美国数字贸易政策,以便在多个层面、多种渠道形成相互联动,最终达到抢占数字贸易规则制定的先机、巩固美国数字贸易绝对优势的目的。

(一) APEC框架下的数字贸易倡议

APEC是目前世界上最大的区域经济合作平台。APEC不是一个谈判论

---

① See Susan Ariel Aaronson, The Digital Trade Imbalance and Its Implications for Internet Governance, Institute for International Economic Policy Working Paper Series, IIEP-WP-2016-7, April 2016, p.2.
② Ibid., p.3.

坛,其指导原则是"一致的单边主义"①,特点是形成软法,主要是协商一致、自愿的和不具约束力的决定。这种方法可能是将美国、日本、俄罗斯和中国等国家带到谈判桌前进行贸易谈判的可行方式,当然也使 APEC 成为一个相对松散的集团。在数字贸易和电子商务方面,APEC 议程非常全面和广泛。早在 1998 年,APEC 就成立了"电子商务指导小组"(Electronic Commerce Steering Group, ECSG),旨在通过建立可预测、透明和一致的法律和政治环境来促进电子商务。在 ECSG 下,APEC 成立了数据隐私小组(Data Privacy Subgroup),通过《APEC 隐私框架》调整 APEC 成员经济体的隐私法,以及无纸化交易小组(Paperless Trading Subgroup),主要解决跨境贸易中强制性纸质文件要求的问题。2018 年,APEC 成立数字经济指导小组(Digital Economy Steering Group, DESG),保留原 ECSG 的职能,旨在促进互联网和数字经济的发展,包括电子商务和数字贸易②。

美国是 APEC 最初的倡议者和主要推动者。自 1989 年 APEC 成立以来,美国就积极主导 APEC 的各项讨论,致力于降低亚太地区的贸易和投资壁垒。近年来,数字贸易已经上升为美国在 APEC 的首要优先事项。美国在 APEC 的数字贸易政策颇具雄心,主要通过 APEC 跨境隐私规则体系、数字贸易构建要素的探路者计划倡议以及电子传输免关税永久化探路者倡议等来具体落实。

1. APEC 跨境隐私规则体系

APEC 跨境隐私规则(Cross-border Privacy Rules,CBPR)体系是美国着力推动的区域性跨境数据流动制度安排。CBPR 体系于 2011 年经 APEC 领导人批准。作为最早加入 CBPR 体系的经济体,美国一直积极推广 CBPR 体系,《美墨加协定》就在"个人信息保护"条款中写入了 CBPR 体系,将其作为增强个人信息保护机制兼容性的参照。美国还联合日本,推动更多的 APEC 经济体加入,并试图将其扩展到 APEC 区域外更多的贸易伙伴,使 CBPR 体系可以成为与 GDPR 相对抗的跨境数据流动机制。CBPR 体系是基于自愿原则在政府支持下开展的,为企业提供符合国际公认标准的数据隐私保护认证体系,与 GDPR 认证机制的主要区别在于以下两方面。

---

① See David Capie & Paul Evans, The Asia-Pacific Security Lexicon (Upated 2nd Edition) 83-86 (Cambridge University Press 2007).
② See APEC, Digital Economy Steering Group, https://www.apec.org/Groups/Committee-on-Trade-and-Investment/Digital-Economy-Steering-Group, visited on 5 July 2021.

第一,数据保护标准较低。《APEC隐私框架》是CBPR的基本依据,规定了收集、存储、使用和传输个人信息应当遵循的九大原则①,在很大程度上与2013年《OECD保护隐私和个人数据跨境流动指南》的数据处理原则类似,也与GDPR规定的六大原则有重合之处。GDPR原则总体上高于CBPR的保护标准,尤其是在准确性和存储时间限制上要求更高。

第二,执行机制更加弹性。CBPR体系的实施主要是在国内层面。参加方的隐私执法机构负责对本国企业进行执法,并加入非约束性的APEC跨境隐私执法合作安排(CPEA)。参加方还要有至少一个经过APEC认可的问责代理机构,负责为企业的隐私保护政策是否符合《APEC隐私框架》提供独立的第三方认证,这是CBPR体系的一项机制创新。目前,只有美国、日本和新加坡有经过认可的问责代理机构。与CBPR体系不同的是,GDPR除了要求各成员国有独立的数据保护机构之外,还成立了欧洲数据保护委员会,负责保障GDPR在所有成员国得到一致执行,在数据保护相关问题上向欧委会提出建议,以及促进各成员国数据保护机构的合作。目前,数据保护机构之间已经通过一站式机制和互助机制建立起合作关系,有利于解决跨境案件,这些案件往往涉及科技巨头。

当然,美国推广CBPR体系面临着欧盟企图在亚太地区扩大充分性决定机制适用的挑战。理论上讲,加入CBPR体系更加容易。因为CBPR是自我监管型的体系,建立的仅仅是底线标准,加入门槛相对较低。相反,GDPR是自上而下型的法规,对企业应当履行的义务做了详细规定,如果企业不履行,将被处以巨额罚款。寻求获得GDPR充分性决定的经济体,往往要承担高昂的监管协调成本。目前,在亚太地区CBPR体系占据成员数量优势,获得GDPR充分性认定仅有三个经济体,分别是加拿大、新西兰和日本。值得关注的是,在2020年6月的APEC工作会议上,美国提议将CBPR体系从APEC独立出来,以便巴西等非APEC经济体可以加入这一框架安排。这也是美国排除中国的一项举措,因为中国没有加入CBPR体系,如果CBPR体系与APEC脱离关系,美国就可以在没有中国参与的情况下修改跨境隐私规则②。

---

① See APEC, APEC Privacy Framework, 2015.
② See Nikkei, US Moves to Shut China out of Shaping APEC Data Protections, https://asia.nikkei.com/Politics/International-relations/US-China-tensions/US-moves-to-shut-China-out-of-shaping-APEC-data-protections, visited on 8 July 2021.

2. 数字贸易构建要素的探路者倡议

《数字贸易构建要素的探路者倡议》[1]（Path finder on Building Blocks for Facilitating Digital Trade）旨在推动 APEC 经济体制定防止数字贸易壁垒的政策，并通过政策对话和能力建设活动继续发展这一倡议。该倡议得到澳大利亚、加拿大、智利、日本、韩国、墨西哥、新西兰、秘鲁、新加坡等 APEC 经济体的支持，具体包括如下构成要素：实现信息和数据的自由流动，承认适用的国内法律法规，同时确保数据保护、隐私和安全的合理标准；采取政策最大限度地减少将数据本地化作为开展商业活动的条件的不合理要求；在知识产权保护和执法领域合作，制定支持数字贸易的知识产权政策，同时考虑创新和创造力的重要性；合作保护个人信息，促进数字环境的消费者保护和信任；促进贸易便利化的海关和物流程序现代化，并加快实施 WTO《贸易便利化协定》；制定促进中小微企业更多参与数字经济的政策；促进采用全球公认标准的基于风险的数字安全方法，包括国际标准化组织（ISO）制定的标准；促进透明和可预测的数字贸易和电子商务的监管环境；合作推进与数字贸易和电子商务相关的新兴技术；促进数字基础设施的发展和实现普遍宽带接入[2]。

3. 电子传输免关税永久化探路者倡议

《电子传输免关税永久化探路者倡议》旨在基于共同的自贸协定实践，寻求各方对探路者倡议的认可，对电子传输永久免征关税，包括以电子方式传输的内容。该倡议得到澳大利亚、加拿大、智利、韩国、墨西哥、新西兰、秘鲁、新加坡等 APEC 经济体的支持。支持倡议的经济体重点寻求通过在相关 APEC 论坛上的持续对话，来加强对探路者倡议的参与，并发现能力建设的机会[3]。

（二）OECD 数字贸易政策

OECD 制定了许多指导方针，但没有固有的执行机制，而是依赖于成员自

---

[1] 探路者倡议于 2001 年获得 APEC 领导人批准启动。通过 APEC 探路者倡议，感兴趣的 APEC 经济体能够在特定问题上共同前进，以期在未来争取更多成员或最终达成 APEC 范围内的共识。

[2] See APEC, Updated Pathfinder Initiative Proposal on Building Blocks for Facilitating Digital Trade, 2019/CSOM/014app05, https://ustr.gov/sites/default/files/Pathfinder_Digital_Trade_Building_Blocks.pdf, visited on 6 June 2022.

[3] See APEC, Pathfinder Initiative Proposal for a Permanent Customs Duty Moratorium on Electronic Transmissions, Including Content Transmitted Electronically, 2016 CTI Repot to Ministers, https://ustr.gov/sites/default/files/Pathfinder_on_Permanent_Customs_Duty_Moratorium_on_Electronic_Transmissions_Including_Co.pdf, visited on 6 June 2022.

已实施。在数字领域，OECD已经形成了隐私准则、人工智能原则、数字税方案，还在就内容审核、平台竞争等与新兴技术相关的问题制定共同原则和最佳实践。

1980年，OECD制定了第一套国际隐私原则《OECD隐私保护和个人数据跨境流动指南》，强调数据保护是个人数据跨境自由流动的前提条件[①]。该准则于2013年更新，强调通过基于风险管理的方法专注于隐私保护的实际实施，以及通过提高互操作性来解决全球隐私问题[②]。

2019年5月，美国与其他OECD成员国批准了《OECD人工智能原则》，提倡具有创新性、可信赖性并尊重人权、民主价值观的人工智能。《OECD人工智能原则》是政府签署的首个此类原则，具体包括：第一，人工智能应当通过推动包容性增长、可持续发展和福祉来造福人类和地球；第二，人工智能系统的设计方式应当尊重法治、人权、价值观和多样性，并应包括适当的保障措施，如在必要时启用人工干预，以确保社会公平公正；第三，人工智能系统应当有透明度和负责任的披露，以确保人们理解基于人工智能的结果并可以挑战上述结果；第四，人工智能系统在其整个生命周期中必须以稳健、安全的方式运行，并且应不断评估和管理潜在风险；第五，开发、部署或运行人工智能系统的组织和个人应根据上述原则对其正常运行负责[③]。《OECD人工智能原则》为人工智能设定了既实用又灵活的标准，并且在隐私、数字安全风险管理和负责任的商业行为等领域对现有OECD标准形成补充。2019年6月，G20以上述原则为基础，通过了《以人为本的人工智能原则》。此外，美国和部分OECD成员国联合成立了全球人工智能伙伴关系（Global Partnership on Artificial Intelligence，GPAI），创建公共和私营部门、社会团体和学术界的联合工作组，以探索解决人工智能不同方面的问题。

（三）美日欧贸易部长三方会谈

美日欧贸易部长三方会谈机制主要是为了应对中国所谓的不公平贸易行

[①] See OECD, OECD Guidelines on the Protection of Privacy and Transborder Flows of Personal Data, https://www.oecd.org/sti/ieconomy/oecdguidelinesontheprotectionofprivacyandtransborderflowsofpersonaldata.htm, visited on 6 June 2022.

[②] See OECD, Revised Guidelines on the Protection of Privacy and Transborder Flows of Personal Data, https://www.oecd.org/digital/ieconomy/privacy-guidelines.htm, visited on 6 June 2022.

[③] See OECD, OECD Principles on AI, https://www.oecd.org/going-digital/ai/principles/, visited on 6 June 2022.

为以及 WTO 现行规则解决这些问题的不足而形成的。2018 年 5 月第二份联合声明首次正式写入电子商务①，此后，美日欧联合声明均将电子商务作为重要议题。美日欧三方高度关注数字保护主义的蔓延，同意合作促进数字贸易和数字经济的增长，并通过促进数据安全来改善商业环境②。第二份联合声明的发布，恰好在 WTO 第十一届部长级会议上 71 个成员共同发表《电子商务联合声明》之后。日本是《电子商务联合声明》的发起方，美欧则是重要参加方，因此，三方联合声明的电子商务合作主要围绕推进 WTO 电子商务联合声明谈判展开。美日欧的共同目标是寻求在尽可能多的 WTO 成员参与下达成高标准协议。2020 年 1 月，美日欧三方贸易部长发布第七份联合声明，对 WTO 与贸易有关的电子商务国际规则制定的谈判进展及联合行动进行评估，并同意继续开展合作③。拜登政府上台后，美日欧贸易部长于 2021 年 11 月召开线上会议，同意重启三方合作机制，以应对第三国非市场政策和做法所带来的全球性挑战④。

（四）印太经济框架

2022 年 5 月，美国与日本、印度和澳大利亚等 13 个印太地区国家宣布启动《印太经济框架》（Indo-Pacific Economic Framework，IPEF），旨在在数字规则、供应链、清洁能源等全球问题上开展合作。可以说，IPEF 是美国印太战略的经济支柱，填补了美国退出 TPP 的空白。IPEF 与 USMCA、美欧贸易和技术委员会等机制一道，形成了美国在北美、欧洲和亚太地区的全球布局联动。

---

① See USTR, Joint Statement on Trilateral Meeting of the Trade Ministers of the United States, Japan, and the European Union, 31 May 2018, https://ustr.gov/about-us/policy-offices/press-office/press-releases/2018/may/joint-statement-trilateral, visited on 6 June 2022.
② See USTR, Joint Statement on Trilateral Meeting of the Trade Ministers of the United States, Japan, and the European Union, 25 September 2018, https://ustr.gov/about-us/policy-offices/press-office/press-releases/2018/september/joint-statement-trilateral, visited on 6 June 2022.
③ See USTR, Joint Statement of the Trilateral Meeting of the Trade Ministers of Japan, the United States and the European Union, 14 January 2020, https://ustr.gov/about-us/policy-offices/press-office/press-releases/2020/january/joint-statement-trilateral-meeting-trade-ministers-japan-united-states-and-european-union, visited on 6 June 2022.
④ See USTR, Joint Statement of the Trade Ministers of the United States, Japan, and the European Union After a Trilateral Meeting, 30 November 2021, https://ustr.gov/about-us/policy-offices/press-office/press-releases/2021/november/joint-statement-trade-ministers-united-states-japan-and-european-union-after-trilateral-meeting, visited on 6 June 2022.

但 IPEF 不是自贸协定,不涉及市场准入或关税减让,而是一种超越传统贸易协定的新合作方式。这种新合作方式强调价值观标准,更多的是一种将中国视为战略竞争对手的政治联盟①。

IPEF 有四大支柱。第一支柱是贸易议题,由 USTR 负责。数字经济规则是贸易议题的重点,IPEF 将寻求数字经济赛道的高标准规则,包括跨境数据流动和数据本地化标准以及隐私保护、人工智能等领域的规则。此外,新兴技术、劳工标准、环境标准、贸易便利化、透明度和良好监管实践等都属于第一支柱范围内的议题。第二支柱是弹性供应链,由美国商务部负责。美国计划通过建立供应链预警系统、提高关键部门的可追溯性和协调多样化的努力等,确保获得关键原材料和加工材料、半导体、关键矿物和清洁能源技术。第三大支柱是清洁能源、脱碳及基础设施。第四支柱是税收和反腐败,均由美国商务部负责②。IPEF 是一个"菜单式"的框架,参加方可以根据需要任选其参加的内容。

围绕数字经济这一新领域制定标准和规则,并致力于确保安全和有弹性的供应链,是 IPEF 的重中之重。美国贸易代表戴琪(Katherine Tai)指出,考虑到数字经济在当今全球市场中发挥的突出作用及其如何影响美国的工人、消费者和企业,数字经济尤其代表了美国需要与 IPEF 伙伴共同合作的领域,并承诺"解决数字经济中的问题,这将有助于在关键市场之间建立连接和信任"③。毫无疑问,数字部门是美国经济实力的关键来源,代表着美国蓬勃发展的出口市场,也是美国全球软硬实力的核心支柱。印太地区是美国经济现在和未来的主要市场。美国经济分析局的数据显示,2020 年 IPEF 的 12 个美国之外的创始成员国给美国 ICT 服务出口和潜在的 ICT 服务出口带来 687 亿美元收入。

---

① IPEF 的 13 个创始成员分别是美国、澳大利亚、文莱、印度、印度尼西亚、日本、韩国、马来西亚、新西兰、菲律宾、新加坡、泰国和越南。后来斐济加入,一共是 14 个成员。从成员构成来看,IPEF 与 RCEP 针锋相对,除了中国以及老挝、柬埔寨、缅甸三个最不发达国家,其余 RCEP 成员均是 IPEF 成员。

② See The White House, Fact Sheet: In Asia, President Biden and a Dozen Indo-Pacific Partners Launch the Indo-Pacific Economic Framework for Prosperity, 23 May 2022, https://www.whitehouse.gov/briefing-room/statements-releases/2022/05/23/fact-sheet-in-asia-president-biden-and-a-dozen-indo-pacific-partners-launch-the-indo-pacific-economic-framework-for-prosperity/, visited on 6 June 2022.

③ See The White House, On-the-Record Press Call on the Launch of the Indo-Pacific Economic Framework, 23 May 2022, https://www.whitehouse.gov/briefing-room/press-briefings/2022/05/23/on-the-record-press-call-on-the-launch-of-the-indo-pacific-economic-framework/, visited on 6 June 2022.

除中国外（实际上中国不可能加入该框架），2020年亚太地区给美国带来的ICT服务和潜在ICT服务出口收入约为1 447亿美元①。随着印太数字市场持续扩大，未来几年美国的出口额还会进一步增长。这将促使美国强势推动IPEF数字经济规则制定，培育以数据自由流动为特色的开放数字经济，巩固其利益并充分释放数字市场潜力。

总体上，美国主导的数字贸易规则不仅保护标准高，而且推进速度快。为了快速形成更高标准的数字贸易规则模板，美国谋求通过"阵营化"、价值观贸易和所谓民主国家联手制定规则，与中国进行战略竞争。这是近年来美国主导国际规则明显不同于以往的地方，不但IPEF如此，G7、美欧贸易和技术委员会等国际协调机制也是如此。必须看到，美式数字贸易规则尽管总体上符合数字经济和贸易的发展规律，但是数字领域已经成为美国试图把经贸事务政治化、武器化甚至意识形态化的前沿阵地，以IPEF和美欧贸易和技术委员会为代表的数字经济规则动向值得密切关注。

---

① See Amir Nasr, The Digital Economy Should be Front and Center for the Indo-Pacific Economic Framework, https://www.project-disco.org/21st-century-trade/060122-the-digital-economy-should-be-front-and-center-for-the-indo-pacific-economic-framework/, visited on 6 June 2022.

第四章

欧式数字贸易规则

欧盟是制定全球数字贸易规则的主要力量。凭借数据保护领域的布鲁塞尔效应,《通用数据保护条例》的国际数据传输机制逐步成为个人数据跨境流动的"全球标准",欧盟确立了数据保护的基调。特别是自从数字主权战略和新贸易战略提出以来,欧盟更加积极输出欧式数字贸易规则,致力于探索一条不同于美式规则的独特道路。

第一节 欧盟贸易协定的数字贸易规则

近年来,数字贸易成为欧盟缔结贸易协定重点关注的议题。欧盟正在通过加快与其贸易伙伴签署贸易协定,快速传播欧式数字贸易规则。虽然欧式数字贸易规则不及美式规则那么全面、深层规则也不多,但在隐私保护等领域,正在显现强大的影响力。

一、欧盟贸易协定数字贸易规则的主要条款

(一)欧式数字贸易规则快速发展

欧盟首个包含电子商务章节的贸易协定是 2008 年签署的《欧盟-加勒比论坛经济伙伴关系协定》。此后,电子商务成为欧盟与贸易伙伴谈判的重要组成部分。2010 年签署的《欧盟-韩国 FTA》(2015 年生效)包含电子商务的目标、原则及监管合作等原则性的条款。2016 年签署的《欧盟-加拿大全面经济贸易协定》(EU-Canada Comprehensive Economic and Trade Agreement,以下简称欧加 CETA)(2017 年起临时适用)开始引入消费者保护等更加具体的条款。其后的协定对电子商务规则做出更多规定,包括《欧盟-墨西哥自贸协定升级》(2018 年达成原则

性贸易协定)、《欧盟-日本经济伙伴关系协定》(EU-Japan Economic Partnership Agreement,以下简称欧日 EPA)(2019 年生效)、《欧盟-新加坡 FTA》(2019 年生效)、《欧盟-越南 FTA》(2020 年生效)以及《欧盟-英国贸易与合作协定》(2021 年生效)等。许多欧盟正在谈判的自贸协定也包含电子商务条款,如《欧盟-菲律宾 FTA》(2015 年启动)、《欧盟-印度尼西亚 FTA》(2016 年启动)。

2018 年前后,欧式数字贸易规则基本成型,其典型代表是欧日 EPA 电子商务章节。欧日 EPA 的签署时间稍晚于 2016 年的 TPP,但总体上与美式高标准数字贸易规则的推进步骤基本同步。值得一提的是,2018 年欧盟推出了跨境数据流动和个人数据保护规则的范本,细化了跨境数据流动规则的具体内容,集中体现了欧盟对跨境数据流动的基本立场,并反映了其与美式跨境数据流动条款的区别。凭借其在数据保护法律领域的全球影响力,欧盟范本将对世界范围内跨境数据流动规则的发展产生重要影响。

(二) 欧式数字贸易规则的核心条款

欧式数字贸易规则旨在确保企业开展数字贸易的可预测性和法律确定性,以及为消费者提供安全可靠的在线环境,具体包括:对电子传输免征关税;允许电子合同、电子签名及电子认证;强调保护消费者,保护用户免受未经请求的商业电子信息影响;禁止要求披露源代码等。相比而言,欧式数字贸易规则虽然涵盖的议题越来越广泛,但仍然不及美式数字贸易规则的内容那么全面,雄心水平也比较低。欧式数字贸易规则在向已自成体系的美式规则靠拢的同时,又在隐私保护等领域坚守立场[①]。鉴于欧日 EPA 是迄今为止欧盟签署的最大的自贸协定,也是欧式数字贸易规则的里程碑,本节将欧日 EPA 电子商务规则作为模板,分析欧式数字贸易规则的核心条款。

1. 关税

欧日 EPA 关税条款要求双方不得对电子传输征收关税[②]。这一条款具有强制执行力,与美式数字贸易规则的相关规定一致。关税条款并未明确对电子传输是否可以征收国内税费,而美式数字贸易关税条款大多规定其并不妨碍征收国内税、费用和其他收费。不过,欧盟委员会已经明确贸易协定关税条款并

---

① 参见周念利、陈寰琦:《数字贸易规则"欧式模板"的典型特征及发展趋向》,载《国际经贸探索》2018年第 3 期,第 96—106 页。

② See EU-Japan Economic Partnership Agreement,Art. 8.72.

不禁止国内税费的征收,表明了欧盟在这一问题上的基本立场①。

2. 电子合同、电子签名与电子认证

欧日 EPA 通过电子方式签订合同条款承认电子合同的法律效力,禁止缔约方仅以合同系以电子方式签订为由否认合同的效力,或以其他方式妨碍使用电子合同②。美式协定一般不包括电子合同条款。欧盟认为,电子合同是在线交易的基础。如果对电子合同的承认提出质疑,根本无法进行电子商务。电子合同效力得到承认的法律确定性,对于向企业尤其是中小企业以及消费者确保通过电子合同进行的电子交易的有效性是必要的③。

欧日 EPA 电子认证和电子签名条款承认电子签名的法律效力,并规定缔约方不得禁止电子交易各方就其交易事宜共同确定适当的电子认证方法④。欧式电子认证和电子签名的规则与美式协定基本一致。该规则也是其他电子商务章节普遍包含的条款。

3. 消费者保护和未经请求的商业电子信息

欧日 EPA 消费者保护条款强调采取和维持适用于电子商务的透明、有效的消费者保护措施的重要性,强调消费者保护主管部门在电子商务相关活动领域开展合作的重要性以及根据各自的法律法规采取或维持电子商务用户个人数据保护措施的重要性⑤。尽管欧盟高度重视消费者保护,包括个人信息保护,但该条款属于软法条款,并不具有强制约束力⑥。欧盟认为,制定实际的消费者保护标准不属于双边贸易协定的范围,主张采取和维持最低限度的国内法律框架,以确保消费者保护并增强他们的信任,可以为在国家层面确定相关措施的确切内容和形式留出足够的灵活性⑦。而且除此之外,欧日 EPA 并没有专门对个人信息保护作出规定,反而是近年以来缔结的美式数字贸易章节均纳

---

① See European Commission, Digital trade in EU Trade Agreements, https://trade.ec.europa.eu/access-to-markets/en/content/digital-trade-eu-trade-agreements-0, visited on 6 June 2022.
② See EU-Japan Economic Partnership Agreement, Art. 8.76.
③ See WTO, Communication from European Union, Joint Statement on Electronic Commerce, Establishing an Enabling Environment for Electronic Commerce, JOB/GC/188 (INF/ECOM/10), 16 May 2018, p.2.
④ See EU-Japan Economic Partnership Agreement, Art. 8.77.
⑤ Ibid., Art. 8.78.
⑥ See EU-Japan Economic Partnership Agreement, Art. 8.79.
⑦ See WTO, Communication from European Union, Joint Statement on Electronic Commerce, Establishing an Enabling Environment for Electronic Commerce, JOB/GC/188 (INF/ECOM/10), 16 May 2018, p.3.

入了个人信息保护条款,表面上看这与欧盟层面严格保护个人信息的实践并不一致,实际上是为了不影响采取和维持其认为适当的个人数据和隐私保护措施的权利。

欧日 EPA 未经请求的商业电子信息条款规定,缔约方应当采取或维持措施,要求未经请求的商业电子信息的发送方取得接收人对商业电子信息的事先同意,提高接收者防止持续接收相关信息的能力;商业电子信息可以被清楚地识别,明确披露发送者信息,使接收者能够随时退订此类信息①。未经请求的商业电子信息即垃圾邮件,给电子商务环境带来了许多挑战,包括隐私保护、消费者欺诈、未成年人保护等,因此欧盟历来重视对垃圾邮件的监管。

4. 源代码

欧日 EPA 源代码条款规定,缔约方不得要求转让或访问另一缔约方的人的软件源代码。当然,商业合同可包含或实施与源代码转让或授予访问权限有关的条款和条件,或自愿转让源代码或授予访问权限,如在政府采购中。同时,法院、行政法庭、行政主管当局对竞争法违法行为的补救、知识产权执法和保护的要求,以及缔约方依据 WTO《政府采购协定》第 3 条采取的措施不在此列②。与美式源代码条款相比,欧日 EPA 源代码条款更加强调明确例外情形,以便为政府监管预留更多的政策空间。

5. 跨境数据流动

欧式数字贸易规则与美式数字贸易规则最大的不同体现在跨境数据流动条款上。欧日 EPA 数据自由流动条款没有对跨境数据流动做出承诺,仅明确了双方同意在协定生效之日起三年内就纳入数据自由流动条款的必要性进行重新评估③。由于欧盟对个人数据和隐私保护的固有立场,加之欧盟成员国无法达成一致意见,此前欧盟在贸易协定谈判中一直对跨境数据流动条款持保留态度,从《服务贸易协定》(TISA)谈判到《跨大西洋贸易与投资伙伴关系协定》(TTIP)谈判均是如此④。即便欧盟仅仅试图在与日本贸易谈判的一份概念性

---

① See EU-Japan Economic Partnership Agreement, Art. 8.79.
② Ibid., Art. 8.73.
③ Ibid., Art. 8.81.
④ See European Commission, Report of the 21th TISA Negotiation Round, November 2016, http://trade.ec.europa.eu/doclib/docs/2016/november/tradoc_155095.pdf, visited on 11 July 2021; USTR and European Commission, U.S.-EU Joint Report on TTIP Progress to Date, 17 January 2017, http://trade.ec.europa.eu/doclib/docs/2017/january/tradoc_155242.pdf, visited on 6 June 2022.

文件中澄清有关跨境数据流动的立场,也遭到了不少成员国和欧盟产业组织的反对①。不过,在与智利、印度尼西亚等的贸易协定谈判中,欧盟提出的数字贸易文本草案已经准备纳入数据流动和数据本地化的规定,但会把个人信息排除在外②。

6. 合作与监管对话

欧日 EPA 强调缔约方之间需就电子商务相关事项开展合作与监管对话,如消费者保护、网络安全、中小企业面临的挑战、促进跨境认证服务、知识产权、电子政务等③。

除了电子商务章节的条款以外,欧日 EPA 的其他相关规定也适用于电子商务,包括适用于整部协定的一般例外和安全例外条款,也包括适用于服务贸易、投资的与电子商务相关的条款。例如,欧日 EPA 服务贸易、投资与电子商务专章明确规定不适用于视听服务④,因此电子商务条款也不适用于视听服务,这是欧盟一直主张的"文化例外"。

二、欧盟贸易投资协定跨境数据流动条款范本

2018 年 4 月,欧盟委员会(以下简称欧委会)批准了跨境数据流动和个人数据保护规则的范本,供欧盟谈判贸易协定时采用。范本共有三个条文,包括跨境数据流动、个人数据和隐私保护、数字贸易监管合作⑤。根据范本规定,缔约方不得限制跨境数据流动,既包括个人数据,也包括非个人数据。但是,缔约方可采取并维持其认为适当的保障措施,以确保对个人数据和隐私的保护,包括通过采用和适用个人数据跨境传输规则,协定的任何规定均不影响缔约方各自的保障措施对个人数据和隐私的保护。范

---

① See Inside U. S. Trade, Divisions Emerge as some WTO Members Push for E-commerce Plurilateral, 20 July 2018, https://insidetrade. com/daily-news/divisions-emerge-some-wto-members-push-e-commerce-plurilateral, visited on 6 June 2022.

② See European Commission, EU-Chile Free Trade Agreement EU Textual Proposal Title on Digital Trade, https://trade. ec. europa. eu/doclib/docs/2018/february/tradoc_156582. pdf, visited on 11 July 2021; European Commission, EU proposal for a legal text on digital trade in the EU-Indonesia FTA, https://trade. ec. europa. eu/doclib/docs/2017/september/tradoc_156106. pdf, visited on 6 June 2022.

③ See EU-Japan Economic Partnership Agreement, Art. 8.80.

④ Ibid., Art. 8.14(2)(d).

⑤ See EU's Horizontal Provisions for Cross-border Data Flows and for Personal Data Protection (in EU Trade and Investment Agreements).

本还排除了贸易协定适用于根据协定设立的投资法庭,从而为欧盟的法院保留了数据保护相关争议的管辖权。此外,数字贸易监管合作条款也不适用于缔约方保护个人数据和隐私的规则和保障措施,包括个人数据的跨境传输。

欧盟范本的表述已经被 2020 年 12 月达成的《欧盟-英国贸易与合作协定》跨境数据流动条款①采用。因为英国脱欧前适用的是欧盟数据保护法律,双方在贸易协定中就跨境数据流动和个人数据保护达成一致比较容易,而且欧委会已经分别根据《通用数据保护条例》(GDPR)和《执法指令》②正式通过了英国的充分性决定。在与澳大利亚③、新西兰④的贸易协定谈判文本中,欧盟也采用了这一范本。欧盟这一立场还体现在 WTO 电子商务联合声明谈判中,欧盟提案建议允许跨境数据流动并禁止本地化要求,但是"可以采取和维持其认为适当的保护措施,以确保对个人数据和隐私的保护,包括通过采取或适用个人数据的跨境传输规则"⑤。

较之欧盟以往对于跨境数据流动规则的谨慎态度,欧盟推出跨境数据流动条款范本并在相关协定中落地,已经前进了一大步。同时,应当看到,欧盟跨境数据流动条款的核心是在不影响欧盟个人数据和隐私保护的前提下,禁止跨境数据流动的保护主义壁垒。对欧盟而言,个人数据是一项基本权利,在贸易协定中是不可谈判的。欧委会之所以推出跨境数据流动条款范本,主要是为了在贸易协定谈判中推广欧洲模式,维护数据保护的基本原则,而这是欧盟数字主权战略的具体举措之一。

---

① See EU-UK Trade and Cooperation Agreement, Part 2 Title III Chapter 2.
② See Directive (EU) 2016/680 of the European Parliament and of the Council of 27 April 2016 on the Protection of Natural Persons with Regard to the Processing of Personal Data by Competent Authorities for the Purposes of the Prevention, Investigation, Detection or Prosecution of Criminal Offences or the Execution of Criminal Penalties, and on the Free Movement of Such Data, and Repealing Council Framework Decision 2008/977/JHA.
③ See EU-Australia Free Trade Agreement, Initial Text Proposal Tabled by the EU Side on Digital Trade, Chapter II Data Flows and Personal Data Protection, 10 October 2018.
④ See EU-New Zealand Free Trade Agreement, Initial Text Proposal Tabled by the EU side on Digital Trade, Chapter II Data Flows and Personal Data Protection, 25 September 2018.
⑤ See WTO, Communication from the European Union, Joint Statement on Electronic Commerce-EU Proposal for WTO Disciplines and Commitments Relating to Electronic Commerce, INF/ECOM/22, 26 April 2019, para. 2.8.2.

第二节　欧盟数字主权战略与数字贸易规则

2019年以来,欧盟高举数字主权的大旗,明确提出要成为数字经济的领导者。作为欧盟行政部门的负责人,欧盟委员会主席冯德莱恩宣布"适应数字时代的欧洲"是其2019—2024年任期的六大目标之一,并承诺欧洲必须在关键领域实现"技术主权"①。欧洲数字化转型和数字主权成为事关重大的问题。

一、欧盟数字主权战略的背景

自2019年开始,作为提升欧洲在数字领域的领导地位和战略自主的手段,欧洲越来越多地表达对"数字主权"的诉求。2019年7月,欧委会智库——欧洲政治战略中心发布题为《数字时代战略自主的再思考》的报告,指出"一场争夺关键数字技术或支持系统领导地位的全球竞赛……已经来到……而且其特点是国际紧张局势和全球数字技术日益'地缘政治化'","因此,强大的工业和技术基础对于欧洲的战略自主至关重要","欧盟和欧洲利益相关者制定管理数字技术及其使用以及生产和运营数字技术的企业的规则和标准的能力,对其战略自主至关重要"②。在此背景下,欧盟提出"数字/技术主权",作为"战略自主"和"欧洲主权"等战略框架的引申和阐发,正如冯德莱恩所言,"欧洲必须根据自己的价值观做出自己的选择,尊重自己的规则"③。欧洲提出数字主权,主要是基于以下三个方面的考虑。

一是捍卫作为欧洲社会基础的基本价值观。这是欧盟提出数字主权战略的逻辑起点,即欧洲有着不同于世界其他地区的独特价值观。在数字领域欧洲的基本价值观是高度重视个人数据和隐私保护,对个人权利和商业自由之间的

---

① See Ursula von der Leyen, A Union that Strives for More, My Agenda for Europe, October 2019, https://ec.europa.eu/info/sites/default/files/political-guidelines-next-commission_en_0.pdf, visited on 6 June 2022.
② See European Political Strategy Centre, Rethinking Strategic Autonomy in the Digital Age, European Commission, July 18, 2019.
③ See European Commission, Shaping Europe's Digital Future: Op-ed by Ursula von der Leyen, President of the European Commission, Brussels, 19 February 2020.

平衡和选择,欧盟显然更倾向于前者。2020年2月,欧委会连续发布三份重要数字战略文件——《塑造欧洲的数字未来》《人工智能白皮书》和《欧洲数据战略》,集中阐释数字主权战略,反复强调欧洲价值观。欧委会在其数字政策路线图——《塑造欧洲的数字未来》中指出,"欧洲社会从深深植根于我们共同价值观的数字解决方案中获得支持","虽然我们无法预测数字技术的未来,但欧洲价值观和道德规则以及社会和环境规范也必须适用于数字空间"①。《欧洲数据战略》也强调,"欧洲处理数据的方式将确保更多数据可以用于应对社会挑战和发展经济,同时尊重和促进欧洲的共同价值观"②。《人工智能白皮书》开篇即明确,"为了应对人工智能带来的机遇和挑战,欧盟必须团结一致,根据欧洲价值观定义自己的方式,以促进人工智能的开发和部署"③。不仅如此,欧洲价值观也反映在欧委会行政部门的经济政策授权中。例如,欧盟内部市场专员蒂埃里·布雷顿(Thierry Breton)表示:"未来五年的任务是建立正确的框架让欧洲充分利用数字化转型,同时确保我们经久不衰的价值观得到新技术发展的尊重。"④尽管过于重视个人数据和隐私保护限制了欧洲数字经济的发展,并在一定程度上有悖于欧盟成为数字经济领导者的目标,但是欧盟仍将继续坚持这一基本价值观。

二是强化数据和数字技术的控制权。数字时代,数据和数字技术越来越集中于少数超大型数字平台,数字平台力量日益增长且具有全球影响。数字平台手中掌握着大量数据,因为数字平台拥有很强的提取、控制和分析数据的能力,而且更多的用户意味着更多的数据,更多的数据意味着有更强的能力来击败潜在的竞争对手并利用先发优势。同时,数据是所有迅速迭代的数字技术的核心,如物联网、云计算、数据分析、人工智能、区块链以及所有基于互联网的服

---

① See European Commission, Shaping Europe's Digital Future, February 2020, https://ec.europa.eu/info/sites/default/files/communication-shaping-europes-digital-future-feb2020_en_4.pdf, visited on 6 June 2022.

② See European Commission, Communication from the Commission to the European Parliament, the Council, the Economic and Social Committee and the Committee to the Regions, A European strategy for data, COM/2020/66 final, 19 February 2020, p.25.

③ See European Commission, White Paper On Artificial Intelligence — A European Approach to Excellence and Trust, COM(2020) 65 final, 19 February 2020, p.1.

④ See Ursula von der Leyen, Mission Letter to Thierry Breton, Commissioner for Internal Market, Brussels, 1 December 2019, https://ec.europa.eu/commission/commissioners/sites/comm cwt2019/files/commissioner_mission_letters/president-elect_von_der_leyens_mission_letter_to_thierry_breton.pdf, visited on 6 June 2022.

务，所以，以谷歌、苹果、脸书、亚马逊、微软（被并称为 GAFAM）为代表的科技巨头在科技行业甚至整个商业市场中占据领导地位就不足为奇了。联合国贸发会议《2019 年数字经济报告》显示，美国和中国占全球 70 个最大数字平台市值的 90%，而欧洲在其中的份额仅为 4%[1]。这样看来，欧洲的确面临数据和技术控制力不足的困境。尽管欧洲有些行业不乏龙头企业，但这一传统工业中心地带越来越依赖这些非欧洲企业提供的数据和服务时，欧洲企业失去控制力也不可避免。

三是提升欧盟在数字领域的竞争力。近年来，欧盟数字化转型相对滞后，数字领域竞争力明显不足。欧元区国家的数字经济规模比美国小，而且在过去几年中差距并没有发生太大变化。欧元区数字经济的规模约为美国的三分之二，大多数欧元区国家的数字部门增加值（占 GDP 的百分比）比美国小得多[2]。欧盟数字领域实力不足还集中表现为欧盟很少有本土互联网巨头。"互联网女皇"玛丽·米克尔 2019 年发布的《互联网趋势报告》显示，全球前 30 大互联网企业中，欧盟仅有 1 家，而美国有 18 家，中国有 7 家[3]。不仅如此，欧盟企业数字化转型也比较缓慢，欧洲投资银行报告显示，欧盟只有 66% 的制造企业采用了数字技术，而美国的这一比例为 78%，欧盟企业对物联网、无人机等关键技术的采用率低于美国[4]。欧盟在人工智能、量子计算、区块链、物联网等数字技术创新和应用方面也相对落后于中美两国。

数字领域竞争力不足已经对欧洲数字领域的政治和经济各个方面带来挑战。欧盟数字市场早已被谷歌、苹果、脸书、亚马逊、微软等美国科技巨头全面占领，欧洲的用户高度依赖美国企业开发的互联网应用。近年来，中国数字竞争力和影响力逐步增强，中国企业和技术在欧盟市场占有率越来越高，也引起了欧洲的警觉。欧盟大张旗鼓地制定管理数字技术和数字企业的规则和标准，很大程度上正是源于对非欧盟科技企业，特别是美国企业带来的经济社会影响的强烈担忧，认为这些企业威胁到了欧盟公民对其个人数据的控制，限制了欧

---

[1] See UNCTAD, Digital Economy Report 2019 — Value Creation and Capture: Implications for Developing Countries, 2019, p.1.

[2] See Robert Anderton, Valerie Jarvis & Vincent Labhard et al., The Digital Economy and the Euro Area, Published as Part of the European Central Bank Economic Bulletin, Issue 8/2020.

[3] See Mary Meeker, Internet Trends 2019, https://www.bondcap.com/report/it19/#view/1, visited on 6 June 2022.

[4] See European Investment Bank, Who is Prepared for the New Digital Age? — Evidence from the EIB Investment Survey, 20 Apr 2020, p.1.

盟数字经济和创新的发展以及成员国和欧盟在数字环境中的立法和执法能力。

当然,欧盟提出数字主权,不乏出于地缘政治方面的考量。从社交平台到电信设备,欧洲在数字领域各个方面都依赖美国和中国。中美关系的变化,意味着双方越来越多地将欧洲市场视为全球数字市场和产业主导地位之争的重要战场。相比起来,美欧同属所谓"民主国家"阵营,而且欧盟对美国科技和互联网公司依赖度更高。美国对华发动的打击和制裁,将对欧盟带来外部冲击,如美国要求欧盟排除中国的5G设备供应商,会限制欧洲各国大力发展5G网络。正如欧洲关于5G技术和互联网监管等问题的政治辩论所表明的那样,中美竞争几乎影响到所有技术问题。即便欧盟宣称不在中美之间"选边站",但免不了陷入竞争之中。中国欧盟商会的一份报告预测,许多欧盟公司将不得不借助双供应链体系来应对数字困境,即以美国为中心的部分和以中国为中心的部分,因此面临极大的不确定性和高昂的成本[1]。正是由于注意到了中美紧张局势加剧,欧盟更加坚定了坚持战略自主、强化数字主权、发展数字能力的决心。

二、欧盟数字主权战略的内涵

尽管欧洲政治层面关于欧洲技术主权的讨论早已有之,但是关于数字/技术主权却没有明确的定义。欧洲议会的研究报告指出,数字/技术主权意在打造促进数字创新的保护性机制和防御性工具,强化欧洲在数字世界中自主行动的能力[2],包括控制、治理、行使、传输和使用数字信息、通信和基础设施的能力[3]。《塑造欧洲的数字未来》《人工智能白皮书》和《欧洲数据战略》等一系列战略文件的发布,则将数字/技术主权的概念制度化了,即为了实现在数字基础设施、关键技术等方面的"自主可控",欧盟将对现有法律、监管和金融工具做出一系列调整。

《塑造欧洲的数字未来》是未来几年欧盟数字议程的核心。其中提出了多

---

[1] 参见中国欧盟商会:《脱钩:全球化何去何从》,https://europeanchamber.oss-cn-beijing.aliyuncs.com/upload/documents/documents/Decoupling_CN[869].pdf,访问日期 2021 年 9 月 10 日。

[2] See Tambiama Madiega, Digital sovereignty for Europe, European Parliamentary Research Service Ideas Paper, https://www.europarl.europa.eu/RegData/etudes/BRIE/2020/651992/EPRS_BRI(2020)651992_EN.pdf, visited on 6 June 2022.

[3] See Abid A. Adonis, Critical Engagement on Digital Sovereignty in International Relations: Actor Transformation and Global Hierarchy, 21(2) Global: Jurnal Politik Internasional 262-282 (2019).

项计划,旨在基于数字单一市场,打造"公平的、有竞争力的"欧盟数字经济,从而成为全球数字经济的标杆。《塑造欧洲的数字未来》指出:"欧洲技术主权的出发点,是确保我们的数据基础设施、网络和通信的完整性和韧性。这就需要创造合适的条件,让欧洲去发展、部署自己的关键能力,从而减少欧洲对全球其他地区关键技术的依赖。"①

《欧洲数据战略》提出建立欧洲单一数据空间、使欧盟成为数据驱动型社会领导者的目标,充分显示了欧盟的雄心。对于数字主权,《欧洲数据战略》强调:"欧洲数据空间的运转将取决于欧盟对于下一代技术和基础设施以及数据素养等数字能力的投资。这种投资反过来也会增强欧盟在数据经济的关键使能技术和基础设施的技术主权。"②

《人工智能白皮书》是欧盟面对人工智能带来的机遇和挑战,提出探索一条基于欧洲价值观的人工智能发展和部署的欧洲道路的纲领性文件。对于数字主权,《人工智能白皮书》同样强调:"利用欧盟在下一代技术和基础设施以及在数据素养等数字能力方面的投资能力,将增强欧洲在数据经济的关键使能技术和基础设施方面的技术主权。"③

欧盟政策文件的上述表述表明,欧盟数字主权主要在三个层面展开,即基础设施和技术、数据和隐私保护以及网络安全和供应链。

基础设施和技术方面,欧洲正在采取措施加大投入,弥补投资不足的差距。2020年6月,德法两国合作推出欧洲云基础设施计划"盖亚云"(Gaia-X),以改变欧洲严重依赖美国云服务提供商的现状。2021年3月,欧委会发布"数字罗盘"路线图,围绕数字人才、可持续数字基础设施、商业数字化转型、公共服务数字化四个方面,制定了12项具体指标④。随后,欧委会公布"地平线欧洲"(Horizon Europe)第一个战略规划,总资金规模为955亿欧元,旨在确保欧盟

---

① See European Commission, Shaping Europe's Digital Future, February 2020, https://ec.europa.eu/info/sites/default/files/communication-shaping-europes-digital-future-feb2020_en_4.pdf, visited on 6 June 2022.
② See European Commission, Communication from the Commission to the European Parliament, the Council, the Economic and Social Committee and the Committee to the Regions, A European strategy for data, COM/2020/66 final, 19 February 2020, p.5.
③ See European Commission, White Paper On Artificial Intelligence — A European Approach to Excellence and Trust, COM(2020) 65 final, 19 February 2020, p.3.
④ See European Commission, 2030 Digital Compass: the European way for the Digital Decade, COM (2021) 118 final, March 2021.

科研和创新行动服务于欧盟优先事项，包括"适应数字时代的欧洲"、"通过引领关键数字、赋能和新兴技术、行业和价值链发展，推动开放战略自主"①。此外，欧盟还推出了5G-PPP、人工智能和区块链投资基金、量子产业研究计划等措施。

数据和隐私保护方面，欧盟已经通过GDPR等法规建立起强大的规范性力量。不仅如此，欧盟还明确了主导国际数据保护制度的战略意图。2017年，欧委会发布《在全球化世界中交换和保护数据》，全面阐述了国际数据传输的政策主张，指出欧盟应当通过鼓励法律制度的融合，弘扬其数据保护价值观并促进数据流动②。这里所谓的融合，就是要让其他国家参考欧盟的数据保护法律，包括GDPR、《非个人数据自由流动条例》《开放数据指令》《数字内容指令》以及相关部门立法。《欧洲数据战略》进一步明确了欧盟有关国际数据传输的基本方针，即欧盟的数据处理方式应遵循"欧洲方式"，国际数据传输的"欧洲方式"是"秉持开放但主动的方法，并且以欧洲价值观为基础"③。具体而言，欧盟既要防止其他国家的数据垄断，解决跨境数据流动的不合理壁垒及限制，也要确保对欧盟个人数据及敏感商业数据的访问符合欧盟的价值观和法律框架。

此外，为了强化对科技巨头的监管，以及挑战科技巨头的数据控制，欧盟正在持续推动数字领域的一系列重大立法，包括：旨在规范大型网络平台竞争行为、确保数字市场公平开放的《数字市场法案》(Digital Markets Act)④，旨在规范互联网中介的责任义务、确保在线环境安全和责任的《数字服务法案》(Digital Services Act)⑤，旨在确保电子通信隐私的《电子隐私法规（草案）》

---

① See European Commission, Horizon Europe's First Strategic Plan 2021-2024: Commission Sets Research and Innovation Priorities for a Sustainable Future, https://ec.europa.eu/commission/presscorner/detail/en/IP_21_1122, visited on 6 June 2022.

② See European Commission, Communication from the Commission to the European Parliament and the Council, Exchanging and Protecting Personal Data in a Globalised World, COM(2017) 7 final, 10 January 2017, p.2.

③ See European Commission, Communication from the Commission to the European Parliament, the Council, the Economic and Social Committee and the Committee to the Regions, A European strategy for data, COM/2020/66 final, 19 February 2020, p.5.

④ 欧洲议会和理事会经过15个月的立法辩论，于2022年3月24日就《数字市场法案》达成政治协议，但仍然需要由欧洲议会和理事会通过。See European Commission, Digital Markets Act (DMA), https://ec.europa.eu/competition-policy/sectors/ict/dma_en, visited on 6 June 2022.

⑤ See Regulation (EU) 2022/2065 of the European Parliament and of the Council of 19 October 2022 on a Single Market For Digital Services and amending Directive 2000/31/EC (Digital Services Act) (Text with EEA relevance).

(ePrivacy Regulation)①以及旨在规范整个欧盟数据共享的《数据治理法案》(Data Governance Act)②。

网络安全和供应链方面,欧盟也已开始将自己定位为网络安全领域的标准制定者。2016年《网络和信息安全指令》(Network and Information Security Directive)旨在提高成员国的网络安全能力和合作,并要求企业采取措施预防和报告关键部门的安全事件和网络攻击,包括能源、运输、银行、金融市场基础设施、卫生保健部门、饮用水供应和分配以及数字基础设施③。2019年,欧盟通过《网络安全法案》(Cybersecurity Act),为ICT产品创建了一项非强制性的网络安全认证计划,以确保消费者和企业免受网络安全威胁④。非欧盟国家以及在欧盟开展业务的企业已经据此更新其网络安全实践和政策,确保符合上述新的、不断强化的法律要求。此外,欧盟也将制定解决5G安全问题的通用方法视为数字主权的重要内容,目的是降低对中国5G产品的依赖度。2019年3月,欧委会发布《5G网络安全方法建议》,建议所有成员国都能够采取该建议提出的统一方法,来确保欧盟范围内的5G网络安全⑤,并于2020年1月发布了《欧盟5G网络安全工具箱》,要求成员国评估5G供应商的风险情况,对所谓的高风险供应商设限⑥。

总的来看,尽管欧盟数字主权战略意在提升控制数字领域监管、基础设施、技术各个方面的能力,现实情况是欧盟的控制力仍然主要体现在规范性力量

---

① See European Commission, Proposal for a Regulation of European Parliament and of the Council Concerning the Respect for Private Life and the Protection of Personal Data in Electronic Communications and Repealing Directive 2002/58/EC (Regulation on Privacy and Electronic Communications), COM(2017) 10 final, 1 October 2017.

② See European Commission, Regulation (EU) 2022/868 of the European Parliament and of the Council of 30 May 2022 on European Data Governance and Amending Regulation (EU) 2018/1724 (Data Governance Act) (Text with EEA relevance), PE/85/2021/REV/1.

③ See Directive (EU) 2016/1148 of the European Parliament and of the Council of 6 July 2016 Concerning Measures for a High Common Level of Security of Network and Information Systems Across the Union.

④ See Regulation (EU) 2019/881 on ENISA (the European Union Agency for Cybersecurity) and on Information and Communications Technology Cybersecurity Certification (Cybersecurity Act).

⑤ See European Commission, Commission recommends common EU Approach to the Security of 5G Networks, Strasbourg, 26 March 2019.

⑥ See European Commission, Secure 5G networks: Questions and Answers on the EU toolbox, Brussels, 29 January 2020.

上。但是,欧盟要赢得这场游戏,仅有规范性力量是不够的①。为了获得更大的主权,欧洲需要成为经济创新方面的全球领导者,而不仅仅是在监管方面②。

三、欧盟数字主权：战略自主抑或贸易壁垒

欧盟提出数字主权战略并推进实施,不仅将影响数字领域的地缘政治,考虑到欧盟与美国、中国的数字关系,也将对全球数字市场带来一系列影响。其中,最为关键的问题是欧盟数字主权是否有保护主义倾向,即过度监管数字技术,并建立数字贸易壁垒。

欧盟数字主权在贸易领域的直接体现是欧盟的新贸易战略。2021 年 2 月,面对经济复苏压力、日益加剧的国际紧张局势以及单边措施盛行等挑战,欧盟提出了新的贸易战略——"开放的战略自主"。欧盟提出新战略不仅是要明确贸易政策在经济复苏中的作用,也是要支持欧盟追求地缘政治野心。新战略反映了欧盟希望能够在世界舞台上独立行事,在广泛的领域发挥符合欧盟利益和价值观的领导作用,包括贸易、投资和数字领域。欧盟强调开放是战略选择,而非"向内转向",将继续充当"开放和全球合作的倡导者"③。

欧盟新贸易战略明确了中期目标：第一,根据绿色和数字目标,支持欧盟经济复苏和根本转变;第二,为更可持续和更公平的全球化制定全球规则;第三,提高欧盟追求其利益和行使其权利的能力,包括在需要时自主行使。为了实现这三个目标,欧委会将重点关注六个方面：一是改革 WTO;二是支持绿色转型并促进负责任和可持续的价值链;三是推进数字化转型和服务贸易;四是加强欧盟的监管影响;五是深化欧盟与周边近邻、扩大地区和非洲的伙伴关系;六是加强欧盟对实施和执行贸易协定的关注,并确保欧盟企业的公平竞争环境。不难发现,"数字"是欧盟新战略的两大主题之一,三大目标和具体方面几乎均与数字领域密切相关,而且欧盟将在数字领域采取若干重点行动,包括谈判和缔结贸易投资协定、开发新的在线工具以支持欧盟企业等。

---

① See Konstantinos Komaitis & Justin Sherman, US and EU Tech Strategy aren't as Aligned as you Think, https://www.brookings.edu/techstream/us-and-eu-tech-strategy-arent-as-aligned-as-you-think/, visited on 6 June 2022.
② See Matthias Bauer & Fredrik Erixon, Europe's Quest for Technology Sovereignty: Opportunities and Pitfalls, ECIPE Occasional Paper 02/2020.
③ See European Commission, Questions and Answers: An Open, Sustainable and Assertive Trade Policy, February 18, 2021, https://ec.europa.eu/commission/presscorner/detail/en/qanda_21_645, visited on 6 June 2022.

尽管有关欧盟新贸易战略的具体政策措施尚未明确，但是可以肯定，新战略有关数字领域的内容直接折射了欧洲数字战略，而欧洲数字战略的核心是数字主权。欧盟数字主权不仅是要建立体现数据主权的欧洲主权云、体现数字世界金融主权的欧洲支付计划①，还隐含着打造更多欧洲数字冠军企业并进军其他国家的诉求。欧洲打造数字冠军企业的路径可能包括通过放宽欧盟竞争规则来支持欧洲工业巨头发展，以及通过事前规则和并购审查来限制外国科技巨头。显而易见，这些举措将助长欧洲的保护主义倾向。同时，欧盟数据本地化的趋势也在强化。GDPR已经被指是事实上的"个人数据出口禁令"②。施雷姆斯第二案（Schrems Ⅱ）之后，欧洲数据保护委员会发布关于将个人数据从欧盟传输至第三国的指南草案，有关数据出口商评估第三国保护水平并在需要时确定适当补充措施的要求过于繁复，因此可能会进一步导致数据本地化③。当然，上述措施在实践中是否能被认定为贸易壁垒，则是非常复杂的法律问题，需要根据WTO及其他贸易协定必要性测试的标准来具体情况具体分析。

必须看到，欧盟不可能完全切断与非欧盟数字企业的联系。相反，一方面，欧盟专注于规范大型科技公司的市场行为、塑造其商业模式的行事方式，也表明欧盟并无此意。另一方面，冯德莱恩欧委会数字主权战略的推进，将面临内外交织的严重挑战：对内是欧委会构建数字主权的决策会在政治逻辑与经济理性之间艰难摇摆，使向前推进数字政策同样可能遭遇与此前欧盟其他产业政策类似的困境④；对外则是全球数字经济图景中美两极格局逐步趋于固化，虽然《欧洲数据战略》指出欧洲在工业和专业应用、公共利益领域或日常生活的物联网应用等具有优势⑤，但要想短期内实现弯道超车和降低对中美两国的依赖并不容易。因此，如果欧盟数字主权战略不走向过度保护主义，并不会改变全球数字市场的竞争格局和基本态势。

---

① 欧洲支付计划（European Payments Initiative）是由31家欧洲银行/信贷机构和2家第三方收单机构发起的，目的是创建欧洲控制并经营欧元的泛欧支付网络解决方案。
② See Comment 169 on EDPB Recommendations 01/2020 on Measures that Supplement Transfer Tools to Ensure Compliance with the EU Level of Protection of Personal Data, R01/2020-0169, p.2.
③ See EDPB Recommendations 01/2020 on Measures that Supplement Transfer Tools to Ensure Compliance with the EU Level of Protection of Personal Data, adopted on 10 November 2020.
④ 参见忻华：《"欧洲经济主权与技术主权"的战略内涵分析》，载《欧洲研究》2020年第4期，第1-30页。
⑤ See European Commission, A European Strategy for Data, COM(2020) 66 Final, February 2020, p.3.

第三节 欧盟国际数据传输机制

欧盟一贯严格保护个人数据,视个人数据保护为基本权利①,对跨境数据流动持谨慎态度。不过,2016 年 GDPR 出台后,欧盟有关跨境数据流动的具体策略发生明显变化,开始化被动为主动,积极扩大 GDPR 的国际影响力,在全世界推广欧洲模式。一方面,欧盟主动输出国际数据传输机制,使其他国家和地区提高数据保护标准,更有利于保护欧盟公民的数据。另一方面,消费互联网时代,大部分数据都是消费者生成的数据,且非个人数据和个人数据难以分离,因此欧盟个人数据国际传输机制也深刻影响着非个人数据的国际传输。

一、个人数据的国际传输

(一) 数据保护制度的布鲁塞尔效应

布鲁塞尔效应(Brussels effect)一词最早由哥伦比亚大学法学院教授阿努·布拉德福德(Anu Bradford)于 2012 年提出,主要是指欧盟单方面控制全球市场的力量。欧盟通过颁布塑造国际商业环境的法规,提升全球标准,导致全球商业的许多重要方面显著欧洲化。欧盟拥有重要的、独特的和高度渗透的力量,能够单方面改变全球市场,包括在竞争政策、环境保护、食品安全、隐私保护或者社交媒体仇恨言论监管方面制定标准的能力。因此,尽管人们普遍认为欧盟在经济和政治上正走向衰落,但是布鲁塞尔效应使欧盟在未来很长一段时间内可能仍然是全球经济的主要力量②。布鲁塞尔效应在数据保护领域体现得尤为突出,特别是 GDPR 及一系列相关立法,确立了全球数据保护标准的基调,使数据保护成为全球监管环境欧洲化的有力体现③。

1. 法律层面的布鲁塞尔效应

法律层面,欧盟的数据保护制度显现出明显的布鲁塞尔效应。欧盟的数据

---

① See Charter of Fundamental Rights of the European Union, Art. 8.
② See Anu Bradford, The Brussels Effect: How the European Union Rules the World, Oxford University Press, 2020, p.14.
③ Ibid, p.216.

保护规则正在成为许多国家和地区遵循的范本。特别是 GDPR 树立了数据保护的"黄金标准",改变了全球数据保护制度的图景,使数据保护得到前所未有的重视,将对各国和地区立法和监管带来深远的影响。

目前,全球已有 128 个国家和地区有数据保护立法①,其中许多都与欧盟数据保护制度相似,GDPR 的出台更是引发了全世界范围内制定和修改数据保护法的热潮。从亚洲的日本、韩国、印度、印度尼西亚,到拉美的巴西、智利、哥伦比亚,再到非洲的南非、肯尼亚,效仿欧盟数据保护制度可以说是一种全球趋势②。巴西于 2018 年通过了《巴西通用数据保护法》,其背景、结构和内容都与 GDPR 非常相似③。肯尼亚于 2019 年通过首部《个人数据保护法》,与 GDPR 有许多相同的规定④。印度于 2019 年推出《个人数据保护法(草案)》,参考了 GDPR 的许多概念和原则。印度尼西亚 2020 年《个人数据保护法(草案)》也借鉴了 GDPR 的多项条款规定。

欧盟模式的数据保护制度在世界范围内扩散的另一个重要原因是各国希望从欧盟获得充分性认定。一国一旦获得充分性认定,就开启了其与欧盟之间的数据流动,即个人数据可以从欧盟流向该国,无需任何进一步的保护。迄今为止,获得欧盟充分性认定的国家和地区仅有 12 个,分别是安道尔、阿根廷、加拿大(商业组织)、法罗群岛、根西岛、以色列、马恩岛、日本、泽西岛、新西兰、瑞士和乌拉圭。2021 年 6 月,欧盟委员会分别根据 GDPR 和《执法指令》⑤正式

---

① See UNCTAD, Data Protection and Privacy Legislation Worldwide, https://unctad.org/page/data-protection-and-privacy-legislation-worldwide, visited on 6 June 2022.

② See European Commission, Communication from the Commission to the European Parliament and the Council-two years of application of the General Data Protection Regulation, COM(2020) 264 final. June 2020; Mark Scott & Laurens Cerulus, Europe's New Data Protection Rules Export Privacy Standards Worldwide, POLITICO, Jan. 31, 2018, https://www.politico.eu/article/europe-data-protection-privacy-standards-gdpr-general-protection-data-regulation/, visited on 6 June 2022.

③ See Renato Leite Monteiro, GDPR matchup: Brazil's General Data Protection Law, https://iapp.org/news/a/gdpr-matchup-brazils-general-data-protection-law/, visited on 6 June 2022.

④ See Jonathan Keen, Kenya Passes Data Protection Law Inspired by GDPR, https://auth0.com/blog/kenya-passes-data-protection-law-inspired-by-gdpr/, visited on 6 June 2022.

⑤ See Directive (EU) 2016/680 of the European Parliament and of the Council of 27 April 2016 on the protection of natural persons with regard to the processing of personal data by competent authorities for the purposes of the prevention, investigation, detection or prosecution of criminal offences or the execution of criminal penalties, and on the free movement of such data, and repealing Council Framework Decision 2008/977/JHA.

通过了英国的充分性决定，此外还启动了根据 GDPR 通过韩国充分性决定的程序①。欧盟曾分别通过安全港和隐私盾框架给予美国部分充分性认定，不过两者先后被欧洲法院判决无效。欧盟充分性认定的严苛程度由此可见一斑。

未获得充分性认定导致的跨境数据传输难题，给了一些国家强烈的动机，使其制定或修改法律，以期与欧盟保持一致。例如，日本为了获得欧盟的充分性认定，不仅同意实施额外的保障措施以符合欧盟的标准，专门制定了充分性认定通过后如何处理从欧盟传输的个人数据的补充规则②，还就日本政府为刑事执法和国家安全目的访问个人数据提供保障向欧盟委员会作出保证，并设立投诉处理机制用于调查和解决欧洲公民关于日本政府访问其数据的投诉③。再如，韩国 2011 年《个人信息保护法》在原则、保障措施、个人权利义务上与欧盟法律非常相似，但是由于没有独立的数据保护机构，一直未能获得充分性认定。为此，2020 年韩国对该法做出重大修改，设立韩国个人信息保护委员会，并加强其调查和执法权④。此外，韩国还和日本一样，同意采取额外保障措施来加强在韩国处理的数据的保护水平，并强化对韩国政府当局访问数据的监管⑤。

美国也不例外。表面上看，美国数据保护法并没有受到布鲁塞尔效应的影响。美国秉持不同于欧盟综合立法的部门方法，立法主要针对金融、医疗等特定部门数据，也没有独立的政府数据保护机构，因此欧盟认为美国数据保护法本身不符合充分性标准。但是鉴于美欧之间数据流动数量之大，获得

---

① See European Commission, Adequacy Decisions: How the EU determines if a Non-EU Country has An adequate Level of Data Protection, https://ec. europa. eu/info/law/law-topic/data-protection/international-dimension-data-protection/adequacy-decisions_en, visited on 6 June 2022.
② See Personal Information Protection Commission Japan, Supplementary Rules under the Act on the Protection of Personal Information for the Handling of Personal Data Transferred from the EU and the United Kingdom based on an Adequacy Decision.
③ See European Commission, European Commission Adopts Adequacy Decision on Japan, Creating the World's Largest Area of Safe Data Flows, https://ec. europa. eu/commission/presscorner/detail/en/ip_19_421, visited on 6 June 2022.
④ See South Korea Personal Information Protection Act, Enforcement Date 05. Aug, 2020, Act No. 16930, 04. Feb, 2020, Partial Amendment.
⑤ See European Commission, Data Protection: European Commission Launches the Process Towards Adoption of the Adequacy Decision for the Republic of Korea, https://ec. europa. eu/commission/presscorner/detail/en/ip_21_2964, visited on 6 June 2022.

充分性认定对美国特别重要。美国先后与欧盟缔结了美欧安全港和隐私盾框架,以解决跨大西洋数据传输的法律基础问题。加入的美国企业通过自证其符合安全港和隐私盾框架隐私原则,被欧盟视为能够提供充分的隐私保护。相对于美国数据保护立法,安全港和隐私盾框架隐私原则保护标准更高,且执行机制更强。这实际上也是美国对欧盟数据保护制度的一种妥协。

2. 事实层面的布鲁塞尔效应

事实层面,数据领域的布鲁塞尔效应尤为突出。随着跨国公司自愿遵循GDPR管理全球业务,欧盟仅凭市场力量便足以将欧盟标准转化为全球标准。首先,对数字企业来说,欧盟是非常重要的市场。2019年,美国向欧盟出口的ICT服务为310亿美元,潜在的ICT支持的服务为1 960亿美元[①]。这不仅是因为欧盟有5亿人口,更是因为欧盟缺少本土互联网巨头,使其成为大型互联网企业的必争之地。谷歌在欧洲搜索引擎的市场份额约为93%,高于美国89%的市场占有率[②]。脸书在欧洲的用户数量不断增加,2021年第三季度月活跃用户人数约为4.2亿人,比2012年增长了61%[③];广告收入约为68亿美元[④],约占全球广告收入的25%。

其次,数字产品和服务的不可分割性,决定了数据保护领域的布鲁塞尔效应往往表现得格外突出。在实践中,跨国公司经常将数据存储在不同市场的服务器上,维持日常运营必须能够无缝地跨境传输数据。但是,不同国家的数据保护制度各不相同,跨国公司必须简化其全球数据管理系统,以降低遵循多种监管制度的合规成本。因此,跨国公司在全球市场上采取不同的数

---

① 美国经济分析局(BEA)将数字贸易分为两个部分:一是ICT服务,包括计算机软件、电信服务、计算机服务;另一类是其他潜在的ICT支持的服务,包括保险服务、金融服务、知识产权使用费、信息服务、研发服务、专业和管理咨询服务、建筑和工程服务、工业设计、培训服务、其他商业服务。数据来源:United States Bureau of Economic Analysis, Interactive Table 3.3. U.S. Trade in ICT and Potentially ICT-Enabled Services, by Country or Affiliation ((A) (2006-2019)).
② See Statcounter, Search Engine Market Share Worldwide—October 2021, https://gs.statcounter.com/search-engine-market-share, visited on 4 November 2021.
③ See Statista, Facebook: Quarterly MAU in Europe 2012-2021, https://www.statista.com/statistics/745400/facebook-europe-mau-by-quarter/, visited on 6 June 2022.
④ See Statista, Facebook: Quarterly Revenue in Europe 2010-2021, by Segment, https://www.statista.com/statistics/223279/facebooks-quarterly-revenue-in-europe/, visited on 6 June 2022.

据保护实践通常既困难(技术不可分割)，成本又高(经济不可分割)①。因为将涉及欧洲和非欧洲公民的数据分开在技术上很难实现，甚至是不可能的。为欧盟单独创设数据合规实践可能可行，但是成本太高。因此，跨国公司大多不会为不同的市场制定不同的计划，而是倾向于全面应用更严格的标准②，即欧盟的数据保护法规，以便在任何地方都可以开展业务。实践中，谷歌③、苹果④、奈飞⑤、爱彼迎⑥等公司都参照 GDPR 更新了隐私政策，并采用单一全球隐私政策。除了技术和经济上的原因之外，跨国公司还有可能出于简化公司内部管理流程、满足消费者诉求等方面的考虑，促进其全球隐私政策。

尽管事实层面的布鲁塞尔效应普遍存在，但也有许多布鲁塞尔效应未能实现的例子。GDPR 生效之后，作为回应，有些企业直接关闭了其在欧洲的网站，包括《洛杉矶时报》等多家美国新闻媒体⑦。有些企业则试图做法律分割，将其数据政策的变更限制在欧洲范围内。例如，脸书将其亚洲、非洲、澳大利亚和中东的用户从该公司的爱尔兰公司架构中转移出来，置于其美国公司架构之下，目的是限制其在欧盟的法律责任⑧。当然，这种做法是否合法、可行仍有不确定性。一些国家和地区对数据本地化的要求也会限制布鲁塞尔效应。数据本地化措施要求公司在特定国家和地区存储或处理个人数据，这可能会迫使公

---

① See Anu Bradford, The Brussels Effect: How the European Union Rules the World, Oxford University Press, 2020, p.232.
② See Jennifer Daskal, Borders and Bits, 71 Vanderbilt Law Review 179 (2018), p.233.
③ See Google, Google Privacy Policy, https://policies.google.com/privacy?hl=en&gl=ZZ, visited on 4 November 2021.
④ See Apple, Apple Customer Privacy Policy, https://www.apple.com/legal/privacy/, visited on 4 November 2021.
⑤ See Netflix, Privacy Statement, https://help.netflix.com/legal/privacy, visited on 4 November 2021.
⑥ See Airbnb, Updates to Terms, https://www.airbnb.com/home/terms-ofservice-event? euid=76ed6f04-5530-5d81-7aaa-ce7e07e16be9, visited on 4 November 2021.
⑦ See The Guardian, LA Times among US-based News Sites Blocking EU Users Due to GDPR, 25 May 2018, https://www.theguardian.com/technology/2018/may/25/gdpr-us-based-news-websites-eu-internet-users-la-times, visited on 5 November 2021.
⑧ See David Ingram, Exclusive: Facebook to Put 1.5 Billion Users Out of Reach of New EU Privacy Law, REUTERS, 18 April 2018, https://www.reuters.com/article/us-facebook-privacy-eu-exclusive/exclusive-facebook-to-change-user-terms-limiting-effect-of-eu-privacy-law-idUSKBN1HQ00P, visited on 5 November 2021.

司为特定市场创建不同的合规流程。

无论如何,数据保护领域的布鲁塞尔效应在法律和事实层面仍然相当显著,不仅欧盟个人数据和隐私保护规范已经成为全球规则,其国际数据传输机制也是跨境传输欧洲个人数据的标准化工具。

(二)个人数据国际传输的具体机制

欧盟有关国际数据传输的法律规定主要体现在 GDPR 第五章。个人数据从欧盟传输至第三国或国际组织,必须遵循 GDPR 第五章的规定。GDPR 为国际数据传输提供了现代化的工具箱,既根据 GDPR 的新要求对充分性决定、标准合同条款、约束性公司规则、减损等机制进行更新,又引入了认证机制、行为准则这些新的工具。

1. 充分性认定

GDPR 充分性决定是国际数据传输最重要的机制。充分性决定是欧盟委员会做出的,确定第三国通过其国内法或国际承诺提供与欧盟相当的个人数据保护水平的决定。在评估第三国对个人数据的保护水平时,GDPR 第 31 条明确了相关考虑因素,包括法治和基本人权的保护程度,是否存在独立且有效运作的监管机构以及承担有关个人数据保护的国家责任或国际承诺。获得充分性决定,可以使个人数据安全、自由地从欧盟流向第三国,无需提供进一步的保障措施。由于欧盟是最重要的数字市场之一,即使面对 GDPR 严苛的个人数据保护合规要求,其他国家也不得不通过修改法律、制定特殊安排等方式寻求充分性认定。欧盟借助充分性认定机制,使其他国家与欧盟数据保护法律进行融合,从而达到统一标准、掌握规则制定权的目的。

第一,掌握充分性认定机制具体实施的绝对主动权。一方面,GDPR 生效之前,欧盟依据以前的规则即 1995 年《数据保护指令》,仅给予 11 个国家和地区充分性认定①。欧盟对于认定对象是有选择的,其中既有与欧盟关系密切的经济体,如瑞士等;也有欧盟的重要贸易伙伴,如阿根廷、加拿大(限于商业组织)、以色列等;还有欧盟认为其在制定数据保护法律方面发挥了先锋作用的经济体,如新西兰、乌拉圭等。欧盟 2016 年曾给予美国"部分"充分性认定,仅适

---

① 获得欧盟充分性认定的 11 个国家和地区分别是安道尔、阿根廷、加拿大(商业组织)、法罗群岛、根西岛、以色列、马恩岛、泽西岛、新西兰、瑞士和乌拉圭。

用于隐私盾框架，即在美国数据保护法律不能提供相当水平保护的情况下，通过隐私盾认证的美国公司可以自由传输数据，后来也被欧盟法院判决无效。GDPR 生效以后，欧盟仅通过了日本和英国的充分性决定，此外根据 GDPR 通过韩国充分性决定的程序还在进行当中①。另一方面，为了扩大充分性决定机制的版图，欧盟依据《在现代化世界中交换和保护数据》确定的策略，与印度等亚洲战略伙伴、南方共同市场等拉美国家以及欧洲邻国开展谈判，并鼓励其他国家寻求部分充分性决定或者特定部门的充分性决定，如金融服务或信息通信部门②。

第二，通过与日本互相给予充分性认定树立标杆。2019 年 1 月 23 日，欧委会正式通过有关日本的充分性决定，日本同时通过了同样的决定，建立起全球最大的安全、自由的数据传输区域。实际上，为了获得欧盟充分性决定，日本在监管体系上做了一系列妥协。日本于 2015 年大幅修改了《个人信息保护法》，加强了个人信息保护，为与欧盟数据保护体系的融合打下了基础。日本还采取其他保障措施，如扩大敏感数据的范围、促进个人权利的行使、对从日本传输至第三国的欧洲数据提供更高水平的保护。此外，日本同意在数据保护委员会下建立一套争议解决机制，确保能够有效解决欧洲人有关日本执法部门和国家安全机关访问其数据的投诉③。鉴于欧日 EPA 没有对跨境数据流动做出承诺，双方之间的充分性协议对该协议会起到补充作用。

第三，在给予美国充分性认定时显示出强硬立场。欧盟认为美国数据保护法律不能提供相当水平的保护，原先给予美国的"部分"充分性认定仅适用于隐私盾框架，只有通过隐私盾认证的美国公司才能自由传输数据。2020 年 7 月 16 日，欧盟法院于就施雷姆斯第二案（Schrems Ⅱ）做出重要判决，使欧委会有关隐私盾的充分性认定失效。这是继 2015 年 10 月欧盟法院判决《安全港协议》无效后，又一次否定美欧之间数据传输协议的安全性。该判决

---

① See European Commission, Adequacy Decisions: How the EU Determines if a Non-EU Country has an Adequate Level of Data Protection, https://ec.europa.eu/info/law/law-topic/data-protection/international-dimension-data-protection/adequacy-decisions_en, visited on 14 August 2021.
② See European Commission, Communication from the Commission to the European Parliament and the Council, Exchanging and Protecting Personal Data in a Globalised World, COM(2017) 7 final, October 2017, p.8.
③ See European Commission, European Commission Adopts Adequacy Decision on Japan, Creating the World's Largest Area of Safe Data Flows, Press release, 23 January 2019.

导致加入隐私盾的5 300多家美国企业无法继续基于该框架传输欧盟公民个人数据，使美欧数据传输变得不确定。此次欧盟法院的关切不是隐私盾的商业方面，而是美国政府对欧盟个人数据的访问和使用，特别是不能将美国监控计划对个人数据的访问限制为严格必要的程度，也没有在美国法院为欧盟公民提供可诉权利①。不过，美国企业仍然可以基于标准合同条款等替代机制传输数据，但要对是否符合欧盟标准进行个案分析。2023年7月10日，欧委会正式通过《欧盟-美国数据隐私框架的充分性决定》，将美国情报部门对欧盟的数据访问权限限制在合理、必要的范围内，进一步抬高数据保护标准。

2. 标准合同条款

标准合同条款（Standard Contractual Clauses，SCC）是在第三国未能对欧盟个人数据提供充分保护的情况下，个人数据出口方和进口方依据欧委会发布的标准合同条款签订合同，使向非欧盟国家传输数据可以满足欧盟标准。SCC是使用最为广泛的数据传输机制，数以千计的欧盟企业采用SCC为客户、供应商等提供服务。虽然SCC并非强制采用的，但其为数据跨境处理提供了统一的方法，因此尤为重要。

GDPR生效之前，根据《数据保护指令》，欧委会发布了两套SCC，用于将数据从欧盟的数据控制者传输到欧盟之外的控制者。其中，2001年发布的版本适用数据出口方和进口方的连带责任②；2004年发布的版本则适用数据出口方谨慎处理原则③，这一责任划分原则被认为对商界更加友好。欧委会还于2010年发布了一套SCC④，用于将数据从欧盟的数据控制者传输到欧盟之外的处理者，为数据处理外包提供了可能性。

2021年6月，欧盟委员会根据GDPR发布了现代化的SCC，分别适用于处

---

① See CJEU, The Court of Justice Invalidates Decision 2016/1250 on the Adequacy of the Protection Provided by the EU-US Data Protection Shield, Press Release No 91/20, July 2020.
② See Commission Decision of 15 June 2001 on Standard Contractual Clauses for the Transfer of Personal Data to Third Countries, under Directive 95/46/EC (Text with EEA relevance) (Notified under Document Number C(2001) 1539).
③ See Commission Decision of 27 December 2004 Amending Decision 2001/497/EC as Regards the Introduction of an Alternative Set of Standard Contractual Clauses for the Transfer of Personal Data to Third Countries (Notified under Document Number C(2004) 5271).
④ See Commission Decision of 5 February 2010 on Standard Contractual Clauses for the Transfer of Personal Data to Processors Established in Third Countries Under Directive 95/46/EC of the European Parliament and of the Council (Notified under Document C(2010) 593).

理者和控制者①以及国际传输②，取代了原来的三套 SCC。新的 SCC 反映了 GDPR 的新要求，并考虑了欧洲法院施雷姆斯第二案的判决以及欧洲数据保护委员会等的意见。施雷姆斯第二案的判决确认了适用于将个人数据传输到欧盟/欧洲经济区以外的处理者的标准合同条款的有效性，欧盟数据保护制度和 GDPR 框架下的国际数据流动可以继续以欧盟 SCC 为基础。新的 SCC 的主要创新包括：（1）通过单一的入口涵盖了广泛的传输场景，而不是单独的条款集；（2）通过"模块化方法"提供多于两方加入和使用条款的可能性，为复杂的数据处理链提供更大的灵活性；（3）可以充当遵守施雷姆斯第二案判决的实用工具箱，即公司为遵守判决而必须采取的不同步骤的总结，以及公司在必要时可能采取的补充措施（如加密）的范例③。

3. 约束性公司规则

约束性公司规则（Binding Corporate Rules，BCR）是在欧盟成立的跨国公司遵守的、用于向欧盟以外的成员企业传输个人数据的数据保护政策④。BCR 必须包括所有一般数据保护原则和可执行权利，以确保为数据传输提供适当的保护。BCR 具有法律约束力，并由集团相关成员强制执行。GDPR 生效之前，BCR 仅适用于集团公司内部；GDPR 生效之后，适用范围拓展到"从事联合经济活动的企业集团或一系列经济主体的所有相关成员"⑤，可以包括经济联盟实体、特许经营组织以及共同从事经济活动的商业伙伴。

约束性公司规则获得批准应遵循特定程序。跨国公司必须向欧盟各成员国的主管数据保护机构提交 BCR 以供批准。主管机关将根据 GDPR 第 63 条

---

① See Commission Implementing Decision (EU) 2021/915 of 4 June 2021 on Standard Contractual Clauses Between Controllers and Processors under Article 28(7) of Regulation (EU) 2016/679 of the European Parliament and of the Council and Article 29(7) of Regulation (EU) 2018/1725 of the European Parliament and of the Council (Text with EEA relevance).

② See Commission Implementing Decision (EU) 2021/914 of 4 June 2021 on Standard Contractual Clauses for the Transfer of Personal Data to Third Countries Pursuant to Regulation (EU) 2016/679 of the European Parliament and of the Council (Text with EEA relevance) C/2021/3972.

③ See European Commission, European Commission Adopts New Tools for Safe Exchanges of Personal Data, Press release, 4 June 2021.

④ See European Commission, Binding Corporate Rules (BCR) Corporate Rules for Data Transfers within Multinational Companies, https://ec.europa.eu/info/law/law-topic/data-protection/international-dimension-data-protection/binding-corporate-rules-bcr_en, visited on 23 October 2021.

⑤ See GDPR, Art. 47.1.

规定的监管一致性机制①批准BCR。由于跨国公司可能在不同成员国设立实体，因此批准程序会涉及多个监管机构。主管当局将其决定草案传达给欧洲数据保护委员会，由其就BCR发表意见。当BCR根据该委员会的意见最终确定之后，主管当局将予以批准。有了BCR，跨国公司通常会形成一系列符合欧盟标准的严格的企业内部全球数据保护政策、惯例、流程和准则，从而逐步建立起跨境传输数据的自我监管机制。

约束性公司规则对于大型跨国公司集团来说优势尤为显著。按照GDPR规定，同一集团不同成员企业之间每一次跨境数据传输，都要签署欧盟认可的SCC。BCR获得批准后，企业无需每次签署SCC，可大大降低合规成本，而且有助于节省数据本地化处理的成本，并将数据保护和安全构建到整个集团已有的制度体系中。2018年5月前，BCR获得批准的欧盟企业有130家左右，包括空客、宝马、花旗集团、通用电气、爱马仕等大型跨国企业②。2018年5月—2023年12月，获得批准的欧盟企业有42家左右③。

4. 行为准则和认证

行为准则和认证是GDPR规定的数据合规方式。行为准则是为了细化GDPR的某些规定，由代表某类控制者或处理者的行业协会或其他实体在考虑不同处理部门的特征以及中小微企业的特定需求的基础上制定的，帮助其成员处理数据保护合规和问责的自愿性规则④。认证是由在数据保护方面具有适当专业水平的认证机构提供的证明控制者和处理者的处理操作符合GDPR数据保护的认证机制、数据保护印章和标记⑤。

行为准则和认证也是GDPR引入的新的国际传输机制。根据GDPR第46条规定，在一定条件下，数据控制者和处理者能够使用经批准的行为准则或经认可的第三方认证，如隐私印章或标章，以建立适当保障。在欧洲，EuroPriSe隐私印章是主要认证体系之一。EuroPriSe获得欧盟资助，作

---

① GDPR第63条规定，为了有利于该条例在欧盟的一致性适用，监管机构应当相互合作，以及在相关的情况下通过本部分规定的一致性机制与欧盟委员会进行合作。
② See European Commission, BCR Overview until 24 May 2018, updated on 24 May 2018.
③ See European Data Protection Board, Approved Binding Corporate Rules, https://edpb.europa.eu/our-work-tools/accountability-tools/bcr_en?page=4, visited on 13 December 2023.
④ See GDPR, Art. 40-41.
⑤ See GDPR, Art. 42-43.

为独立第三方为符合欧盟隐私和数据安全保护要求的企业颁发信任标章①。上述机制为国际数据传输量身定制解决方案提供了空间，如反映特定部门、行业或者特定数据流动的某些功能和需求。上述机制还可以为政府机关或公共机构之间根据国际协定或行政安排传输数据提供适当保障。

5. 减损

除了标准合同条款、约束性公司规则、行为准则和认证以外，GDPR 还规定了适用于国际传输的减损情形。GDPR 规定的减损是在没有充分性决定，也不考虑使用任何上述替代性传输机制时，公司和其他实体可以将个人数据转移到第三国或国际机构的特定情形。减损的情形包括数据主体同意、履行数据主体和数据控制者之间的合同、公共利益方面的重要理由等②。

二、非个人数据的国际传输

欧盟层面规范非个人数据流动的主要是《非个人数据自由流动条例》③。该条例于 2018 年 11 月通过，2019 年 5 月 28 日生效。该条例旨在进一步促进欧盟内部的跨境数据流动。由于 GDPR 已经对个人数据在欧盟范围内自由流动作了规范，即"不得出于与保护自然人处理个人数据有关的原因，限制或禁止欧盟内部个人数据的自由流动"④，因此该条例和 GDPR 一起，共同形成了欧洲数据空间以及欧盟范围内所有数据自由流动的全面框架。

《非个人数据自由流动条例》的主要目标是通过促进欧盟内部的跨境数据流动，推动数据经济发展。该条例主要有三个特点：第一，非个人数据跨境自由流动。禁止成员国对数据本地化提出要求，确保每个企业或其他组织都能够在欧盟任何地方存储和处理数据，例外情形只能基于公共安全提出并符合比例原则。第二，数据可供监管控制。监管机关保留对数据的访问权限，即使数据位于另一个欧盟成员国，或者在云中存储或处理。第三，专业用户可在云服务提供商之间轻松切换。欧委会将促进这一领域的自我监管，鼓励行业制定有关

---

① See EuroPriSe, European Privacy Seal Fact Sheet, https://www.euprivacyseal.com/EPS-en/Factsheet, visited on 10 December 2021.
② See GDPR, Art. 49.1.
③ See Regulation (EU) 2018/1807 of the European Parliament and of the Council of 14 November 2018 on a Framework for the Free Flow of Non-personal Data in the European Union (Text with EEA relevance.).
④ See GDPR, Art. 1(3).

切换服务提供商和数据携带的自律行为准则。第四，与网络安全完全一致和协同增效，任何已经适用于企业存储和处理数据的安全要求将在欧盟或云中跨境存储或处理数据时继续适用。该条例为企业在欧盟范围内处理非个人数据提供了法律确定性，增强了对数据处理服务的信任，并致力于打击供应商锁定的做法。该条例的制度设计重点关注推动云技术的采用，从而为欧盟企业提供更多选择并节约成本。

（一）非个人数据与个人数据的区分

1. 非个人数据

《非个人数据自由流动条例》适用于非个人数据。所谓"非个人数据"，是指GDPR第4.1条定义的个人数据以外的数据[①]。非个人数据包括两类：一是最初即与已识别或可识别的自然人无关的数据，比如安装在风力涡轮机上的传感器产生的天气条件数据，或工业机器维修需求数据。二是最初是个人数据但后来经过匿名化的数据。个人数据的匿名化与假名化不同，适当匿名化的数据无法归因于特定的人，即使使用其他数据也无法将其归因，因此是非个人数据。评估数据是否适当匿名化取决于每个案例的特定情况。但是，如果非个人数据可以通过任何方式与个人相关联，从而直接或间接地识别个人，则该数据必须被视为个人数据。例如，如果生产线的质量控制报告可以将数据与特定的工厂工人（例如设置生产参数的工人）相关联，则该数据将被视为个人数据，必须适用GDPR。当技术和数据分析的发展使将匿名数据转换为个人数据成为可能时，同样应当适用于GDPR。

值得注意的是，由于个人数据的定义是指"自然人"，因此包含法人姓名和联系方式的数据集原则上是非个人数据。但是在某些情况下也可能是个人数据，例如，如果法人的姓名与拥有该法人的自然人的姓名相同，或者该信息与已识别或可识别的自然人有关。

2. 混合数据集

混合数据集包含个人和非个人数据。数字经济中的大多数数据集都是混合数据集，并且由于物联网、人工智能和大数据分析等技术的发展，混合数据集越来越普遍。关于混合数据集，《非个人数据自由流动条例》第25条规定："对于包含个人和非个人数据的数据集，本条例适用于数据集的非个人数据部分。

---

① See The Regulation on the Free Flow of Non-personal Data, Art. 2.1.

如果数据集中的个人和非个人数据密不可分地联系在一起,则本条例不得损害 GDPR 的适用。"这意味着在由个人和非个人数据组成混合数据集的情况下,该条例和 GDPR 分别适用:第一,《非个人数据自由流动条例》适用于数据集的非个人数据部分;第二,GDPR 适用于数据集的个人数据部分;第三,如果非个人数据部分和个人数据部分密不可分地联系在一起,则 GDPR 的数据保护权利和义务将完全适用于整个混合数据集,即使个人数据仅占其中一小部分时也是如此。不过,上述两部条例都没有定义何为"密不可分的联系"? 在实践中,可以指这样一种情况,即混合数据集既包含个人数据又包含非个人数据,并且将两者分离是不可能的,或者被控制者认为在经济上效率低下或在技术上不可行①。

(二)非个人数据自由流动规则

《非个人数据自由流动条例》第 4 条规定:"禁止数据本地化要求,除非出于公共安全的考虑并且符合比例原则。"此为该条例对欧盟成员国施加的基本义务。该条例不对企业施加任何义务,也不限制其决定在何处处理其数据的合同自由。

1. 禁止数据本地化

数据本地化要求,是指成员国的法律法规或行政管理规定中施加的或者源自成员国和受公法管辖的机构的一般和一贯的行政做法的任何义务、禁止、条件、限制或其他要求,包括公共采购领域,但不影响政府采购指令②有关在特定成员国境内处理数据或妨碍在任何其他成员国境内处理数据的规定③。上述定义说明,限制数据自由流动的数据本地化措施可以采取多种形式,可以在法律、法规和行政管理规定中阐明,甚至可以由一般和一贯的行政做法得出。此外,禁止数据本地化要求还可以分为直接和间接措施。

第一,直接数据本地化要求。可能包括:在特定地理位置存储数据的义务,如服务器必须位于特定成员国内;遵守特定国家技术要求的义务,如数据必须使用特定国家的格式。

---

① See European Commission, Guidance on the Regulation on a Framework for the Free Flow of Non-Personal Data in the European Union, COM(2019) 250 final.
② See Directive 2014/24/EU of the European Parliament and of the Council of 26 February 2014 on Public Procurement and Repealing Directive 2004/18/EC Text with EEA Relevance.
③ See The Regulation on the Free Flow of Non-personal Data, Art. 3(5).

第二,间接数据本地化要求。可能包括：使用在特定成员国内获得认证或批准的技术设施的要求,或者可能使处理欧盟范围内特定地理区域或地区之外的数据更加困难的其他要求。评估特定措施是否属于间接数据本地化要求需要考虑具体案例的具体情况。

2. 公共安全例外

根据《非个人数据自由流动条例》的规定,禁止数据本地化要求仅在为保护公共安全情形下才能豁免适用。公共安全例外必须符合两个条件：一是公共安全受到切实威胁。《非个人数据自由流动条例》所指的"公共安全"在《欧盟运行条约》第52条①含义内并由欧盟法院进行解释,涵盖成员国的国家内部和外部安全以及社会公共安全问题,特别是为了便于调查、侦查和起诉刑事犯罪。公共安全的前提是存在真正的且足够严重的威胁,比如对社会机构和基本公共服务的运转以及人类的生存构成威胁,以及严重破坏外交关系或国家和平共处或军事利益的风险②。

二是因公共安全考虑而合理化的数据本地化要求必须符合比例原则。根据相关欧盟判例,比例原则要求所采取的措施必须适当,确保实现所追求的目标,同时不得超出该目标所必需的范围③。对于何为"必需"的解释是相当复杂的,是否符合比例要求只能根据具体案例具体判定。

当然,禁止数据本地化要求并不影响现有欧盟法律规定的限制。例如,欧盟《增值税共同体系》第245(2)条规定："成员国可以要求在其领土内设立的应纳税人将其存储地点告知他们,如果在其领土之外。"④此外,成员国应当在国家在线单一信息点(国家网站)上公开提供在其境内适用的任何数据本地化要求的详细信息。成员国必须保持更新,或者向另一欧盟法案下建立的中央信息点提供最新信息。

3. 条例的适用范围

《非个人数据自由流动条例》旨在确保"欧盟内部"非个人数据的自由流动。

---

① 《欧盟运行条约》第52条规定,本章的规定和根据本章采取的措施不影响法律、法规或行政行为规定的基于公共政策、公共安全或公共卫生原因对外国人给予特殊待遇的规定的适用性。
② See The Regulation on the Free Flow of Non-personal Data, Recital 19.
③ See for Example Judgment of the Court of Justice of 8 July 2010, Afton Chemical Limited v Secretary of State for Transport, C-343/09, ECLI: EU: C: 2010: 419, para. 45.
④ See Council Directive 2006/112/EC of 28 November 2006 on the Common System of Value Added Tax, Art. 245(2).

因此，该条例不适用于在欧盟以外进行的处理操作以及与此类处理有关的数据本地化要求。根据《非个人数据自由流动条例》第 2 条第（1）款，该条例的范围仅限于处理欧盟的非个人电子数据。

第一，作为服务提供给居住在欧盟内或在欧盟内设有机构的用户，不论该服务提供者是否在欧盟内成立。例如，在美国设立的云服务商向在欧盟居住或设立的客户提供处理服务。云服务商通过位于欧盟境内的服务器管理活动，该服务器存储或处理欧洲客户的数据。云服务商不必拥有位于欧盟的基础设施，但可以在欧盟租用服务器空间。《非个人数据自由动条例》适用于此类数据处理。再如，在日本设立的云服务向欧洲客户提供服务。供应商的处理能力位于日本，所有处理活动均在日本进行。如果所有处理活动均在欧盟之外进行，则《非个人数据自由流动条例》不适用于这种情况。

第二，由居住在欧盟或根据自己的需要在欧盟设立机构的自然人或法人进行。例如，一家来自欧盟成员国 A 的小型初创企业决定通过在成员国 B 开设一家企业来扩大其业务。为了成本最小化，该初创企业选择将新企业的数据存储和处理集中在其服务器中，成员国不得禁止此类 IT 集中化工作，除非有公共安全的正当理由并符合比例原则。

必须指出，尽管《非个人数据自由流动条例》不适用于所有处理活动都在欧盟以外进行的非个人数据处理活动，但当个人数据是混合数据集的一部分时，必须遵守 GDPR，特别是在任何情况下都必须遵守 GDPR 有关向第三国或国际组织传输个人数据的规则。

如此一来，所有处理活动都在欧盟以外进行的非个人数据的跨境流动，要以欧盟与其他国家签署的协定为准。如前文所述，与欧盟就非个人数据跨境流动达成一致的只有英国，与日本的充分性协定仅限于个人数据。由此看来，欧盟尚未在非个人数据国际传输问题上形成广泛适用的规则。对于欧盟而言，非个人数据的自由流动，同样是有待进一步深入探索的议题。

总的来看，欧盟谋求成为全球数据规则制定者和数据驱动型社会领导者，将数据规则作为深化数字贸易规则的重中之重。虽然欧式数字贸易规则的影响力不及美国，但却堪称内部规则国际化的典型代表，特别是其国际数据传输机制已然是个人数据跨境流动的"全球标准"。随着数字经济从消费互联网时代迈向产业互联网时代，非个人数据占比不断提高，欧盟越来越重视商业数据的价值，并将致力于制定非个人数据跨境流动规则的模板。

第五章

区域数字贸易协定的新模式

近年来,全球数字贸易规则发展相当活跃,在美式规则和欧式规则之外,区域数字贸易协定的新模式正在形成。其中,新加坡主导的数字经济伙伴关系协定和《区域全面经济伙伴关系协定》最为典型。数字经济伙伴关系协定超越数字贸易规则,包含更加广泛的数字经济新议题。《区域全面经济伙伴关系协定》电子商务章试图兼顾扩大数字贸易市场开放与维护监管自主权之间的平衡。这些新模式将对全球数字贸易规则的发展趋势产生重要影响。

第一节 数字经济伙伴关系协定

近年来,在新加坡的推动下,数字经济伙伴关系协定模式的数字经济规则迅速形成。《新加坡-智利-新西兰数字经济伙伴关系协定》(Singapore-Chile-New Zealand Digital Economy Partnership Agreement,以下简称 DEPA)作为首部单独的数字经济协定,于 2020 年 6 月签署,并于 2021 年 1 月正式生效。2020 年 8 月,《新加坡-澳大利亚数字经济协定》(Singapore-Australia Digital Economy Agreement,以下简称《新澳协定》)[①]签署,并于 2020 年 12 月正式生效。《英国-新加坡数字经济协定》(UK-Singapore Digital Partnership Agreement,以下简称《英新协定》)[②]于 2022 年 2 月签署,并于 2022 年 6 月正式生效。《韩国-新加坡数字经济协定》(Korea-Singapore Digital Economy Agreement,以下简称《韩新协定》)于 2022 年 11 月签署,并于 2023 年 1 月正式生效。此外,中国、加拿大已经正式宣布申请加入 DEPA。后三部协定均建立

[①] 《新加坡-澳大利亚数字经济协定》构成对 2003 年 7 月生效的《新加坡-澳大利亚自由贸易协定》电子商务等内容的修改。

[②] 《英国-新加坡数字经济协定》构成对 2020 年 12 月签署的《英国-新加坡自由贸易协定》电子商务等内容的修改。

在DEPA基础之上,与DEPA共同构成数字经济和贸易协定的新模式。本章将以已经生效的DEPA和《新澳协定》为主,对DEPA模式进行研究和分析。

一、新加坡-智利-新西兰数字经济伙伴关系协定

DEPA是新加坡签署的首部数字经济协定。2019年5月,新加坡牵头,在APEC贸易部长会议期间正式启动DEPA谈判,立足于为数字经济制定前瞻性标准,创立新的国际方法来支持数字时代的数字经济和贸易[1]。2020年1月,新加坡、新西兰和智利发表联合声明表示,三方基本结束DEPA谈判,并强调DEPA除了制定数字贸易规则外,还将促进新兴数字领域的合作,通过调整标准和解决数字化带来的新问题来促进不同制度之间的互操作性,是促进各国之间更好地实现数字连接和制定WTO数字贸易规则的基石[2]。2020年6月,新加坡、新西兰和智利通过视频会议以电子方式签署DEPA[3]。

DEPA代表着数字时代经济联系和贸易的新形式,旨在加强数字贸易规范,并就数字经济新问题开展合作,同时促进不同国家数字系统之间的互操作性,具有综合性和前瞻性。DEPA涉及数字经济和贸易的诸多关键问题,如跨境贸易和商务中电子文件的使用、个人信息保护、网络安全、在线消费者保护、数字身份、金融科技、人工智能、数据流动和创新、中小企业的贸易和投资机会以及数字包容性。DEPA的条款共分16个模块,包括以下主要内容。

(一)促进端到端数字贸易

1. 数字身份

DEPA有关数字身份的规定旨在促进各缔约方之间在开发个人和企业数

---

[1] See Ministry of Trade and Industry of Singapore, Singapore Leads the Way in New Digital Economy Partnership Agreement with Chile and New Zealand, https://www.mti.gov.sg/-/media/MTI/Microsites/DEAs/Digital-Economy-Partnership-Agreement/Press-release-on-the-start-of-DEPA-negotiations-May-2019.pdf, visited on 15 July 2021.

[2] See Ministry of Trade and Industry of Singapore, Singapore Substantially Concludes Negotiations for Digital Economy Partnership Agreement with Chile and New Zealand, https://www.mti.gov.sg/-/media/MTI/Microsites/DEAs/Digital-Economy-Partnership-Agreement/Joint-Press-Release-SG-Substantially-Concludes-Negotiations-for-Di.pdf, visited on 15 July 2021.

[3] See Ministry of Trade and Industry of Singapore, Singapore, Chile and New Zealand Sign Digital Economy Partnership Agreement Electronically, https://www.mti.gov.sg/-/media/MTI/Newsroom/Press-Releases/2020/06/Joint-Press-Release--Electronic-Signing-of-Digital-Economy-Partnership-Agreement-12-June-Updated-URL.pdf, visited on 15 July 2021.

字身份方面的合作,以期增强不同制度之间的互操作性,实现数字身份的相互承认。DEPA 第 7.1 条规定,各缔约方在个人或企业数字身份方面的合作将增强区域和全球互联互通,并且各缔约方可能有不同的数字身份实施方法和法律途径。因此,各缔约方应尽力促进各自制度之间的互操作性,包括:(1)建立适当的框架,以促进各缔约方之间数字身份实施方法的技术互操作性或共同标准的实现;(2)各缔约方各自的法律框架对数字身份提供类似保护,或对其法律和监管效果的认可,无论是自主给予还是经各方同意;(3)建立更广泛的国际框架,交流有关数字身份政策法规、技术实现和安全标准以及用户采用的最佳实践方面的知识和专业技能。DEPA 强调加强数字身份的合作,有助于推广新加坡的国家数字身份系统。国家数字身份系统是新加坡智慧国家计划的基石。目前,新加坡政府正在开发国家数字身份平台,使公民可以使用单一的数字身份进行交易。

2. 无纸化贸易

DEPA"无纸化贸易"条款对单一窗口做出规定,在贸易协定中尚属首次。DEPA 第 2.2 条明确,各缔约方应建立或维持一个单一窗口,使贸易商能够通过单一登录平台向主管当局或机构提交货物进出口或过境所需的文件或资料。DEPA 还将通过单一窗口的互连,促进检验检疫证书、进出口数据等与贸易管理文件有关的数据交换。为此,DEPA 将致力于开发具有兼容性和互操作性的数据交换系统,并就数据交换系统的应用开展合作。

3. 电子发票

电子发票是指使用结构化的数字模板自动创建、交换和处理买方和卖方之间付款请求[①]。相比传统纸质发票,电子发票的优势在于发票处理时间更短、付款更快以及成本更低。DEPA 有关电子发票的规定旨在鼓励各缔约方为其国内电子发票系统采用类似的国际标准。DEPA 第 2.5 条规定,各缔约方应确保其管辖范围内的电子发票相关措施的实施是为了支持跨境互操作性。为此,各缔约方应基于现有国际标准、指南或建议,制定电子发票相关措施;各缔约方应分享最佳实践,推动可互操作的电子发票系统的应用。

4. 电子支付和金融科技

DEPA 是首部对电子支付做出规定的协定。电子支付系指付款人通过电

---

① See DEPA, Art. 2.1.

子手段向收款人认可的人转移货币债权①。DEPA 第 2.7 条规定：（1）各缔约方应及时公布关于电子支付的法规，包括监管审批、许可证要求、手续和技术标准。（2）为了提高支付系统之间的互操作性，各缔约方同意考虑国际公认支付标准。（3）各缔约方同意推广应用程序接口（API），鼓励金融机构和支付服务商尽可能地向第三方参与者提供金融产品、服务和交易的 API，以帮助提升电子支付生态系统的互操作性和创新。（4）各缔约方应努力利用数字身份完成对个人和企业的跨境验证以及电子版"认识你的客户"流程。（5）各缔约方认识到通过监管维护电子支付系统的安全、高效、可信、安防的重要性，应当按照电子支付系统的风险按比例实施监管。（6）各缔约方同意，各项政策应促进公平竞争环境中的创新和竞争，应认识到及时引入现有参与者和新进入者的新金融和电子支付产品和服务的重要性，如采用监管沙盒和行业沙盒。

一般而言，支付部门都受到国内法规的高度监管。DEPA 对电子支付作出详细规定，旨在通过协调支付标准和支付机制，提高支付的效率、速度、透明度和安全性，有利于促进电子商务以及金融科技领域的贸易。此外，作为对新兴趋势及技术的回应，DEPA 第 8.1 条还明确规定促进金融科技领域企业之间的合作，促进商业或金融部门金融科技解决方案的开发，鼓励各缔约方在符合各方法律法规前提下在金融科技领域开展创业或初创人才的合作。

（二）促进可信数据流动

1. 个人信息保护

一般而言，健全的个人信息保护法律框架包括以下基本原则：信息收集限制、数据质量、用途规范、使用限制、安全保障、透明度、个人参与、问责。各国在处理个人数据方面有不同的政策和法规，对此，DEPA 第 4.2 条致力于建立促进各国保护个人信息法律之间的兼容性和互操作性的机制。其中，最重要的机制就是数据保护信任标章，即企业采用数据保护信任标章来验证其个人数据保护标准和最佳实践的遵守情况。DEPA 还明确，各缔约方应就数据保护信任标章的使用交换信息和分享经验，应努力相互承认对方的数据保护信任标章在促进跨境信息传输和保护个人信息上的有效性。

2. 跨境数据流动

DEPA 第 4.3 条"通过电子方式跨境传输信息"与 CPTPP、USMCA 的相

---

① See DEPA, Art. 2.1.

应条款并无不同,都是要确保涵盖的人能够为开展业务需要以电子方式跨境传输信息,包括个人信息,同时也承认合法公共政策目标例外。值得注意的是,DEPA 附件Ⅰ"关于本协定的谅解"明确,跨境数据流动条款不在缔约方之间产生任何权利或义务,表明该条款在 DEPA 下的约束力不强。2023 年 7 月,DEPA 缔约方签署议定书,重新约定附件Ⅰ不再适用,将跨境数据流动提升为强制性条款。

3. 开放政府数据

相对 USMCA 有关开放政府数据的规定,DEPA 旨在探索扩大对开放政府数据的访问和使用的方法。DEPA 第 9.5 条"开放政府数据"明确,共同确定哪些行业可以使用开放数据集,特别是具有全球价值的数据集,以促进技术转让、人才培养和创新;鼓励开发基于开放数据集的新产品和服务;鼓励开放数据许可模型的使用和开发,形式为可在线获得的标准化公共许可,从而允许任何人出于当地法律允许的任何目的自由访问、使用、修改和共享开放数据,且此类模式依赖于开放数据格式。

4. 数据创新

DEPA 认识到跨境数据流动和数据共享使数据驱动创新成为可能,就数据创新做出规定。DEPA 第 9.4 条旨在通过数据监管沙盒等机制,推动跨境的数据驱动型创新,以此促进新产品和服务的开发。监管沙盒是政府和行业合作的机制,以支持私营部门数据创新并填补政策空白,同时有助于跟上技术和商业模式的新发展。在监管数据沙盒范围内,包括个人信息在内的数据可以按照相关的国内法律在企业之间共享,得以加强创新。数据共享机制,如可信的数据共享框架和开放许可协议,有助于数据共享并促进其在数字环境中的使用。DEPA 明确,各缔约方应尽力在数据共享项目和机制以及包括数据沙盒在内的数据新用途概念验证方面开展合作,以促进数据驱动型创新。

(三)建立对数字系统的信任

1. 人工智能

DEPA 对人工智能做出规定,是对人工智能在数字经济中越来越被广泛应用的回应。DEPA 第 8.2 条提倡采用人工智能伦理和治理框架。该治理框架吸收了各国已经同意的原则,包括:(1)人工智能应当是透明、公平和可解释的;(2)人工智能必须具有以人为本的价值观。DEPA 的规定将有助于缔约方就人工智能治理和伦理原则达成共识,并建立起对跨境使用的人工智能系统的信任。同时，上述规定还将确保DEPA人工智能治理框架在国际上保持一致，并进一步促进人工智能技术在各国得到广泛应用。

2. 在线消费者保护

DEPA第6.3条在其他贸易协定在线消费者保护条款的基础上，既同意通过或维持法律法规防止欺诈、误导或欺骗行为对从事在线商业活动的消费者造成伤害，还进一步提及消费者补偿机制、替代性纠纷解决机制等，有助于提升在线消费者保护水平。

3. 中小企业合作

考虑到中小企业在保持数字经济活力和提高竞争力方面能够发挥的特殊作用，DEPA第10模块对通过合作增加中小企业在数字经济中的贸易和投资机会、信息共享、中小企业对话等做出了较为详细的规定。DEPA还将促进中小企业合作的能力建设工作，进一步确保中小企业能够最大限度地利用DEPA的效益。

4. 数字包容性

DEPA承认数字包容的重要性，以确保所有人和企业都参与数字经济、为数字经济做出贡献并从中受益，包括妇女、农村人口、社会经济地位低下群体和土著民族。DEPA旨在通过分享最佳实践和制定促进数字参与的联合计划，改善他们参与数字经济的机会并消除障碍，促进有关数字包容性事务的合作。

二、新加坡-澳大利亚数字经济协定

《新澳协定》是新加坡签署的第二部数字经济协定。2019年10月，新加坡和澳大利亚在第九届区域经济伙伴关系协定部长会议期间，启动《新澳协定》谈判，旨在深化双边数字经济合作，加强数字互联互通[1]。2020年3月，《新澳协定》结束谈判，为两国在数字经济领域深化合作创建总体框架，以共同塑造国际规则，建立互操作性数字系统，并解决新兴技术的前沿问题[2]。2020年6月，

---

[1] See Ministry of Trade and Industry of Singapore, Singapore and Australia Launch Negotiations on Digital Economy Agreement, https://www.mti.gov.sg/-/media/MTI/Microsites/DEAs/Singapore-Australia-Digital-Economy-Agreement/Press-release-on-the-start-of-SADEA-negotiations---Oct-2019.pdf, visited on 31 July 2021.

[2] See Ministry of Trade and Industry of Singapore, https://www.mti.gov.sg/-/media/MTI/Microsites/DEAs/Singapore-Australia-Digital-Economy-Agreement/Joint-Press-Release-SG-Concludes-Negotiations-for-Digital.pdf, visited on 31 July 2021.

《新澳协定》正式签署。《新澳协定》取代了《新加坡-澳大利亚自由贸易协定》的电子商务章,强化了新加坡和澳大利亚之间已有的数字贸易安排,还在人工智能、数据创新、数字身份、个人信息保护、电子发票、贸易便利化和农产品电子认证领域达成了七项谅解备忘录。

(一)谅解备忘录的主要内容

1. 人工智能

新加坡信息通信媒体发展局(Infocomm Media Development Authority, IMDA)、智慧国家和数字政府办公室(Smart Nation and Digital Government Office, SNDGO)以及澳大利亚工业、科学、能源和资源部(Department of Industry, Science, Energy and Resources, DISER)重点关注人工智能的三个关键领域:一是人工智能开发和部署,二是劳动力和人才,三是治理与伦理。开展人工智能合作的目的是鼓励分享最佳实践,促进人工智能技术、市场和人才的获取,并支持人工智能应用的商业化;同时,鼓励开发和采用伦理治理框架,以实现可信赖、安全和负责任的人工智能技术的开发和使用。与DEPA的人工智能条款相比,谅解备忘录做了具体的机制安排,明确了具体的合作方向。

2. 数字创新

新加坡IMDA和澳大利亚DISER将通过以下方式促进跨境数据创新并展示可信跨境数据流动的优势:(1)确定和支持合适的跨境数据共享项目,以测试创新的跨境数据共享用例;(2)为跨境数据创新交换信息和知识,包括可信数据共享框架、数据可携性、隐私保护以及跨境数据共享的技术和互操作性考虑。各机构还将通过交流数字解决方案开发框架和原则的信息和知识来支持技术创新,如数字孪生、开放数据平台和预测分析,并与技术和服务提供商在物联网、人工智能和沉浸式媒体等的应用方面进行合作。

3. 数字身份

新加坡SNDGO和澳大利亚数字转型机构(Digital Transformation Agency, DTA)将致力于相互承认两国的数字身份制度。上述机构已经为实现相互承认的每个阶段制定了路线图,并将在法律监管框架方面开展合作,包括信任框架、支持数字身份、实施数字身份的技术标准以及企业和个人采用数字身份以促进数字交易。上述机构还将就潜在试点项目开展可行性研究,比如使用数字身份证开设银行账户和申请签证。

4. 个人信息保护

新加坡个人数据保护委员会（Personal Data Protection Commission, PDPC）和澳大利亚信息专员办公室（Office of the Australian Information Commissioner）将共同推广 APEC 的 CBPR 体系，以提高个人信息保护意识和参与度，并鼓励谅解备忘录下的行业采用 CBPR 体系。除了 CBPR 体系之外，该谅解备忘录还将推动新加坡和澳大利亚共同开发兼容和可互操作的数据传输机制，使在两国经营的企业更加无缝地跨境传输个人数据，并保证其符合必要的规定。两国的数据保护机构也将密切合作，在涉及跨境个人数据事件的联合调查中开展协调和互助。

5. 电子发票

新加坡 IMDA 和澳大利亚税务局（ATO）将促进与商业文件电子传输（包括电子发票）有关的交流和信息共享。IMDA 和 ATO 将通过展示使用跨境电子发票的企业，推动两国企业之间的此类交易，共同建立通用的电子发票标准。这将有助于两国企业相互协调并采用通用的电子发票框架，以加快发票的交换和处理速度，并促进更加无缝的跨境贸易。

6. 贸易便利化

新加坡海关、IMDA 和澳大利亚内政部将合作实施以下举措：（1）在双边层面和国际标准组织制定标准，并在技术协议方面进行合作，以利用分布式账本技术共享和验证原产地证书、非篡改证书和电子提单等贸易管理文件；（2）连接单一窗口以促进报关数据的电子交换。这些举措将推动贸易管理文件的数字化，从而通过加快货物清关来降低运营成本并提高效率。

7. 农产品电子认证

新加坡食品局和新加坡国家公园局将与澳大利亚农业、水和环境部合作开展试点计划，以建立两国之间农产品进出口电子证书交换机制，包括商品、肉类和肉类产品、植物和植物产品、乳制品和海鲜产品，还包括活动物和动物饲料、羊毛、兽皮等不可食用产品。

(二)《新澳协定》的特有条款

2003 年《新加坡-澳大利亚自由贸易协定》是最早以专章形式对电子商务做出规定的贸易协定之一，该协定于 2016 年修订。《新澳协定》取代并升级了原协定的电子商务章，增加了跨境数据流动、禁止数据本地化、开放政府数据、电子支付、在线消费者保护、中小企业合作等新规则。此外，《新澳协定》还在

DEPA 的基础上,新增了互联网互通费用分摊、海底电缆系统和源代码保护的相关规定。

1. 互联网互通费用分摊

《新澳协定》第 21 条明确,缔约方承认寻求国际互联网连接的供应商应当能够在商业基础上与另一方的供应商进行谈判,其中可能包括有关各供应商设施的建立、运营和维护的补偿。上述规定与 CPTPP 有关互联网互通费用分摊的规定基本一致。

2. 海底电缆系统

海底电缆系统是数字基础设施的重要组成部分,可在国家和地区之间提供跨境数据和语音连接。《新澳协定》对海底电缆系统做出规定,在自贸协定中尚属首次。根据《新澳协定》第 22 条,新加坡和澳大利亚将确保在各自领土上快速有效地安装、维护和修理海底电缆系统,以保持国家、区域和全球的电信连接。双方还将减轻海底电缆系统受损的风险。

3. 源代码保护

《新澳协定》第 28 条旨在确保软件开发商能够信任运营地所在的市场,鼓励创新并确保公司使用的源代码受到保护,因此规定任何缔约方都不会要求将转让或获取源代码作为市场准入的条件,当然主管机关有权为了调查、检验、检查、执法行动或司法、行政程序之目的强制要求披露源代码。值得关注的是,第 28 条第 3 款特别规定,公司可以在自由和开放源代码的基础上许可其软件,从而为开放源代码提供法律保障,这与美式数字贸易规则做法完全不同,反映了双方在是否开放源代码这一问题上做出的尝试,也说明保护源代码与开放源代码并不矛盾。而《新澳协定》之所以纳入 DEPA 没有的源代码条款,可能是因为新加坡与澳大利亚双方能够达成共识,而新加坡与智利、新西兰三方之间对此缺乏共识。

三、DEPA 模式的数字经济新议题

DEPA 模式旨在通过制定前瞻性规则、创设新方法来支持数字经济和贸易发展。DEPA 模式超越此前的数字贸易协定,不仅包含跨境数据流动、数据本地化、个人信息保护、在线消费者保护、网络安全等重要的数字贸易规则,增加了单一窗口及数据交换、电子支付、电子发票等数字贸易新规则,还纳入了数字身份、数据创新、人工智能、中小企业、数字包容性等更广泛的数字经济新议题,立足于促进新兴数字领域的合作,增强数字系统之间的互操作性。因为数字贸

易只是数字经济的维度之一,数字贸易规则无法或者说不应囊括人工智能伦理、数字市场竞争、数字包容性等其他规则和规范问题。上述数字经济新议题不断发展,成为 DEPA 模式有别于其他数字贸易协定的显著特点。此外,相比美式数字贸易协定的"硬法"规范,DEPA 突出模块化、"软"约束、开放性的方法,谈判框架更具有灵活度,有利于吸引更多经济体加入协定,在更大范围推广 DEPA 模式。

(一) DEPA 模式数字经济新议题的核心内容

DEPA 模式数字经济新议题包括数字身份、人工智能、金融科技合作、竞争政策合作、政府采购、数据创新、中小企业合作和数字包容性等,分别体现在 DEPA 数字身份模块、新兴趋势和技术模块、创新和数字经济模块、中小企业合作模块和数字包容性模块以及其他三部协定的相关条款中。DEPA 模式数字经济条款以非约束性规则和最佳实践为主,力图通过更具弹性的方式,加快推进数字经济国际规则的探索。

1. 数字身份

数字身份规则是 DEPA 模式的重要创新。数字身份可以促进几乎所有其他数字技术的使用,被广泛应用于金融服务、医疗健康等多个领域,有利于提高身份识别和交易验证的便利性和安全性,被视为数字经济的"软基础设施"。DEPA 模式所指的数字身份是由政府验证来源的数据形成的数字用户档案。实践中,数字身份包括生物特征、智能卡片、数字签名和二维码等数据。DEPA 第 7 模块"数字身份"在尊重缔约方对数字身份的实现方式和法律工具的基础上,促进缔约方之间数字身份制度的互操作性,以增强个人或企业数字身份方面的区域和全球互联互通。DEPA 模式的其他三部协定也包含数字身份条款,《新澳协定》和《英新协定》还附有专门的数字身份合作谅解备忘录。为实现数字身份互操作性,DEPA 模式将开展技术和监管方面合作。第一,技术合作方面,DEPA 模式提倡缔约方采用国际框架或开放框架,如国际标准组织(ISO)和国际电工委员会(IEC)联合制定的有关身份管理、生物特征数据交换等的框架,以协调各国数字身份技术差异,形成可互操作的技术环境。《新澳协定》数字身份谅解备忘录还涉及数字身份概念模型、管理系统、监控要求和数据模式的互认。第二,监管合作方面,DEPA 模式规定缔约方应努力对彼此的数字身份提供同等保护或认可法律、监管效果,以解决数字身份跨境使用的监管问题。DEPA 模式纳入数字身份规则,通过合作增强不同数字身份制度之间的互联互通,将极大地简化跨境认证业务流程,包括注册公司和开设公司银行账户,有利于提升消费者和企业在海外参与数字经济活动的便利度和安全性。

2. 新兴趋势与技术

DEPA第8模块"新兴趋势与技术"聚焦两个方面:一是新兴技术领域的创新和治理,主要回应数字技术快速迭代升级对区域层面创新和治理合作提出的新要求;二是数字经济带来的监管新问题,重点关注数字化对政府采购、竞争政策合作这些传统议题提出的新挑战。DEPA模式的其他三部协定也囊括人工智能、金融科技合作、竞争政策合作等内容。虽然这些规范不是严格的监管规定,但在新兴领域提出了重要的讨论及合作点,可谓真正面向未来的规范。

第一,金融科技合作。DEPA第8.1条"金融科技合作"旨在促进缔约方之间金融科技产业合作,以解决金融科技企业的市场进入壁垒问题。《新澳协定》"金融科技与监管科技合作"条款和《英新协定》"新金融服务"条款还将合作范围扩展至监管科技领域。监管环境存在差异导致需要获得多项许可,是许多金融科技公司在海外扩张时面临的一个主要障碍。由此,DEPA模式提出了金融科技合作的三个方向:一是促进金融科技部门中企业之间的合作。《新澳协定》进一步鼓励企业采用简化的许可程序或监管沙盒,促进各自金融科技和监管科技企业和产业组织之间更紧密的合作,包括制定共同的开放银行业务标准等。二是促进商业或金融部门金融科技解决方案的制定。2018年新加坡推出的应用程序接口交易所(API Exchange,APIX)①是为促进金融科技解决方案制定的一大革新。APIX旨在建立在线金融科技市场和行业沙盒平台,以便金融机构和金融科技公司实现全球互联,金融行业参与者可以在金融行业沙盒中开展协同实验,采用应用程序接口推动亚太地区数字化转型和金融包容性。三是金融科技部门中的创业或创业人才合作。《英新协定》有关金融科技的双边换文巩固了有关振兴英国-新加坡金融科技桥②商业谈判的成果,帮助金融科技企业和投资者进入对方市场。DEPA模式金融科技合作条款主要反映了新

---

① APIX是东盟金融创新网络(AFIN)的一项倡议,该网络是由新加坡金融管理局(MAS)、世界银行集团的国际金融公司(IFC)和东盟银行家协会联合成立的非营利实体。APIX是一个全球开放架构平台,支持东盟和世界各地的金融创新和包容发展。参见新加坡金融管理局网站 https://www.mas.gov.sg/development/fintech/api-exchange。

② 英国-新加坡金融科技桥于2016年5月由英国金融行为监管局(FCA)和新加坡金融管理局(MAS)启动,通过双方签署监管合作协议,对共享和使用有关金融服务创新的信息开展合作。参见英国政府官网 https://www.gov.uk/government/news/first-ever-fintech-bridge-established-between-britain-and-singapore。

加坡追求成为金融科技创新世界领导者的雄心,通过加强与英国等全球金融科技中心的合作,实现新加坡金融科技产业的新突破。

第二,人工智能。作为首部对人工智能进行规范的数字经济协定,DEPA的目标是协调人工智能伦理治理框架。DEPA第8.2条"人工智能"旨在以确保人工智能技术可信、安全和负责使用为基础,实现人工智能伦理和治理框架的国际一致,以便在缔约方各自管辖范围之间接受和使用人工智能技术。近年来,一些国家和国际组织开始陆续发布关于人工智能伦理和治理的原则、框架和建议①。2019年,新加坡推出了人工智能治理框架模板,将伦理原则转化为企业采用和部署人工智能的实用建议。考虑到数字经济的跨境性质,增强伦理和治理框架的国际一致性对于人工智能发展至关重要。为此,DEPA提倡缔约方使用人工智能治理框架时考虑国际公认的原则和指导方针,推动达成人工智能治理国际共识,以建立对跨境使用人工智能系统的信任。DEPA所指的国际公认原则包括可解释性、透明、公平和以人为本,这是当前国际上普遍认可的原则②。DEPA模式的其他三部协定都包含了人工智能条款,《新澳协定》人工智能谅解备忘录还进一步拓展合作范围,包括设置多方试验台展示人工智能解决方案的部署、开展人工智能技术研发合作等。可见,DEPA模式人工智能相关规范不仅要协调人工智能伦理治理框架,也致力于推动人工智能技术发展。

第三,政府采购。DEPA第8.3条"政府采购"认识到数字经济对政府采购的影响,确认促进政府采购市场开放、公平和透明的重要性。政府采购数字化有助于简化政府采购流程,提高政府采购透明度,促进政府采购的公平竞争。但是,政府采购数据涉及数据开放、数据安全等方面问题。同时,规范和监管政府采购数字化需要建立在实践经验的基础之上,而政府采购数字化对国际政府采购承诺的影响尚不清晰,有待国际社会进一步交流讨论合作。为此,DEPA提倡开展国际合作,以了解货物和服务采购程序的数字化程度提高将对现有和未来国际政府采购承诺产生的影响。当然,DEPA政府采购条款仅提出了问

---

① See Infocomm Media Development Authority and Personal Data Protection Commission, Artificial Intelligence. Governance Framework Model Second Edition, Singapore: IMDA & PDPC, 2020, p.13.

② DEPA所指的国际公认原则与《OECD人工智能建议书》(OECD Recommendation on AI)基本一致,后者被《G20人工智能原则》(G20 AI Principles)所吸收。参见OECD网站, https://oecd.ai/en/wonk/documents/g20-ai-principles.

题,具体内容有待进一步发展,未来缔约方可以依据 DEPA 第 16.3 条"修正"条款,对相关内容进行补充。

第四,竞争政策合作。DEPA 第 8.4 条"竞争政策合作"在尊重缔约方法律、法规和重要利益的基础上,促进缔约方开展竞争政策技术合作活动,并酌情就数字市场竞争法执法问题开展合作,以应对数字经济对市场监管带来的影响。近年来,平台经济兴起,谷歌、苹果等超大型数字平台滥用其数字市场垄断地位、破坏数字市场公平竞争秩序等问题成为全球数字经济治理的焦点。平台经济具有规模效应和网络效应,基于传统产业组织形成的竞争法分析框架及判断标准,难以界定相关数字市场和认定市场支配地位。而且超大型数字平台引发的竞争法问题和挑战往往具有全球性,亟须各国加强竞争政策合作。DEPA 模式竞争政策合作条款正是对这一新问题的及时回应,其合作议题具有前瞻性,有利于提高缔约方之间数字市场监管效率和协调性。

3. 数据创新

DEPA 第 9 模块"创新与数字经济"包括公有领域、数据创新、开放政府数据等条款,其中,数据创新条款系首次在数字经贸协定中出现。DEPA 第 9.4 条"数据创新"旨在通过跨境数据流动和数据共享,实现数据驱动的创新。数字经济本质上是数据驱动型经济,因此数据驱动的创新至关重要。DEPA 为未来开展数据共享项目的工作设定了框架,规定缔约方应努力在数据共享项目和机制、数据新用途的概念验证方面开展合作,以促进数据驱动的创新。数据共享机制主要包括可信数据共享框架和数据共享协议。可信数据共享框架一般是指商业或非政府机构在共享数据时,为保障数据的可信赖所遵循的方法。2019 年新加坡 IMDA 和个人数据保护委员会(PDPC)发布《可信数据共享框架》,从数据共享战略、数据共享合规要求、技术和组织能力和运营数据共享等方面提供指引,以帮助企业系统地了解建立可信数据共享合作伙伴关系应考虑的多种因素[①]。数据新用途的概念验证可以采用监管数据沙盒方式。数据沙盒是企业探索数据创新的容错纠错机制,使企业可以在限定的条件下探索和试验数据的创新使用,以减少遵守当前和拟议政策的不确定性,并降低企业和消费者的风险,从而平衡数据创新和数据安全之间的关系。《新澳协定》数据创新谅解备忘录也涉及数据沙盒合作。DEPA

---

① See Infocomm Media Development Authority of Singapore and Personal Data Protection Commission, Trusted Data Sharing Framework, Singapore: IMDA & PDPC, 2019, pp.5-6.

之前的经贸协定从未涉及数据沙盒，而数据沙盒将为在下一代技术前沿积极创新提供空间，对推动创新具有重要意义。

4. 中小企业合作

DEPA第10模块"中小企业合作"及其他三部协定相应条款旨在促进缔约方中小企业就业和发展合作，以提高中小企业的数字经济参与度。DEPA要求缔约方就利用数字工具和技术改善中小企业资金和信贷获得、政府采购机会的获得开展合作和交流，并鼓励中小企业参与有助于中小企业与国际供应商、买家和其他潜在商业伙伴联系的平台。DEPA对信息共享做了专门规定，要求缔约方设立免费公开的信息网站，以便利中小企业获取相关法律法规、数据监管沙盒、政府采购计划、融资计划等信息。DEPA还规定缔约方应开展数字中小企业对话，借助包括APEC、WTO在内的国际合作平台开展对话，以促进中小企业自协定中获益。

5. 数字包容性

DEPA第11模块"数字包容性"承认数字包容性对于保证所有人和所有企业参与数字经济、作出贡献并从中获益的重要性以及扩大和便利数字经济机会获得的重要性。DEPA规定缔约方应就数字包容性相关事项开展合作，如分享经验和数据、制定参与计划、处理参与障碍，以增加数字边缘群体参与数字经济的机会。因为妇女、农村人口等数字边缘群体往往由于缺乏知识、技能、资金等参与数字经济的必要资源，无法抓住数字经济时代的机遇。DEPA专门提及就原住民参与数字经济开展合作，体现了新西兰毛利人的利益诉求①。《英新协定》"数字包容性"条款则将数字劳工这一新议题引入协定中，强调采取或维持促进从事或支持数字经济的工人获得体面工作条件的劳工政策的重要性。这是劳工议题在数字经济时代的新发展，其动向值得关注。

总的来看，DEPA模式数字经济新议题超越数字贸易维度，延伸至更广泛的数字经济领域，不仅紧跟人工智能、金融科技等数字技术趋势，还回应了中小企业、数字包容性等数字治理问题。而且新议题的规则本身正在不断发展当中，特别是区块链、物联网、数字孪生等新兴技术问题以及数据可携带性、法律科技合作等数字治理问题。同时，新议题注重缔约方之间的合作，既包括新兴技术、创新企业、创业人才等的交流，也包括共同应对数字化给竞争政策、政府

---

① See New Zealand Foreign Affairs & Trade, Digital Economy Partnership Agreement — National Interest Analysis, 2020, p.20.

采购等带来的新挑战。DEPA数字经济新议题反映的新挑战和新问题往往具有全球属性,需要全球各国共同面对。DEPA模式协定虽为区域经贸协定,但已推广至亚太以外的地区,恰恰说明越来越多的国家已经注意到数字经济新议题及其合作对于数字经济发展的重要作用。

(二) DEPA模式数字经济新议题的发展趋势

近十年来,数字贸易规则已经取得很大进展。特别是在美国的推动下,以跨境数据流动为核心的美式数字贸易规则不断深化。但是,现有规则仍然不能满足数字贸易发展的规则需求,特别是许多新兴领域尚未涉及。而且数字贸易也越来越多地与技术创新、数字经济治理等非贸易问题交织在一起,解决数字贸易化和贸易数字化的挑战不能单纯依靠贸易规则。作为新一代数字经济协定,DEPA模式的四部协定在继承并推进原有数字贸易规则基础上,创新性地对影响数字经济的一系列新问题做出了回应,形成了独具特色的数字经济新议题。DEPA模式数字经济新议题进一步推进了跨境数据流动和互操作性等数字贸易议题,吸收了人工智能、金融科技等新兴技术议题,并对竞争政策、政府采购、中小企业、数字包容性等数字治理议题进行了探索。这些新议题体现了DEPA模式不同于以往数字贸易协定的发展路径,代表着支持和促进数字经济和贸易的新方向。

1. 推进数字贸易核心议题

第一,DEPA模式数据创新条款推进数据流动议题。跨境数据流动是高标准数字贸易规则的核心,旨在通过促进数据的跨境流动实现其巨大的商业价值。CPTPP、USMCA和《美日数字贸易协定》等美式规则不断推高跨境数据自由流动规则的水平。欧盟也通过GDPR国际数据传输机制和《欧盟-英国贸易与合作协定》的跨境数据流动条款确立了欧式模板,要求在尊重各自个人数据和隐私保护法律的前提下,禁止计算设施和数据等的本地化。DEPA模式数据创新条款以现有数据跨境流动规则为基础,旨在便利数据共享并促进其在数字环境中的使用,是实现数据商业价值的一大机制创新,不仅有利于促进基于数据的创新和创造,反过来也会进一步推动数据的跨境流动。

第二,DEPA模式数字身份规则推进互操作性议题。互操作性是指系统、监管框架、技术或标准与其他运营商或国家的互动、沟通和运作的能力。在数字贸易背景下,系统交互的能力不仅是克服技术和监管异质性的重要工具,也是实现信息无缝共享以促进贸易、提高供应链安全和中小企业参与数字贸易的必要条件①。2019年,二十国集团(G20)发表《贸易和数字经济声明》,强调互操作性对实现数字社会安全、稳定、开放具有重要意义②。CPTPP有关电子认证的规定体现了数字技术互操作性,鼓励缔约方使用可交互操作的电子认证,消除由电子认证产生的贸易壁垒。DEPA模式扩展了互操作性议题的范围,将数字身份这一在数字经济和贸易发展中充当基础底座的机制纳入其中,且有关电子支付的规定也明确电子支付主体使用数字身份进行互认。上述规定不仅将进一步消减数字身份跨境认证导致的贸易壁垒,也将大大推动互操作性议题的落地实施。

2. 创设新兴数字技术议题

第一,DEPA模式开创性地提出人工智能治理规范。人工智能作为引领未来的战略性技术,是新一轮科技革命和产业变革的重要驱动力量。根据普华永道预测,到2030年,人工智能可以为全球经济贡献高达15.7万亿美元③。但由于人工智能具有通用目的性、数据依赖性和算法黑箱性等技术特征,人工智能带来的风险复杂且难以预测。同时,作为一项通用技术,人工智能所引发的风险也具有共生性、全球性的特点,是世界各国面对的共同挑战。然而,各经济体对人工智能治理关注点各有侧重,如美国注重平衡促进技术创新和负责任使用的关系④,欧盟强调构建可信人工智能伦理框架⑤。国际层面,人工智能治理机制尚未成熟,但对人工智能伦理约束基本原则已有一定共识,发达国家偏重隐私保护的伦理原则正在成为主流。DEPA模式人工智能条款在国际公认原则基础上,以规则的形式增进缔约方的共识,鼓励使用人工智能技术,并为构建国际一致的人工智能治理框架提供合作平台。

第二,DEPA模式前瞻性地提出金融科技合作条款。金融科技是指利用新

---

① See Francesca Casalini, Javier Lopez-Gonzalez and Evdokia Moïsé, Approaches to Market Openness in the Digital Age, OECD Trade Policy Papers, No. 219, 2019, pp.14-15.
② See G20 Trade Ministers and Digital Economy Ministers, G20 Ministerial Statement on Trade and Digital Economy, 2019, http://www.g20.utoronto.ca/2019/2019-g20-trade.html, visited on 18 May 2022.
③ See PwC, Sizing the prize: What's the Real Value of AI for your Business and How can You Capitalize, 2017, p.6.
④ See European Commission, White Paper: On Artificial Intelligence—A European Approach to Excellence and Trust, COM/2020/65 final, 2020, p.9.
⑤ See National Security Commission on Artificial Intelligence, The National Security Commission on Artificial Intelligence Final Report, 2021, p.14.

技术改善金融服务和提供金融解决方案。CPTPP、USMCA 金融服务专章都包含新金融服务条款,但没有关注金融科技问题。新金融服务大多是以数字方式交付和使用的,因此,金融科技可谓新金融服务的技术基础。随着金融服务数字化需求增加,金融科技产业快速发展,据预测,2026 年市场规模将达到 3 240 亿美元,2022—2027 年年均复合增长率将达到 25.18%[①]。DEPA 金融科技合作规则注重金融科技企业的参与及合作,有利于协调缔约方之间金融科技市场监管规则和金融科技行业技术标准差异,降低金融科技企业进入海外市场的成本,增强缔约方之间的金融科技互信。另外,DEPA 模式提倡开展金融科技的研发合作,这将会进一步推动新金融服务的发展。

3. 回应数字经济治理需求

第一,DEPA 模式竞争政策和政府采购议题重视数字化挑战。竞争政策议题方面,CPTPP 竞争政策规则主要规范限制竞争行为以保护传统市场竞争。DEPA 模式竞争政策合作规则与 CPTPP 不同,创新地提出数字市场的竞争问题,致力于开展共同议定的竞争政策技术合作活动,以提高政府数字市场监管能力。政府采购议题方面,DEPA 模式强调开放、透明和公平的政府采购市场在数字经济中同样重要,并纳入开放式条款,以探索政府采购数字化对现有和未来国际政府采购承诺产生的影响。

第二,DEPA 模式中小企业合作规则重点关注数字转型需求。CPTPP、USMCA 等晚近的区域贸易协定都包括中小企业专章,DEPA 模式将中小企业数字经济合作的议题从以往的议题中分立出来,更加聚焦于中小企业在参与数字经济中遇到的新挑战。中小企业在数字化转型中比较落后,特别是由于缺乏转型意识、内部资源、技能差距或融资问题等而拖后腿。而数字贸易这一贸易新形态对中小企业特别有利,因为数字化交付将大大增加中小企业开拓海外市场的机会并降低交易成本。WTO 中小微企业非正式工作组 2021 年 3 月发布的《中小微企业宣言》也特别指出,利用科技手段可以更有效地帮助中小企业获得经济支撑和所需信息[②]。因此,DEPA 对增强中小企业在数字经济中的贸易和投资机会的合作、数字中小企业对话等作出规定,更为契合中小企业在当今数字经济时代下的发展。

[①] See Market Data Forcast, Fintech Market Size & Growth Analysis 2022, https://www.marketdataforecast.com/market-reports/fintech-market, visited on 7 April 2022.
[②] See WTO, Informal Working Group on MSMES. Declaration on Micro, Small and Medium-sized Enterprises (MSMES), INF/MSME/4/Rev.1, 2021, p.3.

第三，DEPA模式数字包容性规则致力于解决数字鸿沟问题。全球数字化转型不断加快的同时，数字鸿沟也在进一步拉大，反映并放大了现有的社会、文化和经济不平等。联合国贸发会议《2021年数字经济报告》显示，最不发达国家和发达国家使用或接入互联网的普及率分别是20%和90%，同时两者在数据和前沿技术利用能力方面也存在较大差距，而不断扩大的数字鸿沟导致广大发展中国家愈发落后[1]。除了国家间的数字鸿沟，性别间的数字鸿沟也相当显著。国际电联研究报告《衡量数字化发展：2021年事实与数字》显示，全球只有约25%的国家在互联网服务方面基本实现性别平等，仍有57%的女性未能获得互联网服务[2]。此外，不同年龄人群、不同族群等群体之间也存在巨大的数字鸿沟。为了消除数字鸿沟，需要国际社会共同努力。亚太地区也十分重视数字包容性，东盟将实现包容性纳入《东盟2025：携手前行》愿景文件中[3]。DEPA模式数字包容性规则将国际共识提升为国际规范，明确缔约方消除数字鸿沟的义务，有利于进一步推动解决数字鸿沟问题。

由此可见，DEPA模式数字经济新议题既有对以往经贸协定横向议题的承袭和突破，如中小企业、竞争政策、政府采购等，也有数字经济协定独有议题的创设，如人工智能、数字身份、数字包容性等。这些议题集中反映了数字数据、数字平台、数字技术等数字经济新趋势提出的新问题新挑战。当然，DEPA模式对新议题的探索刚刚开始，对于这些问题可能还未形成相对成熟的做法。而且区域层面尚且如此，开展更广泛的国际合作往往难度更大。DEPA模式对数字经济新议题的探索为国际合作提供了良好的开端，不仅DEPA模式本身将在不断发展中提出解决方案，也会推动其他相关经贸协定对新议题作出回应。

总的来看，新加坡主导的DEPA模式具有以下显著特点：一是统一数字规则和标准，促进数字系统之间的互操作性；二是支持跨境数据流动，保护个人数据和消费者权益；三是数字经济伙伴在数字身份、人工智能和数据创新等新兴领域开展合作。对新加坡而言，DEPA模式是新加坡数字经济战略框架当中一项具有里程碑意义的举措，不仅将加强新加坡已有的自贸协定和数字合作计划

---

[1] See UNCTAD, Digital Economy Report 2021－Cross-border Data Flows and Development：For Whom the Data Flow, 2021, p.13.
[2] See International Telecommunication Union, Measuring Digital Development：Facts and Figures 2021, 2021, p.4.
[3] See ASEAN, ASEAN 2025：Forging Ahead Together, https://asean.org/asean-2025-at-a-glance/, visited on 9 June 2022.

网络,也会对新加坡作为 WTO 电子商务联合声明谈判共同召集人的领导角色起到支撑作用。对全球数字贸易规则而言,DEPA 模式是美国和欧盟等模式之外推动规则发展的又一大力量,是对数字经贸新规则和新方法的重要探索和奠基石①。

第二节 RCEP 电子商务章

区域全面经济伙伴关系协定(Regional Comprehensive Economic Partnership,RCEP)是覆盖人口最多、经贸规模最大的自贸协定,也是迄今为止中国签署的标准最高的自贸协定。RCEP 包括 20 个章节,涵盖货物、服务、投资等全面的市场准入承诺及相应规则。其中,RCEP 第 12 章"电子商务"详细规定了电子商务领域相关规则,主要包括促进无纸化贸易、推广电子认证和电子签名、个人信息保护、在线消费者权益保护、加强针对非应邀商业电子信息的监管合作等规则,并就跨境信息传输、信息存储等问题达成重要共识。这些规则将为各成员加强电子商务领域合作提供制度保障,有利于营造良好的电子商务发展环境,增强各成员电子商务领域的政策互信、规制互认和企业互通,将大大促进区域内电子商务的发展。

一、RCEP 电子商务章的核心条款

RCEP 电子商务章是首次在亚太区域内达成的范围全面、水平较高的电子商务规则成果。RCEP 电子商务章包括 5 节 17 条。实体条款主要在贸易便利化、为电子商务创造有利环境、促进跨境电子商务三节当中。

(一)贸易便利化

1. 无纸化贸易

无纸化贸易是指基于电子通信进行的贸易,包括以电子形式交换与贸易有关的数据和文件。RCEP 第 12.5 条规定缔约方应当:(1)考虑包括世界海关组织(WCO)在内的国际组织商定的方法,致力于实施旨在使用无纸化贸易的

---

① 参见赵旸頔、彭德雷:《全球数字经贸规则的最新发展与比较——基于对〈数字经济伙伴关系协定〉的考察》,载《亚太经济》2020 年第 4 期,第 58—69 页。

倡议；(2) 努力接受以电子形式提交的贸易管理文件与纸质版贸易管理文件具有同等法律效力；(3) 应当努力使电子形式的贸易管理文件可公开获得。缔约方还应在国际方面开展合作，以增强对电子版本文件的接受程度。

RCEP 无纸化贸易条款主要从技术手段、法律效力和国际合作三个方面作了规定。第一，有关技术手段的规定旨在促进各方之间建立高标准的、安全有效、具有互操作性的技术设施传输电子文件；第二，有关法律效力的规定是各缔约方的法律义务，要求海关承认电子文件与纸质文件同等的法律效力；第三，有关国际合作的规定旨在要求缔约方相关机构加强合作、交流经验和分享信息。RCEP 在无纸化贸易方面对缔约方施加了诸多积极义务，但大多使用"应当考虑""努力接受""致力于"等非强制性措辞，目的在于促使各缔约方就该事项达成共识，而非要求各方必须履行，因此并未对各国国内监管构成强制约束力。RCEP 还在技术手段的规定上对老挝、缅甸和柬埔寨这三个最不发达成员做出五年的过渡期安排，即在五年内不要求老挝、缅甸和柬埔寨采用 WCO 等国际组织的方法实行无纸化贸易。

无纸化贸易是亚太地区数字贸易自由化之肇端，并且仍在不断推进。2000 年签署的《新西兰与新加坡关于建立更紧密经济伙伴关系的协定》在全球范围内首次规定了无纸化贸易条款，要求海关建成电子化监管环境，便利电子化贸易管理文件的流通①。此后自贸协定对于无纸化贸易的规定主要包括对缔约方提出明确的法律义务，要求海关当局以电子形式公布所有的贸易管理文件，承认电子文件与纸质文件具有同等法律效力。上述规定提高了海关监管的电子化水平，促进了贸易的无纸化运作。2021 年 2 月 21 日，由联合国亚洲及太平洋经济社会委员会倡导发起的《亚太跨境无纸化贸易便利化框架协定》正式生效。在该协定下，各成员方将努力为跨境无纸化贸易确立国家政策框架，营造有利于无纸化贸易的国内法律环境。该协定要求各缔约方在国内不断完善跨境无纸化贸易领域的相关法规和制度建设，在贸易数据和文件跨境互认方面要求各方通过现有或通过创建新的跨境无纸化贸易系统，实现电子形式贸易数据和文件的互换，还鼓励各方通过技术支持和援助开展能力建设，分享各自在无纸化贸易便利化领域的最佳实践，特别是积极考虑为最不发达国家和内陆国家提供能力建设支持。

但是，无纸化贸易发展到现在，多数协定并未对缔约方采取强制性规定，并

---

① See Agreement between New Zealand and Singapore on a Closer Economic Partnership (ANZSCEP), Art. 12.

且对一些经济水平相对落后的国家做出了过渡期安排,可见无纸化贸易在法律环境、技术实施等方面各国之间还存在一定差距,不同国家对于条款的接受程度不同,一些最不发达国家落实起来比较困难。同样,亚太地区无纸化贸易推进程度不一,主要是由于各国之间经济、信息技术发展水平不同,部分国家基础设施建设不足,老挝、缅甸和柬埔寨三个最不发达国家在数字基础设施建设方面尤为落后。对此,各国应进一步加强合作,通过技术援助和能力建设帮助更多国家实施无纸化贸易,推动无纸化贸易进程。

2. 电子认证和电子签名

RCEP 所指的电子认证是为建立电子声明或请求可靠性的信息而对该声明或请求进行核实或检测的过程[1]。RCEP 第 12.6 条规定:(1)考虑到电子认证的国际规范,规定各缔约方应当允许电子交易的参与方就其电子交易确定适当的电子认证技术和实施模式;(2)不对电子认证技术和电子交易实施模式的认可进行限制;(3)允许电子交易的参与方有机会证明其进行的电子交易遵守与电子认证相关的法律和法规。此外,对特定种类的电子交易,缔约方可要求认证方法符合某些绩效标准或由法律法规授权的机构进行认证。

电子签名方面,RCEP 第 12.6 条第 1 款规定缔约方不得仅以签名为电子方式而否认该签名的法律效力。这一条款同样对老挝、缅甸和柬埔寨这三个最不发达成员做出五年的过渡期安排。RCEP 对电子签名的监管提出了最低的要求,即不得仅以"电子方式"为由对其效力进行否认,但这并不意味着各缔约方不能对电子签名的适用施加额外的限制。实践中,各国对于电子签名的规定有较大差异,因此 RCEP 规则仅仅旨在统一电子签名规范的最低基准。

承认电子认证和电子签名的法律效力在国际上正逐步形成共识。早期,尽管有些国家承认用于交易的纸质文件的法律效力,但是其在法律上并不总是具有确定性,尤其是当涉及跨境贸易时。在电子通信和纸质文件之间以及电子签名和手写签名之间提供功能等同的立法框架会更好地促进贸易,而联合国国际贸易法委员会致力于推动建立统一的立法框架。《联合国电子通信公约》和《联合国电子商务示范法》的基本原则是:第一,功能等同原则,通过分析书面形式的要求,以其为标准,一旦数据电文达到这样的标准,即可同相应书面文件一样享受同等程度的法律认可;第二,技术中立原则,对电子签名的技术手段一视同仁,任何电子技术制作的电子签名和文件,只要功能与签名以及书面文件效力

---

[1] See RCEP, Art. 12.1.

相当,都具有法律效力。此后的 FTA 试图以联合国国际贸易法委员会制定的法律框架为基准,一般都包括关于电子认证和电子签名的规定。这些规定大多为非强制性规定,主要目的在于以《联合国电子商务示范法》为基准,协调各国之间的合作,创造有利于数字贸易发展的法律环境。

(二) 为电子商务创造有利环境

1. 线上消费者保护

由于线上消费者了解零售商可靠性和产品质量的方式是有限的,促进线上消费者和供应商之间的信任比线下更重要。线上消费者通常也会被要求披露一些敏感信息,比如个人信息和信用卡信息。当消费者从事电子商务时,各方必须保护他们不受误导和欺骗的商业活动、不公平的合同条款和不合情理的行为的影响。

RCEP 第 12.7 条规定,缔约方应认识到采取和维持透明及有效的电子商务消费者保护措施以及其他有利于增强消费者信心的措施的重要性,并从三个层面规定了线上消费者保护:(1)立法层面,各缔约方应当采取和维持关于保护电子商务消费者免受欺诈和误导行为的损害或潜在损害;(2)监管层面,各缔约方负责消费者保护的主管部门应当在电子商务活动中展开合作;(3)透明度方面,缔约方应当发布其向电子商务用户提供消费者保护的相关信息,包括消费者如何寻求救济,以及企业如何遵守法律要求。

国际组织中最早关注跨境电子消费者保护的是 OECD。OECD 于 1999 年 12 月通过了《电子商务消费者保护指南》。区域性组织中在消费者保护方面做得最完善的是欧盟,特别是其对跨境电子消费者的保护。欧盟出台了多部电子商务和消费者保护方面的立法,已经初步形成了欧盟消费者保护制度体系,在实体规范和纠纷解决程序两个方面进行了比较详尽的规定。实体法主要有 1997 年《远程销售指令》、2011 年《消费者权益指令》,程序法主要有《消费者在线争议解决条例》,这些规定主要集中于消费者重大利益保护和争端解决机制等方面。鉴于缔约方对跨境电子消费者的保护程度不同,区域贸易协定旨在协调各国的法律规定,使缔约方可以协定规范为基准,在立法层面建立完善的消费者保护制度,同时建立有效便利的争议解决机制,保护在线消费者的合法权益。

2. 线上个人信息保护

个人信息保护是维系数字经济与贸易可信环境的关键。数据时代的贸易是由数据的跨境流动所支撑的。消费互联网时代,数字贸易交易的本质决定了许多数据可以是个人的或被识别为个人的,因此这类数据的跨境流动引起了人们对隐私和个人信息保护的担忧。

RCEP 第 12.8 条规定:(1)每一缔约方应当采取或维持保证电子商务用户个人信息受到保护的法律框架;(2)各缔约方应当参考国际标准、原则、指南和准则等制定保护个人信息的法律框架;(3)缔约方应当公布个人信息保护的相关信息,包括个人如何寻求救济以及企业如何遵守任何法律要求;(4)缔约方应当鼓励企业通过互联网等方式公布其与个人信息保护相关的政策和程序;(5)缔约方应当在可能的范围内合作,来保护从一缔约方传输来的个人信息。

RCEP 个人信息保护规则与 CPTPP 基本一致。值得注意的是,CPTPP 增加了个人信息国际保护准则的内容,规定在建立保护个人信息的法律框架时,缔约方应考虑相关国际机构提出的各项原则和指导方针,比如《APEC 隐私框架》以及《OECD 隐私保护和个人数据跨境流动指南(2013)》等。这一规定旨在鼓励 CPTPP 缔约方增强不同机制之间的兼容性。

3. 非应邀商业电子信息

RCEP 所指的非应邀商业电子信息是出于商业或营销目的,未经接收人同意或接收人已明确拒绝,仍向其电子地址发送的电子信息。RCEP 对缔约方采取或维持非应邀商业电子信息的相关措施做了三个方面的规定:(1)非应邀商业电子信息提供者为接收人提升阻止接收此类信息的能力提供便利。具体而言,缔约方首先应确保接收人在收到该信息后有方法和途径来阻止此类信息的定向发送,拒收此类信息的方式应当简单明了,不给接收人带来额外负担和成本,同时接收人的拒绝应产生实际效力,提供者不应规避接收人的拒收,变相通过其他方式推送此类信息。(2)根据其法律法规规定,要求获得接收人对于接收商业电子信息的同意。首先,接收人的同意应当是明确的,提供者不应以一次性、概括性请求向接收人征询对多种不同事项的同意。其次,接收人的同意应当是具体的,应当建立在提供者对未来相关信息推送的路径、方式、频次等内容提供详细说明的基础上。最后,"同意"意味着各缔约方应确保未经接收人同意,不得向其发送非应邀商业电子信息。(3)将非应邀商业电子信息减少到最低程度。此外,RCEP 还要求各缔约方应当针对未遵守以上规定要求而实施措施的非应邀电子信息提供者提供相关追索权。

4. 海关关税

1998 年 WTO 成员达成的《全球电子商务宣言》明确了不对电子传输征收关税。此后,WTO 基本上每两年一次在部长会议上对免关税宣言进行延期。这一做法被许多自贸协定关税条款沿用，重申缔约方在 WTO 框架下做出的承诺。RCEP 第 12.11 条"海关关税"明确维持 WTO 对电子传输不征收关税的现行做法，以及不阻止缔约方按照 RCEP 规定对电子传输征收税费、费用或其他支出。

值得注意的是，多数自贸协定关税条款只约束缔约方的边境措施，不涉及边境后措施。因此，很多自贸协定在禁止缔约方对电子传输征收关税的同时，明确规定并不禁止对其征收国内税费。目前，各国未在征收数字产品跨境交易国内税的必要性上达成共识。在实践中，各国自行规定是否征收数字税。例如，马来西亚自 2020 年 1 月 1 日起将税收扩展到外国数字服务提供商对马来西亚消费者提供的数字服务，成为继新加坡之后东南亚地区第二个引入此类税收的国家[①]。新西兰、澳大利亚也对进口数字产品和服务征收商品服务税。

5. 网络安全

随着企业和政府日益依赖网络进行贸易，相关网络安全事件频发，包括网络攻击和数据泄露等，加深了各国的普遍担忧。因此，越来越多的自贸协定包含网络安全条款，既是支持基于风险的有效网络安全监管，也是在不同国家的网络安全政策之间建立桥梁，以最大限度地发挥协同效应，消除贸易壁垒。

RCEP 第 12.13 条"网络安全"规定各缔约方应当加强对负责计算机安全事件应对的各自主管部门的能力建设，包括通过交流最佳实践，同时规定各缔约方应当利用现有合作机制在与网络安全有关的事项上开展合作。该条规定与 CPTPP 网络安全事项合作条款基本一致，后者还特别列明了具体合作事项，即识别和减少影响缔约方电子网络的恶意侵入以及恶意代码传播。

(三) 促进跨境电子商务

1. 通过电子方式跨境传输信息

RCEP 第 12.15 条"通过电子方式跨境传输信息"规定，缔约方不得阻止涵盖的人为开展其业务而通过电子方式跨境传输信息。这一表述与 CPTPP 基本一致，为缔约方的投资者和服务提供者为其业务活动进行的跨境数据传输提供了保障。

当然，RCEP 第 12.15 条第 3 款规定，缔约方保留为实现合法公共政策目

[①] See Vertex, Malaysia's Tax on Digital Services Raises over RM400 Million, https://www.vertexinc.com/resources/resource-library/malaysias-tax-digital-services-raises-over-rm400-million, visited on 15 June 2022.

标而采取或维持有关跨境数据传输措施的权利,但是措施的适用方式不得构成任意或不合理歧视或对贸易的变相限制,也不得对信息传输施加超出实现目标所需要的限制。值得注意的是,RCEP 跨境数据流动规则还规定了基本安全利益例外,即协定"不得阻止缔约方认为对保护其基本安全利益所必需的任何措施。其他缔约方不得对此类措施提出异议"。CPTPP 虽然也有安全例外,但不是放在跨境数据流动条款当中规定的,而是在"例外和总则"章当中统一规定的。这说明 RCEP 跨境数据流动规则特别强调基本安全利益,从而为缔约方采取保障网络安全、数据安全等的措施留下更大的政策空间。

在实践中,跨境数据流动限制措施能否成功寻求基本安全利益例外尚有不确定性。对于何为"基本安全利益",RCEP 和此前的贸易协定均未明确。WTO 安全例外条款包括《关贸总协定》(GATT1994)第 21 条、《服务贸易总协定》(GATS)第 14 条之二和《与贸易有关的知识产权协定》(TRIPs)第 73 条,这些条款从传统国家安全的角度对基本安全利益的情形做了列举式规定①,其中可能与数字贸易相关的是"在战时或国际关系中的其他紧急情况下采取的行动"这一情形。从文本上理解,这意味着相关措施应当是特殊时期的临时措施,而非常态化的措施。那么,一般的跨境数据流动限制措施可能不在此列。此外,在俄罗斯过境措施案中,专家组驳回了安全例外"自裁判"(self-judging)主张,认为这是应由专家组"客观认定的客观事实"②。换言之,跨境数据流动限制措施是否属于缔约方认为的对保护其基本安全利益所必需的措施,并不能由缔约方自己认定。CPTPP 安全例外条款则没有列举基本安全利益的具体情形③,虽然可以对基本安全利益做出超越传统国家安全范畴的解释,但仍需确定相关措施是否是"必需的"。必须指出,贸易协定在非贸易问题上的作用有限,包括网络安全、数据安全等安全利益。在贸易自由化与非贸易自由化的政府行为、国家政策和利益之间的平衡上,贸易协定往往倾向于前者。如此看来,基本安全利益例外能

---

① GATS 第 14 条之二规定,本协定的任何规定不得解释为阻止任何成员采取其认为对保护其根本安全利益所必需的任何行动,包括:与裂变或聚变物质或衍生这些物质的物质有关的行动;与武器、弹药和作战物资的贸易有关的行动,及与此类贸易所运输的直接或间接供应军事机关的其他货物或物资有关的行动;在战时或国际关系中的其他紧急情况下采取的行动。See GATS, Art.14.
② See WTO, Russia-Measures Concerning Traffic in Transit, WT/DS512/R, adopted on 29 April 2019, para.7.101.
③ CPTPP 第 29.2 条规定,本协定的任何内容不得解释为:要求一缔约方提供或允许获得其确定的一旦披露将违背其根本安全利益的任何信息;或一缔约方采取其认为对履行维护或恢复国际和平或安全义务或保护其自身基本安全利益所必需的措施。See CPTPP, Art. 29.2(2).

为跨境数据流动限制措施提供的监管空间也是比较有限的。

2. 计算设施的位置

RCEP 第 12.14 条"计算设施的位置"明确规定，缔约方不得以在其领土内使用或放置计算设施作为在其领土内开展业务的条件。这意味着缔约方既不能要求企业在当地建立数据储存中心，也不能要求其使用本地计算设施，即缔约方承诺不施加任何形式的计算设施本地化要求，从而大大降低企业投资资本密集型数字基础设施的成本，为企业投资决策的最优化提供确定性和可预见性。与 RCEP 跨境数据流动条款一样，计算设施位置条款也做了公共政策保留和基本安全利益保留。

总体来看，RCEP 电子商务章的基本框架与 CPTPP 基本接近，但是在具体规则上做了一定妥协，给发展中成员保留了更大的政策空间。RCEP 形成了不同于美式、欧式和 DEPA 模式的数字贸易规则模板，为发展中国家参与制定更加合适的国际规则提供了更多选择。

二、RCEP 电子商务章与 CPTPP 之比较

RCEP 电子商务规则是迄今为止中国签署的标准最高的电子商务/数字贸易规则。在中国此前签署的自贸协定中，只有《中国-韩国自贸协定》（2015 年，以下简称中韩 FTA）、《中国-澳大利亚自贸协定》（2015 年，以下简称中澳 FTA）、《中国-新加坡自贸协定升级议定书》（2018 年，以下简称中新 FTA 升级）、《中国-柬埔寨自贸协定》（2020 年）四个协定包含电子商务条款，而且条款内容相对简单。相比起来，RCEP 电子商务规则的水平有了明显提高（见表 5-1）。

表 5-1　RCEP 电子商务章与中韩 FTA、CPTPP 的对比

中韩 FTA 电子商务章	RCEP 电子商务章		CPTPP 电子商务章
第 13.1 条　一般条款	第一节　一般条款	第 1 条　定义	第 14.1 条　定义
第 13.2 条　与其他章节的关系		第 2 条　原则和目标	第 14.2 条　范围和总则
第 13.3 条　海关关税		第 3 条　范围	第 14.3 条　海关关税
第 13.4 条　电子认证和电子签名		第 4 条　合作	第 14.4 条　数字产品的非歧视待遇

续 表

中韩 FTA 电子商务章	RCEP 电子商务章		CPTPP 电子商务章
第 13.5 条 电子商务章中的个人信息保护	第二节 贸易便利化	第 5 条 无纸化贸易	第 14.5 条 国内电子交易框架
第 13.6 条 无纸化贸易		第 6 条 电子认证和电子签名	第 14.6 条 电子认证和电子签名
第 13.7 条 电子商务合作	第三节 为电子商务创造有利环境	第 7 条 线上消费者保护	第 14.7 条 线上消费者保护
第 13.8 条 定义		第 8 条 线上个人信息保护	第 14.8 条 个人信息保护
第 13.9 条 争端解决不适用		第 9 条 非应邀商业电子信息	第 14.9 条 无纸化贸易
		第 10 条 国内监管框架	第 14.10 条 电子商务网络的接入和使用原则
		第 11 条 海关关税	第 14.11 条 通过电子方式跨境传输信息
		第 12 条 透明度	第 14.12 条 互联网互通费用分摊
		第 13 条 网络安全	第 14.13 条 计算设施的位置
	第四节 促进跨境电子商务	第 14 条 计算设施的位置	第 14.14 条 非应邀商业电子信息
		第 15 条 通过电子方式跨境传输信息	第 14.15 条 合作
	第五节 其他条款	第 16 条 电子商务对话	第 14.16 条 网络安全事项合作
		第 17 条 争端解决	第 14.17 条 源代码
			第 14.18 条 争端解决

资料来源：作者整理。

但是，与 CPTPP 等更高标准规则相比，RCEP 电子商务规则的水平仍有差距，主要表现在以下方面。

一是仍未纳入一些高标准规则。RCEP 不包括数字产品的非歧视待遇、电子商务网络的接入和使用原则以及源代码等条款。这些条款涉及数字市场开放和互联网开放，是高标准数字贸易规则的重要内容。此外，有些规则虽然 RCEP 已经纳入，但规则水平仍不及 CPTPP，比如 RCEP 海关关税条款维持 WTO 电子商务暂免关税的做法①，而 CPTPP 关税条款要求电子商务免关税永久化②。

二是有些规则做了广泛的保留。例如，RCEP 计算设施位置条款和通过电子方式跨境传输信息条款都明确规定了基本安全利益例外，为 RCEP 成员方不符合跨境数据自由流动和禁止数据本地化要求的措施做了广泛的保留。而 CPTPP 等高标准电子商务规则没有类似保留。

三是不适用争端解决条款。RCEP 争端解决条款规定，任何缔约方不得就本章项下产生的任何事项诉诸第十九章的争端解决③。争端解决机制的裁决结果具有强制执行力。不适用争端解决条款，意味着 RCEP 电子商务规则是没有"牙齿"的。而 CPTPP 等高标准电子商务规则均适用于争端解决，虽然个别成员有特定条款适用争端解决机制的过渡期安排。

应当看到，RCEP 电子商务规则是中国参与制定数字贸易国际规则的重要里程碑，为中国对接更高标准数字贸易规则奠定了重要基础。2020 年 11 月，中国正式宣布将积极考虑加入 CPTPP。2021 年 9 月，中国商务部正式递交加入 CPTPP 的申请。2021 年 10 月，中国决定申请加入 DEPA。上述举措释放出强烈信号，即中国将更加主动地参与并影响数字贸易规则的制定，提出中国方案，发出中国声音。

---

① See RCEP, Art. 12.11.
② See CPTPP, Art. 14.3.
③ Ibid., Art. 12.17.

第六章

WTO 电子商务规则谈判

电子商务是 WTO 现代化改革的热点议题。当前，WTO 电子商务规则谈判受到各方高度关注。美国、日本、欧盟、俄罗斯、中国等主要参加方围绕着电子商务规则制定权展开激烈争夺。若要使电子商务继续发挥全球经济增长新引擎的作用，参加方必须合力推动谈判形成广泛适用的电子商务规则，为电子商务创造合理稳定的营商环境。

第一节 从 WTO《电子商务工作计划》到联合声明谈判

在 WTO 框架下开展电子商务规则谈判，是二十多年来 WTO 电子商务讨论取得的重大进展，反映了数字贸易快速发展对国际贸易规则提出的新需求。在数字技术深刻改变全球经济的 21 世纪，WTO 电子商务规则谈判无疑将对国际贸易产生深远影响。

一、WTO《电子商务工作计划》的困境

WTO 是较早开始促进和规范电子商务的国际组织。1998 年，在日内瓦举行的第二届部长级会议上，WTO 成员通过《全球电子商务宣言》[1]，并在此基础上制定了《电子商务工作计划》（以下简称《工作计划》）[2]。在《工作计划》框架下，WTO 电子商务议题由货物贸易理事会、服务贸易理事会、知识产权理事会、贸易和发展理事会四个常设机构共同推进，并向总理事会汇报。四个理事

---

[1] See WTO, Declaration on Global Electric Commerce, WT/MIN(98)/DEC/2, 25 May 1998, p.1.
[2] See WTO, Work Programme on Electronic Commerce, Adopted by the General Council on 25 September 1998, WT/L/274, 30 September 1998, pp.1-3.

会各有不同的授权讨论事项,所涉议题均非常广泛(见图 6-1)①。确定电子商务议题讨论的具体问题是《工作计划》的主要贡献。时至今日,许多问题仍在探讨当中。

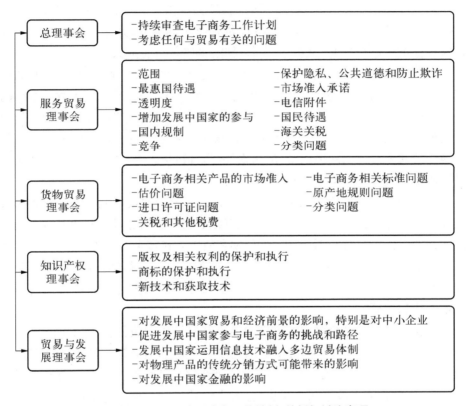

图 6-1 《WTO 电子商务工作计划》的授权讨论事项

资料来源:作者根据《工作计划》整理。

货物贸易理事会讨论的核心问题是电子传输的定性,即电子传输定性为服务、货物或其他,以及与该问题相关的实际问题。由于 WTO 体制内货物贸易法律制度和服务贸易法律制度给予各种贸易的待遇不同,电子传输定性为货物还是服务,其获得的待遇相差悬殊。定性问题在关税、分类问题、海关估价、原产地规则和进口许可证等议题中均有涉及,各成员存在广泛的意见和分歧,甚

---

① See WTO, Work Programme on Electronic Commerce, Adopted by the General Council on 25 September 1998, WT/L/274, 30 September 1998, pp.1-3.

至包括定性问题是否能真正推动《工作计划》的讨论①。

虽然电子传输的定性问题至今仍然悬而未决,但是当时对电子传输免征关税很快就达成了一致。《全球电子商务宣言》宣布WTO成员继续目前不对电子传输征收关税的做法,并在下一届部长级会议由总理事会进行审查,协商一致决定是否延期②。此后,尽管有些成员仍有不同意见,几乎每届部长级会议均对免征关税进行延期,这也是《工作计划》的唯一可见成果。

服务贸易理事会涉及的讨论事项更加复杂,冲突也更加尖锐。例如,如何区分电子商务的跨境提供(模式1)和境外消费(模式2)?通过电子方式交付的服务和通过其他方式交付的服务是否应被视为"同类服务"?有关基础电信的市场准入承诺是否应当自动适用于互联网接入服务?有些互联网相关服务是否属于公共电信传输网络以及《电信附件》是否适用于服务提供商接入、使用互联网网络和服务③?这些问题都没有定论。

知识产权理事会的授权讨论事项同样复杂,不仅有电子商务环境下版权及相关权利、商标的保护和执行这些传统议题面临的新问题,例如,数字网络给作品和其他受保护材料的创作、生产、分发和使用方式带来的变化,网络环境下商标权的地域性问题、商标与互联网域名之间的关系;同时还有新兴技术和获取技术问题,因为TRIPs第7条要求知识产权的保护和执行应促进技术创新及技术转让和传播④。

贸易与发展理事会要重点解决的问题是发展中成员如何能够更好地从电子商务中获益。由于电子商务发展的速度及技术的活力远远超出了许多发展中成员的能力,发展中成员发展电子商务既存在基础设施薄弱、人力资源短缺等困难,也面临诸多政策和法律法规的挑战,特别是如何创造能最大限度地发挥电子商务利益而无须损害合法公共政策目标的政策环境⑤。

2000年以后,虽然《工作计划》框架下的电子商务讨论仍在继续,但是在关

---

① See WTO, Work Programme on Electronic Commerce, Progress Report to the General Council, G/C/W/158, 26 July 1999, para. 1.3.
② See WTO, Declaration on Global Electric Commerce, WT/MIN(98)/DEC/2, 25 May 1998, p.1.
③ See WTO, Work Programme on Electronic Commerce, Progress Report to the General Council, Council for Trade-Related Aspects of Intellectual Property Rights, IP/C/18, 30 July 1999.
④ See WTO, Work Programme on Electronic Commerce, Progress Report to the General Council, Adopted by the Council for Trade in Services on 19 July 1999, S/L/74, 27 July 1999.
⑤ See WTO, Contribution by the Committee on Trade and Development to the Work Programme on Electronic Commerce, Communication by the Chairperson, WT/COMTD/19, 15 July 1999.

键领域长期缺乏共识，没有取得实质成果。网络互联、信息获取、移动通信、电子传输软件、云计算等电子商务领域出现的新问题也引发了WTO的关注①，但同样未能取得实际进展。WTO未能推进这项工作并填补法律空白，一方面是因为受多哈回合谈判停滞不前的影响，另一方面也是电子商务议题本身的复杂性造成的。虽然《工作计划》仅起到通过不断将问题提上议程来提高认识的作用，但是，WTO早在1998年就制定了《工作计划》，当时互联网还没有普及，数字贸易的经济意义不大，从这个角度看，WTO探讨电子商务议题是一个非常有远见的、先驱性的步骤②。

二、WTO电子商务联合声明谈判的启动及进展

（一）WTO电子商务联合声明谈判的启动

随着电子商务在全球范围内迅猛增长，电子商务议题讨论发生了重大变化。2015年12月WTO内罗毕部长级会议以后，WTO电子商务讨论的活跃度和成员的参与度明显提升。WTO成员提交了大量的电子商务提案和讨论文件，与《工作计划》通过后该领域鲜有行动形成鲜明对比。据初步统计，2000—2015年，与《工作计划》相关的WTO文件只有61份；而2016年、2017年相关文件分别高达68份、94份。从成员提案数来看，日本、新加坡、澳大利亚、加拿大、欧盟、美国、中国、俄罗斯、巴西等成员提交的文件数量较多。

WTO电子商务议题讨论局势发生巨大变化，除了电子商务的快速增长之外，也受到了区域贸易协定电子商务规则发展的推动。特别是当时TPP谈判加快推进，跨境数据流动、禁止数据本地化、个人信息保护、开放互联网等条款在全世界范围内引发广泛关注。

WTO布宜诺斯艾利斯部长级会议（以下简称MC11）前后，围绕电子商务工作框架问题，对于是继续在《工作计划》下讨论已经确定的具体问题③，还是设立新工作组、扩大讨论范围以及考虑启动规则谈判④，WTO成员展开了激烈

---

① See WTO, Work Programme on Electronic Commerce, Ministerial Decision of 7 December 2013, WT/MIN(13)/32, 11 December 2013, p.1.
② See Rolf H. Weber, Digital Trade and E-Commerce: Challenges and Oportunities for the Asia-Pacific Regionalism, 10 Asian J. WTO & Int'l Health L & Pol'y 321 (2015).
③ 参见中国、印度、非洲集团等提交的提案：JOB/GC/150、JOB/GC/153、JOB/GC/155。
④ 参见俄罗斯、日本、澳大利亚等提交的提案：JOB/GC/137、JOB/GC/140/Rev.4、JOB/GC/156/Rev.1。

辩论。尽管 WTO 总理事会努力从中协调，但是成员的立场并没有实质改变①。反对意见折射出部分成员对于 WTO 制定电子商务规则的观望态度，特别是数字技术更新迭代如此之快将带来诸多不确定性。

由于在多边层面未能就电子商务工作框架达成一致，澳大利亚、日本和新加坡牵头，旋即联合另外 68 个 WTO 成员，在 MC11 上发布《电子商务联合声明》（以下简称《联合声明》），号召参加方"积极针对未来 WTO 与贸易有关的电子商务谈判开展探索性工作"②。对其他议题均持反对态度的美国，马上加入了该声明，并称"志同道合的成员提出此类倡议为未来 WTO 指明了一条积极的道路"③。

2019 年 1 月，在瑞士达沃斯举行的电子商务非正式部长级会议上，中国等 5 个成员加入进来，76 个 WTO 成员共同发表新的《联合声明》，"确认有意开展与贸易有关的 WTO 电子商务谈判"，"寻求在现有 WTO 协定和框架基础上取得高标准的成果，鼓励所有 WTO 成员加入"④。2019 年 3 月，WTO 与贸易有关的电子商务规则谈判正式启动。由于谈判是部分 WTO 成员在《联合声明》框架下开展的，因此严格意义上应被称为 WTO 电子商务联合声明谈判，有时也被简称为 WTO 电子商务谈判。

电子商务是 WTO 现代化改革的核心内容。WTO 电子商务谈判的启动，是 WTO 现代化改革取得的重要进展。WTO 电子商务谈判能否达成协议，关系到 WTO 能否加强其在全球经济治理中的相关性，甚至可以说是影响多边贸易体制未来的谈判之一。

（二）WTO 电子商务联合声明谈判的进展

WTO 电子商务谈判启动之后，参加方不断增加。截至 2023 年 10 月，共有 90 个 WTO 成员加入谈判。参加方纷纷提交提案，积极参加相关议题谈判。

---

① See WTO, Work Programme on Electronic Commerce, Report by the Chairman, WT/GC/W/739, 1 December 2017, para. 1.4.
② See WTO, Joint Statement on Electronic Commerce, WT/MIN(17)/60, 13 December 2017, p.1.
③ See USTR, Robert Lighthizer on the Joint Statement on Electronic Commerce, https://ustr.gov/about-us/policy-offices/press-office/press-releases/2017/december/ustr-robert-lighthizer-joint, visited on 3 March 2020.
④ See WTO, Joint Statement on Electronic Commerce, WT/L/1056, 25 January. 2019, p.1.

WTO 电子商务谈判于 2020 年 12 月形成合并案文①,取得重要进展,随后于 2021 年 9 月修改合并案文。从合并案文看,WTO 电子商务谈判共覆盖六大议题(见表 6-1)。其中,重点是数字产品的市场准入和非歧视待遇、在线平台以及跨境数据流动的监管协调等议题。

表 6-1　WTO 电子商务联合声明谈判议题

A:赋能电子商务	
便利电子交易	电子交易框架 电子认证和电子签名 电子合同 电子发票 电子支付
数字贸易便利化和物流	无纸化贸易 最低豁免 货物唯一代码 海关程序 强化贸易政策 单一窗口数据交换及系统互操作性 物流服务 改善贸易便利化
B:开放与电子商务	
非歧视与责任	数字产品非歧视待遇 交互式计算机服务(责任限制/知识产权侵权)
信息流动	跨境数据流动 计算设施的位置 金融计算设施的位置
电子传输的关税	
互联网和数据访问	开放政府数据 互联网访问 访问在线平台/竞争

---

① See WTO, WTO Electronic Commerce Negotiations Consolidated Negotiating Text, INF/ECOM/62/Rev.1, 14 December 2020.

续 表

C：信任与电子商务	
消费者保护	在线消费者保护 垃圾邮件
隐私	保护个人信息/数据
商业信任	源代码 使用密码的 ICT 产品
D：跨领域问题	
透明度、国内规制及合作	透明度 贸易相关信息的电子可获得性 国内规制 合作 合作机制
网络安全	网络安全
能力建设	能力建设和技术援助的选择
E：电信	
《WTO 电信服务参考文件》的更新 网络设备和产品	
F：市场准入	
服务市场准入 电子商务相关人员临时入境和停留 货物市场准入	
其他问题	
序言、定义、原则、范围、与其他协定的关系、一般例外、安全例外、审慎措施、税收、争端解决、与贸易有关的电子商务委员会	

资料来源：作者根据 WTO 电子商务联合声明谈判合并案文整理。

截至 2023 年 11 月，WTO 电子商务谈判已经就 13 条条款达成了清洁文本，包括：在线消费者保护、电子签名和认证、未经请求的商业电子信息、开放政府数据、电子合同、透明度、无纸化贸易、开放互联网访问等。共识主要反映在浅层规则上,而分歧主要反映在深层规则上,焦点是跨境数据流动、数据本地化、源代码保护、电子传输免关税永久化等,协调各方立场将是谈判的难点。不得不承认,参加方之间在上述议题上存在严重分歧,WTO 电子商务谈判要达成高标准协定难度很大。

第二节 WTO 电子商务联合声明谈判的核心议题争议

从保护本国市场和产业国际竞争优势出发,WTO 成员有关电子商务的立场分歧从《工作计划》阶段,一直延续到 WTO 电子商务联合声明谈判当中。而且随着谈判的推进和深入,参加方之间的争夺还会不断升级。在 WTO 电子商务联合声明谈判中,参加方关于电子传输免关税永久化、数字产品非歧视待遇和跨境数据自由流动的矛盾冲突最为尖锐,甚至可以说是决定谈判走向的关键议题。

一、跨境数据流动与数据本地化

尽管数据及数据流动对数字经济和电子商务的重要性已经得到广泛承认[1],跨境数据流动的规制问题却引发了空前争论。在 WTO 电子商务谈判中,美国的核心主张是跨境数据自由流动和禁止数据本地化,坚持消费者和企业必须能够按照其认为适当的方式跨境传输数据,并且确保企业不被要求在其提供服务的每个管辖权范围内建立或使用独特的、资本密集型的数字基础设施,以及确保政府不会任意拦截或过滤在线内容,也不要求互联网中间服务提供商进行拦截或过滤[2],并将跨境数据流动限制措施和数据本地化要求视为数

---

[1] See The Economist, The World's Most Valuable Resource is No Longer Oil, but Data, https://www.economist.com/leaders/2017/05/06/the-worlds-most-valuable-resource-is-no-longer-oil-but-data, visited on 15 February 2020; Daniel Castro & Alan McQuinn, Cross-Border Data Flows Enable Growth in All Industries, Information Technology and Innovation Foundation, www2.itif.org/2015-cross-border-data-flows.pdf, visited on 15 February 2020; McKinsey Global Institute, Digital Globalization: The New Era of Global Flows, March 2016.

[2] See WTO, Communication from the United States, Joint Statement on Electronic Commerce Initiative, JOB/GC/178 (INF/ECOM/5), 12 April 2018, pp.1-4.

字贸易的主要壁垒①。欧盟严格保护隐私和个人数据②,建议允许跨境数据流动并禁止本地化要求,但是"可以采取和维持其认为适当的保护措施,以确保对个人数据和隐私的保护,包括通过采取或适用个人数据的跨境传输规则"③。俄罗斯实施数据本地化制度,颁布《关于修改俄罗斯联邦某些法律以明确信息通信网络中个人数据处理规范的第 242-FZ 号联邦法》,要求任何收集俄罗斯公民个人信息的运营者必须将数据存储在位于俄罗斯境内的数据库④。中国也有比较广泛的数据本地化要求⑤。对于跨境数据流动规制,各方立场迥异、相持不下。相关争议集中反映了自由贸易与国内监管之间的冲突和矛盾。

WTO 协定是前互联网时代的产物,虽然不直接涉及数字贸易,但是 GATT1994、GATS 和 TRIPs 等的相关规定也可以通过条约解释适用于与数字贸易有关的争议。数字贸易多以服务贸易形态出现。在 GATS 框架下,基于"技术中立"原则,数字服务贸易被看作是以电子方式提供的常规服务贸易,若某一 WTO 成员就常规服务贸易作出具体承诺,则此类具体承诺的法律效力可能将延伸至数字服务贸易。因此,跨境数据流动限制措施和数据本地化措施也应符合 GATS 关于市场准入和国民待遇的规定。当然,上述措施可以寻求 GATS 的一般例外。考虑到 GATS 第 14 条(c)项专门就防止消费欺诈、个人隐私保护、安全等设置了例外条款,若一项跨境数据流动限制措施或数据本地化措施旨在执行与此类利益或价值有关的法律义务,则极有可能被认为符合子项要求⑥。问题是跨境数据流动限制和数据本地化措施的实施方式能否满足

---

① See USTR, Fact Sheets on 2019 National Trade Estimate: Key Barriers to Digital Trade, https://ustr. gov/about-us/policy-offices/press-office/fact-sheets/2019/march/fact-sheet - 2019 - national-trade-estimate, visited on 21 February 2020.

② See EU, General Data Protection Regulation, Art. 45-46.

③ See WTO, Communication from the European Union, Joint Statement on Electronic Commerce—EU proposal for WTO disciplines and commitments relating to electronic commerce, INF/ECOM/22, 26 April 2019, para. 2.8.2.

④ See Russian Federation, Federal Law No. 242-FZ of July 21, 2014 on Amending Some Legislative Acts of the Russian Federation in as Much as It Concerns Updating the Procedure for Personal Data Processing in Information-Telecommunication Networks, Approved by the Federation Council on 9 July 2014, Art. 1. 2015 年 8 月,俄罗斯通信和大众传媒部发布指南,具体阐明了第 242-FZ 号联邦法实施的新的数据本地化要求,并明确了第 242-FZ 号联邦法不会影响个人数据跨境传输的现行法律法规,2006 年《关于个人数据的第 152-FZ 号联邦法》的规定仍然适用,即在符合条件的情况下个人数据可以跨境传输。

⑤ 参见《网络安全法》第 37 条。

⑥ 参见彭岳:《数据本地化措施的贸易规制问题研究》,载《环球法律评论》2018 年第 2 期,第 178—192 页。

GATS 第 14 条的前言要求。公共政策保留在相关 WTO 协定中①广泛存在，但是对于何为"任意或不合理的歧视""贸易的变相限制"以及"实现目标所必需"，上述协定均未明确，因此其解释问题极富争议。其中争论最多的是何为"实现目标所必需"，即必要性测试，使之成为能否成功援引公共政策保留的决定因素。

必要性测试是 WTO 平衡自由贸易与国内监管之间关系的核心要素，因此，对必要性做出解释是 WTO 争端解决的关键步骤②。从美国 337 条款案③、泰国香烟案④等运用"最低贸易限制"（least trade-restrictive）进行解释，到韩国牛肉案⑤、欧盟石棉案⑥等引入"比例原则"⑦，专家组和上诉机构报告对必要性测试的解释经历了一个司法发展的过程⑧。WTO 相关裁决表明，严格的最低贸易限制标准与成员决定其政策目标保护水平的权利很难相容⑨，比例原则的标准虽然有所放松⑩，但是 WTO 法律体系并不包含通行的比例原则使其成为必须个案处理的问题，能否通过必要性测试仍然是不可预测的。因此，跨境数

---

① See Articles XX and XI of the GATT, Articles XIV and VI: 4 of the GATS, Articles 2.2 and 2.5 of the Agreement on Technical Barriers to Trade (TBT), Articles 2.2 and 5.6 of the Agreement on the Application of Sanitary and Phytosanitary Measures (SPS), etc.
② See WTO, Committee on Trade and Environment, GATT/WTO Dispute Settlement Practice relating to Article XX, Paragraphs (b), (d) and (g) of GATT, Note by the Secretariat, WT/CTE/W/53, 30 July 1997, para. 23.
③ See WTO, United States-Section 337 of the Tariff Act of 1937(US-Section 337), L6439-36S/345, 7 November 1989, para. 5.26.
④ See WTO, Thailand - Restrictions on Importation of and Internal Taxes on Cigarettes (Thai-Cigarettes), DS10/R-37S/200, 7 November 1990, para. 75.
⑤ See WTO, Korea-Measures Affecting Imports of Fresh, Chilled and Frozen Beef (Korea-Beef), WT/DS161/AB/R, WT/DS169/AB/R, 11 December 2000, para. 179.
⑥ See WTO, EC-Measures Affecting Asbestos and Asbestos-Containing Products (EC-Asbestos), WT/DS135/AB/R, 12 March 2001, para. 170.
⑦ 比例原则肇始于欧共体法。一般认为，比例原则包括三个子概念，即适当性原则、必要性原则和狭义比例原则。参见韩秀丽：《寻找 WTO 法中的比例原则》，《现代法学》2005 年第 4 期，第 179—188 页。
⑧ 参见安佰生：《WTO"必要性测试"规则探析》，《财经法学》2015 年第 2 期，第 95—113 页。
⑨ See Gisele Kapterian, A Critique of the WTO Jurisprudence on "Necessity", 59(1) International and Comparative Law Quarterly 89-127(2010).
⑩ See Jan Neumann & Elisabeth Turk, Necessity Revisited: Proportionality in World Trade Organization Law After Korea-Beef, EC-Asbestos and EC-Sardines, 37(1) Journal of World Trade 199-233(2003).

据流动限制和数据本地化措施要符合 GATS 一般例外的前言要求较为困难①。那么,如果 WTO 电子商务谈判达成跨境数据流动规则,即使隐私、数据安全、网络安全被纳入合法公共政策目标范畴,跨境数据流动限制和数据本地化措施的必要性也将面临相当大的挑战。

双边和区域层面,近年来,包含具有法律约束力的跨境数据流动和禁止数据本地化规则的协定不断增加,主要是 CPTPP、USMCA 和《美日数字贸易协定》等美式以及 DEPA 模式的规则,具体条款为"通过电子方式跨境传输信息"和"计算设施位置"条款。"通过电子方式跨境传输信息"条款一般规定,"缔约方不得禁止或限制涵盖的人为开展业务以电子方式跨境传输信息"②,从而给投资者和服务提供者为开展业务进行的跨境数据自由流动提供了保障。同时,该条款做了公共政策保留,即缔约方有权为实现合法公共政策目标采取或维持跨境数据流动措施,条件是该措施"不得构成任意或不合理歧视或对贸易的变相限制",且"不对信息传输施加超出实现目标所必需的限度"③。至于"计算设施位置"条款,CPTPP 第 14.13 条第 3 款和 DEPA 第 4.4 条第 3 款做了公共政策保留,USMCA 第 19.12 条和《美日数字贸易协定》第 12 条则仅仅规定"缔约方不得要求涵盖的人在其领土内使用或放置计算设施,作为在其领土内开展业务的条件",那么在这两个协定中禁止数据本地化条款属于绝对义务。

跨境数据流动和禁止数据本地化条款中的公共政策保留试图在跨境数据自由流动和国内监管权之间做出权利义务平衡,即缔约方一方面要承担促进数据自由流动的义务,另一方面也要保留基于合法公共政策目标限制数据自由流动的权利,当然监管权的行使应当有所克制。由于服务贸易是电子商务的支柱,而国内规制措施是服务贸易的主要壁垒,必要性测试又是 GATS 国内规制纪律谈判的关键问题④,有关电子商务的国内监管权之争必然更加复杂。WTO 成员对国内规制纪律的看法一直存在重大分歧,集中体现在是

---

① See Mitsuo Matsushita, Thomas J. Schoenbaum & Petros C. Mavroidis et al., The World Trade Organization: Law, Practice and Policy 620-621 (Oxford University Press 2017).
② See CPTPP, Art. 14.11(2); USMCA, Art. 19.11(1); United States-Japan Digital Trade Agreement, Art. 11(1); DEPA, Art. 4.3.
③ See CPTPP, Art. 14.11(3); USMCA, Art. 19.11(2); United States-Japan Digital Trade Agreement, Art. 11(2).
④ See WTO, The Working Party on Domestic Regulation, Report on the Meeting Held on 17 May 1999, Note by the Secretariat, S/WPDR/M/1, 14 June 1999, para. 7.

否将必要性测试纳入GATS第6.4条国内规制谈判上。美国、加拿大、巴西曾联合提交提案对此表示反对，认为必要性测试可能过度侵蚀监管权这一主权权利，威胁到监管者必须维持的使其能够充分考量管辖范围内合法政策目标的至关重要的自由裁量权①。表面上看，美国这一主张与跨境数据流动条款的公共政策保留不谋而合。然而，美国的本意绝非为其他缔约方限制数据流动提供充分的自由裁量权，而是为其少数数据本地化措施②预留空间，同时也是为了达成贸易协定所做的妥协，比如马来西亚、越南在TPP(美国退出后更名为CPTPP)就跨境数据流动条款规定了争端解决过渡期。鉴于其在推动数据自由流动方面具有鲜明的进攻利益，美国主导制定的跨境数据流动规则势必会侵蚀监管自主权。特别值得关注的是，2023年10月，USTR突然宣布撤回有关跨境数据流动、禁止数据本地化、源代码保护和数字产品非歧视待遇的WTO电子商务谈判提案，因为这些提案可能损害或妨碍国内政策考虑③，如保护隐私、保护人工智能权利、禁止垄断等。美国这一立场转变与此前的一贯态度截然相反，意在何种程度上寻求政策空间有待进一步观察。

二、数字产品的非歧视待遇

数字产品非歧视待遇条款虽然起初出现在自贸协定中，却是WTO电子商务讨论中长期悬而未决的问题。数字产品非歧视待遇是美式电子商务规则的标准条款之一，除了最早签署的《美国-约旦FTA》以外，其他包含电子商务条款的美国FTA都规定了数字产品的非歧视待遇。其中，有的直接规定为"数

---

① See WTO, Working Party on Domestic Regulation, Communication from Brazil, Canada and the United States, Views on the Issue of the Necessity Test in the Disciplines on Domestic Regulation, S/WPDR/W/44, 22 March 2011, para. 2.
② 例如，美国要求联邦机构必须将接收、处理、存储和传输联邦税务信息的信息系统位置限制在美国境内、使馆或军事设施内，美国国防部要求为其服务的云计算服务提供者必须将信息存储在国内。See Nigel Cory, Cross-Border Data Flows: Where Are the Barriers, and What Do They Cost? https://itif.org/publications/2017/05/01/cross-border-data-flows-where-are-barriers-and-what-do-they-cost, visited on 28 February 2020.
③ See USTR, USTR Statement on WTO E-Commerce Negotiations, https://ustr.gov/about-us/policy-offices/press-office/press-releases/2023/october/ustr-statement-wto-e-commerce-negotiations, visited on 15 November 2023.

字产品的非歧视待遇"条款①,有的涵盖在"数字产品"条款下②。与之相反,欧式电子商务规则均未写入数字产品非歧视待遇条款,即便是内容相对全面的《欧盟-日本经济伙伴关系协定》也不例外。这反映了美欧之间在数字产品非歧视待遇问题上的巨大分歧。

数字产品非歧视待遇条款通常规定,数字产品或其创作者、所有者等享有的待遇,不得低于其他同类数字产品的待遇③。其中,"数字产品"是"数字编码或制作的、用于商业销售或分销且可以电子方式传输的计算机程序、文本、视频、图像、录音或其他产品"④。关于这一条款的适用,主要争议有两个方面。

第一,数字产品的归类和分类。数字产品究竟属于货物并适用 GATT,还是属于服务并适用 GATS,一直是《工作计划》的最大问题,使其他事项的讨论停滞不前⑤。如果数字产品属于服务,根据《WTO 服务部门分类表》⑥,计算机及相关服务、增值电信服务、视听服务等都有可能是数字产品。由于 WTO 成员在不同服务部门或子部门下所作的承诺不同,数字产品的服务部门分类问题也充满争议。争议的实质是市场开放问题。

对于数字产品的归类,长期以来,美国支持在数字产品领域适用 GATT 比适用 GATS 更能促进电子商务的贸易自由化⑦。而欧盟基于"文化例外"的一贯主张,坚持视听产品属于服务并适用 GATS,对视听部门不作承诺即排除了 GATS 的适用⑧。数字时代,由于数字产品涉及多个服务部门和子部门,而且数字产品的范围还在不断扩大,如果 WTO 电子商务谈判文本纳入数字产品非

---

① See US-Chile FTA, Art. 15.4; US-Australia FTA, Art. 16.4; US-Bahrain FTA, Art. 13.4.
② See US-Singapore FTA, Art. 14.3; US-Morocco FTA, Art. 14.3; US-Dominican Republic-Central America FTA, Art. 14.3; US-Oman FTA, Art. 14.3; US-Peru FTA, Art. 15.3; US-Columbia FTA, Art. 15.3; US-Panama FTA, Art. 14.3; US-Korea FTA, Art. 15.3.
③ See United States-Japan Digital Trade Agreement, Art. 8.
④ See United States-Japan Digital Trade Agreement, Art. 1(g).
⑤ See S. Wunsch-Vincent & Arno Hold, Towards Coherent Rules for Digital Trade: Building on Efforts in Multilateral versus Preferential Trade Negotiations, in Mira Burri & Thomas Cottier (eds.), Trade Governance in the Digital Age 183 (Cambridge University Press 2012).
⑥ See WTO, Services sectoral classification list, MTN.GNS/W/120, 10 July 1991, pp.1-7. 如果需要进一步确定部门分类,《WTO 服务部门分类表》应与《联合国核心产品分类表》(Central Products Classification, CPC)相对照。
⑦ See WTO, Submission by the United States, Work Programme on Electronic Commerce, WT/GC/16, G/C/2, S/C/7; IP/C/16, WT/COMTD/17, 12 February 1999, p.5.
⑧ See WTO, Communication from the European Communities and their Member States, Electronic Commerce Work Programme, S/C/W/183, 30 November 2000, p.3.

歧视待遇条款，即便仍然可以通过在特定服务部门不作承诺排除 GATS 适用，在 GATS 正面清单模式下，承诺表的列举也会复杂得多，欧盟能否确保"文化例外"将受到严重挑战。

对于数字产品的分类，争议主要围绕特定服务属于计算机服务还是电信服务的问题展开，尤其是云计算、社交媒体、搜索引擎等新兴服务的合理分类。以云计算为例。为了推动数字贸易的基础设施——云计算的市场开放，美国明确主张将云计算（数据存储、数据托管、数据处理）和数据库服务纳入计算机及相关服务（CPC 84）中[1]。中国则认为，并非云计算的所有组成部分都具有计算机及相关服务的性质，基于网络的云计算服务在许多情况下具有电信服务的性质[2]。产生这种分歧的原因是计算机及相关服务的开放程度大于电信服务，如果把云计算定性为计算机及相关服务，则许多 WTO 成员的云计算市场将门户大开。

第二，何为"同类"数字产品？如何确定同类产品，在 GATT 框架下一直富有争议，在 GATS 框架下则引发了更多的问题和不确定性[3]。对于数字产品，同类与否的关键还有技术发展带来的新问题，即电子传输的产品和以实物形式提供的产品是否应被视为同类产品。根据技术中立原则，理论上两者应当是同类产品。正如美国赌博案[4]和中国视听产品案[5]所确认的，市场准入承诺意味着有权通过所有方式提供服务，包括以非物理形态特别是电子方式提供服务，除非成员的承诺表另有规定。WTO 秘书处在相关解释性说明中也指出，类似

---

[1] See WTO, Communication from the United States, Work Program on Electronic Commerce: Ensuring that Trade Rules Support Innovative Advances in Computer Applications and Platforms, such as Mobile Applications and the Provision of Cloud Computing Services, S/C/W/339, 20 September 2011, para. 11.

[2] See WTO, Committee on Special Commitments, Report of the Meeting Held on 2 June 2015, Note by the Secretariat, S/CSC/M/71, 17 June 2015, para. 1.7.

[3] See Mireille Cossy, Determining "Likeness" under the GATS: Squaring the Circle, WTO Staff Working Paper ERSD-2006-08, September 2006, https://www.wto.org/english/res_e/reser_e/ersd200608_e.pdf, visited on 15 February 2020.

[4] See United States-Measures Affecting the Cross-Border Supply of Gambling and Betting Services (US-Gambling), WT/DS285/R, 19 Nov. 2004, para. 3.29; Appellate Body Report, US-Gambling, WT/DS285/AB/R, 7 April 2005, para. 215.

[5] See China-Measures Affecting Trading Rights and Distribution Services for Certain Publications and Audiovisual Entertainment Products (China-Audiovisuals), WT/DS363/R, 12 August 2009, para. 4,218; Appellate Body Report, WT/DS363/AB/R, 21 December 2009, para. 412.

与否原则上取决于产品或供应商本身的属性,而不取决于产品交付的方式①。当然,由于尚未对何为"同类"达成一致意见,对其解释要留给 WTO 案例来具体问题具体分析,不确定性仍然存在。大量贸易从线下走向线上,意味着同类产品的认定会以缔约方意想不到的方式打开市场。

三、电子传输免关税永久化

在 WTO 框架下,尽管早已达成电子商务免关税宣言,但是对于该问题的争论从未停止。即便是部长级会议每两年一次对免关税宣言进行延期,也有成员反对。非洲集团强调电子传输免关税的延期并非自动的②。印度甚至提出免关税的延期要取决于 TRIPs 非违反之诉和情势之诉③的延期④。印度和南非还多次专门提交提案,主张对免关税需做重新考虑⑤。印度尼西亚也明确反对将电子传输免关税永久化,认为这一问题超出了财政收入层面,还会引发诸如国家主权的担忧,对此需要一定程度的灵活性,建议"维持目前不对电子传输增收关税的做法,不包括电子传输的内容"⑥。在第十二届 WTO 部长级会议(MC12)上,印度等成员又一次提出暂免关税

---

① See WTO, The Work Programme on Electronic Commerce, Note by the Secretariat, S/C/W/68, 16 November 1998, para. 10.
② See WTO, Communication from the African Group, Work Programme on Electronic Commerce, Draft Ministerial Decision on Electronic Commerce, JOB/GC/155, 27 November 2017, p.2.
③ WTO 非违反之诉和情势之诉是指一缔约方认为另一缔约方实施的任何措施,无论该措施是否违反 WTO 协定,或者存在其他任何情况,使它直接或间接获得的利益正在丧失或减损,任何目标的实现正在受到阻碍,它仍然有权依照 WTO 争端解决程序提起申诉。非违反之诉和情势之诉是否适用 TRIPs,仍然是一个悬而未决的问题。TRIPs 第 64 条"争端解决"第 2 款规定,自《WTO 协定》生效之日起 5 年内,GATT1994 第 23 条第 1 款(b)项和(c)项不得适用于本协定项下的争端解决。第 3 款规定,TRIPs 理事会应审查这一类型起诉的范围和模式,并将其建议提交部长级会议批准。部长级会议应协商一致做出决定。
④ See WTO, Communication from India, Work Programme on Electronic Commerce, Draft Ministerial Decision on Electronic Commerce, JOB/GC/153, 20 November 2017, para. 3.
⑤ See WTO, Communication from India and South Africa, Work Programme on Electronic Commerce, Moratorium on Customs Duties on Electronic Transmissions: Need for a Re-Think, WT/GC/W/747, 13 July 2018, pp.1-2; WTO, Communication from India and South Africa, Work Programme on Electronic Commerce, The E-Commerce Moratorium and Implications for Developing Countries, WT/GC/W/774, 4 June 2019, para. 1.1.
⑥ See Inside U.S. Trade, Indonesia joins WTO E-Commerce Talks Despite Opposition to Permanent Moratorium, https://insidetrade.com/daily-news/indonesia-joins-wto-e-commerce-talks-despite-opposition-permanent-moratorium, visited on 5 February 2020.

的做法是否仍符合各成员经济利益的质疑①。虽然 MC12 最终通过了免关税延期决定②,但在这一问题上仍存隐忧。毫无疑问,免关税永久化问题还会引发更大的争论,发达成员普遍赞成,发展中成员多数反对,中国尚未明确表态。

电子传输免关税永久化争议主要是由电子传输免关税的诸多不确定性引发的。第一,何为电子传输。免关税宣言并未准确界定电子传输的概念,因此留下了许多争议。一是除了电子传输行为本身,电子传输是否包括电子传输涉及的内容。例如,在互联网上跨境提供软件,问题在于是否能对数字化的软件免征关税。二是电子传输是货物还是服务③。有些成员认为,电子传输均应被认定为服务。如果电子传输是服务,数字产品在电子传输时可以免征关税,而其有形载体跨境交易时则要征收关税,就与 GATS 技术中立原则不符。将电子传输认定为服务的另一个问题是,关税能否适用于电子传输。有成员认为,关税不适用于服务,只有将电子传输认定为货物时,关税的概念才与此相关。也有成员认为,关税也可以适用于服务,但有必要澄清关税适用于电子交易的含义。这些争议从《工作计划》延续至今,非但没有平息,反而因为数字技术的飞速发展变得更加尖锐。

第二,电子传输免关税适用范围有多大。理论上看,电子传输免关税与可数字化产品最为相关。可数字化产品是可能被数字化并以数字方式跨境提供的有形货物④,如 CD、书籍、报纸、电影胶片、视频游戏、计算机软件等。随着数字技术广泛应用,越来越多的可数字化产品会被数字化。3D 打印技术的出现进一步扩大了可数字化产品的范围,因为 3D 打印所需的数据、软件和计算机辅助文件都要通过电子方式传输。据估算,2016 年,在已识别的可数字化产品

---

① See Shreya Nandi, WTO MC12: India to oppose zero Customs duties on electronic transmissions, https://www.business-standard.com/article/economy-policy/wto-mc12-india-to-oppose-zero-customs-duties-on-electronic-transmissions-122053101759_1.html, visited on 1 June 2022.
② See WTO, Work Programme on Electronic Commerce, Ministerial Decision, WT/MIN(22)/32, 22 June 2022, p.1.
③ 关于 WTO 成员的主张,参见 WTO, Work Programme on Electronic Commerce, Information provided to the General Council, G/C/W/158, 26 July 1999, paras. 2.1-2.11; WTO, Work Programme on Electronic Commerce, Progress Report to the General Council, adopted by the Council for Trade in Services on 19 July 1999, S/L/74, 27 July 1999, paras. 6, 24-25。
④ See WTO, Fiscal Implications of the Customs Moratorium on Electronic Transmissions: The Case of Digitizable Goods, JOB/GC/114, 20 December 2016, p.1.

中,约有55%通过电子方式传输①。如此一来,原本要经过海关的有形货物会向线上转移,从而减少政府从可数字化产品中获得的关税收入。但是在实践中,一部分可数字化产品可能仍然保留了有形货物形式,而数字技术也可能会催生更多的可数字化产品,因此,电子传输免关税的适用范围难以预测,也就无法准确计算潜在财政收入损失到底有多少,导致发展中成员不愿将免关税永久化。

第三,电子传输征收关税技术上是否可行。传统上,海关对跨越边境的有形货物征收关税。而电子传输无须跨越海关监管的边境,因此无论是电子传输的载体,还是电子传输的内容,对其征收关税都存在海关估价和申报等方面的困难。印度尼西亚2018年修改法律,将可数字化产品纳入关税产品目录,新增的第99章涵盖了软件、数字产品等无形货物,目前税率为零②。这一举措显示的是印度尼西亚政府保留电子传输关税征收权的意图,不过一旦开始实际征税,就会面临海关估价、申报等技术难题。应当明确的是,新西兰③、澳大利亚④对服务和数字产品的进口征收的商品服务税(GST),以及欧盟将要对跨境在线销售货物和服务征收的增值税(VAT)⑤,实际上并非关税,属于国内税,而电子传输免关税并不适用于国内税、费用和其他收费⑥。

总的来看,各成员在WTO电子商务谈判核心议题上之所以分歧巨大,是因为其中的监管主权和市场准入问题在传统贸易体制下本身就充满争议,数字时代这些争议更加复杂。数字技术广泛应用大大促进了数字及相关产品的贸易,也对原有的监管制度造成了挑战。受数字化影响最大的传统行业,如零售、媒体和金融,往往是管制程度较高的行业。数字技术的采用会干扰甚至绕过这

---

① See Rashmi Banga, Growing Trade in Electronic Transmissions: Implications for the South, UNCTAD Research Paper No. 29, UNCTAD/SER. RP/2019/1, https://unctad.org/en/pages/PublicationWebflyer.aspx?publicationid=2356, visited on 8 February 2020.

② See Riza Buditomo, Intangible Goods are Now Subject to Import Duty, https://www.bakermckenzie.com/en/insight/publications/2018/03/intangible-goods-import-duty-indonesia, visited on 8 February 2020.

③ See New Zealand, Taxation (Residential Land Withholding Tax, GST on Online Services, and Student Loans) Act 2016, Public Act 2016 No 21, Date of assent: 13 May 2016.

④ See Australia, A New Tax System (Goods and Services Tax) Act 1999, Compilation No. 74, Compilation date: 1 July 2017.

⑤ See European Commission, Modernising VAT for Cross-Border E-Commerce, https://ec.europa.eu/taxation_customs/business/vat/modernising-vat-cross-border-ecommerce_en, visited on 10 February 2020.

⑥ See CPTPP, Art. 14.3(2).

些限制,国内规制需要适应数字时代才能实现其公共政策目标,使电子商务领域监管权和市场开放的不确定性显著增加。除了市场准入等贸易治理问题,WTO电子商务谈判还涉及隐私保护、网络安全等互联网治理问题,因此核心议题的争议愈发尖锐。

第三节　WTO电子商务联合声明谈判的推进路径

　　WTO电子商务联合声明谈判参加方之间有关核心议题的分歧,归根到底是规则标准的高低之别。WTO电子商务谈判要弥合各方差距,必须寻求折中的包容性解决方案,为所有利益相关方创造机会并使之从中获益,特别是最不发达成员和中小微企业。谈判达成的协议包容性越强,越有利于市场主体享受缩小数字鸿沟带来的新的市场机遇。包容性的解决方案不是为了达成协议而达成协议,也不是一味强调高雄心水平,而是要在尽可能吸引更多成员参加的同时,积极回应电子商务发展提出的新规则需求,增强WTO在21世纪国际贸易体制中的相关性。为此,除了进一步厘清合法公共政策目标、必要性测试等概念,从而为成员保留合理的国内监管权之外,WTO电子商务谈判形成包容性解决方案还包括如下四方面路径。

一、形成开放式诸边协定

　　《联合声明》的发布使电子商务谈判从多边走向了诸边,有助于WTO在电子商务领域探索制定新规则和推动市场开放,从而得以保持WTO的相关性。

　　更重要的是,相对双边和区域贸易协定而言,WTO电子商务诸边谈判更加契合电子商务和数字贸易的特点。由于电子和数字方式的采用,跨越边境变得非常容易,数据流动、数据技术和数字平台都是如此,电子商务的全球属性几乎是天然的。而双边和区域贸易协定可能会把全球市场分割开来,因此,覆盖面广的协定对电子商务无疑是更优选择。《联合声明》的76个参加方占世界贸易总额的90%[1],后来又有印度尼西亚、沙特阿拉伯等成员陆续加入,如果谈

---

[1] See WTO, DG Azevêdo Meets Ministers in Davos: Discussions Focus on Reform; Progress on E-Commerce, https://www.wto.org/english/news_e/news19_e/dgra_25jan19_e.htm, visited on 8 July 2020.

判能够取得成果,将比以往任何贸易协定都接近于覆盖整个全球电子商务市场。

当然,印度、南非等重要成员仍未加入谈判,表明对诸边路径仍有保留。而且由于参加方的出发点不同,不能排除 WTO 电子商务谈判为了排除搭便车的做法,选择专属式协定的可能性。如果是专属式协定,仅适用于协定参加方,不能基于最惠国待遇惠及非参加方,将偏离电子商务的全球属性。

WTO 电子商务谈判者面临的一个关键问题是谈判的结果将允许发展中成员——包括参与方和非参与方——利用电子商务的潜在利益促进可持续发展①。相对专属式协定,开放式协定是在最惠国待遇基础上实施的,也能够惠及非参加方②,更加契合电子商务的全球属性,更有利于 WTO 电子商务谈判实现"进一步增强企业、消费者和全球经济从电子商务中获益"③的宗旨。因为谈判的非参加方基本上都是发展中和最不发达成员,如果达成开放式协定,他们也可以享受协定带来的好处,但不用承担义务,从而有助于其融入全球电子商务、嵌入全球价值链。而且如果开放式协定包含加入机制,并确保市场准入和国民待遇承诺与 GATS 相容④,即以正面清单承诺方式为基础,最终还有可能实现多边化。考虑到如果采用负面清单方式,由于数字技术催生的新兴服务将自动对外开放,这将对发展中成员带来相当大的挑战,因此正面清单模式更适合 WTO 电子商务谈判。

当然,如果开放式诸边协定是单独签署的协定,那么与现有 WTO 规则的关系又会引发争论,即 GATT、GATS 等是否以及如何适用于电子商务?争论的根源同样是数字产品到底是货物还是服务。美国 FTA 将电子商务章独立于货物贸易和服务贸易章节之外,并且明确"数字产品的定义不得被理解为缔约方表达数字产品属于商品还是服务的观点",本意是搁置争议,但是在实际案

---

① See UNCTAD, What is at Stake for Developing Countries in Trade Negotiations on E-commerce? The Case for Joint Statement Initiative, 2021, p.vii.
② 关于专属式协定和开放式协定的讨论,参见 Rudolf Adlung & Hamid Mamdouh, Plurilateral Trade Agreements: An Escape Route for the WTO? WTO Working Paper ERSD-2017-03, https://www.wto.org/english/res_e/reser_e/ersd201703_e.htm, visited on 5 February 2020.
③ See WTO, Joint Statement on Electronic Commerce, WT/L/1056, 25 January 2019.
④ See Bernard M. Hoekman & Petros C. Mavroidis, WTO "à la carte" or "menu du jour"? Assessing the Case for More Plurilateral Agreements, 26(2) The European Journal of International Law 319-343(2015).

例中,这一问题肯定无法回避。加拿大期刊案①和中国视听产品案②都确认,货物和服务不是相互排斥的,GATT 和 GATS 可以共存。不过,当相关规则出现冲突时,就出现了哪个协议优先适用的问题,法律适用的不确定性仍然存在。而且数字技术发展使货物和服务之间的界限越来越模糊,法律适用的冲突更加尖锐。因此,WTO 电子商务谈判应当尽可能明确电子商务的定义、范围及其与 WTO 协定的关系,以减少法律规则的模糊性。

二、采用灵活的承诺框架

美国坚持 WTO 电子商务谈判必须达成适用于所有参加方的高标准协定,反对适用特殊和差别待遇③。考虑到参加方发展程度、技术水平和监管能力的差异,WTO 电子商务谈判不可能达到美国的高雄心水平。因此,不少参加方提出谈判应采用灵活的承诺框架。例如,日本主张采用双轨制承诺方式,欧盟主张采用"点菜式"谈判框架,以适应不同成员的诉求④。双轨制将参加方分为两类,一类参照美式高标准,另一类可相应降低承诺水平。双轨制对应的是谈判中深层和浅层两类规则之争,但并非按发达成员和发展中成员划分,因为跨境数据流动等争议不完全是南北矛盾。贸易协定包含不同层次的承诺在《WTO 贸易便利化协定》中已有先例⑤。"点菜式"则来源于东京回合的诸边协定谈判,所谓的"点菜式 GATT"是相对乌拉圭回合的一揽子协定而言的⑥。在此,"点菜式"应当是指参加方可以挑选其愿意接受的条款。

---

① See WTO, Canada-Certain Measures Concerning Periodicals (Canada-Periodicals), WT/DS31/AB/R, 30 June 1997, para. 5.17.
② See China-Measures Affecting Trading Rights and Distribution Services for Certain Publications and Audiovisual Entertainment Products (China-Audiovisuals), Appellate Body Report, WT/DS363/AB/R, 21 December 2009, para. 195.
③ See Ambassador Dennis Shea, U.S. Permanent Representative to the World Trade Organization, U.S. Statement at the Meeting of the WTO Joint Statement Initiative on E-Commerce, https://geneva.usmission.gov/2019/03/06/u-s-statement-at-the-meeting-of-the-wto-joint-statement-initiative-on-e-commerce/, visited on 2 March 2020.
④ See Inside U.S. Trade, U.S. Participation in E-commerce Initiative Tied to Ambitious Outcome, https://insidetrade.com/daily-news/us-participation-e-commerce-initiative-tied-ambitious-outcome, visited on 2 March 2020.
⑤ 《WTO 贸易便利化协定》将贸易便利化的条款分为 A、B、C 三类,给予发展中和最不发达成员不同的过渡期。See Trade Facilitation Agreement, Section II.
⑥ See John H. Jackson, The Jurisprudence of GATT and the WTO: Insights on Treaty Law and Economic Relations 401 (Cambridge University Press 2000).

与"点菜式"相比,双轨制更有利于维持谈判框架的相对统一。相对美国的主张,双轨制又不失灵活性,有利于缩小谈判差距,促成各方达成协议。需要指出的是,双轨制不是特殊与差别待遇。特殊与差别待遇是给予发展中成员的。而在双轨制中,发达成员可能就某一条款做出较低水平承诺,例如,鉴于欧盟在跨境数据流动规则上的谨慎立场,可能会降低承诺水平;发展中成员也可能在具体条款上做出较高水平承诺,例如,考虑到电子传输免关税的潜在损失不大以及对电子传输征收关税在技术上不太可行,为了推动谈判顺利进行以及出于利益交换需要,中国不是不可以接受电子传输免关税永久化。

三、达成高标准软法规范

软法是相对硬法而言的,是对法律化的三要素,即义务、精确度和授权的弱化[1]。软法有多种表现形式,这里所说的软法是指缔约方承担的义务不具有法律约束力。软法尽管一直因缺乏执行力而受到批评,却普遍存在于国际法中,不仅是作为硬法的过渡安排,也是因为软法更容易形成,在对国家主权造成挑战的问题上尤其如此。所以软法常见于环境、人权等具有高度国际共识却又极度敏感、存在相当多立法"瓶颈"的领域[2]。在 WTO 电子商务谈判中,跨境数据流动也属于此类问题,因其涉及网络安全等问题而具有相当的复杂性和敏感性,但对其重要性又有着广泛共识。如果坚持达成有约束力的跨境数据流动规则,很有可能导致谈判僵局甚至走向破裂。在这种情况下,软法规范不失为可行的选择。

发展中成员普遍对达成高标准电子商务规则的软法规范乐见其成。对美国而言,接受软法规范也并非不可能。《美国-韩国FTA》第15.8条就是典型的软法规范,仅要求缔约方应努力避免对跨境数据流动施加或维持不必要的障碍。而且2018年美国和韩国重新谈判FTA时,并未升级跨境数据流动条款,说明美国能接受跨境数据流动规则的软法规范。对于禁止数据本地化、电子传输免关税永久化等高标准规则,也可采用类似做法。随着电子商务不断发展深化,未来软法规范可以逐步向硬法规范过渡。

---

[1] See Kenneth W. Abbott & Duncan Snidal, Hard and Soft Law in International Governance, 54(3) International Organization 421-456(2000).
[2] 参见万霞:《国际法中的"软法"现象探析》,载《外交学院学报》2005年第1期,第94—99页。

四、提供充分的技术援助

缺乏相应的执行能力,也是发展中和最不发达成员缔结贸易协定的障碍。如果贸易协定有技术援助和能力建设机制,把发展中和最不发达成员履行协定义务与执行能力联系起来,将使其参与机会大大增加。《WTO贸易便利化协定》是多边贸易体制历史上首次写入技术援助条款的协定,规定捐助方成员可以按照双方或通过国际组织商定的条件,为发展中和最不发达成员的能力建设提供帮助和支持[1]。在电子商务规则中,电子签名和认证、无纸化贸易、在线消费者保护、个人信息保护等都要求缔约方具备相匹配的执行能力,而发展中和最不发达成员在与此相关的国内法律法规制定、执法机构组建以及执法机构之间的国际合作等方面尤为欠缺。对此,建议WTO电子商务谈判纳入技术援助条款,切实解决发展中和最不发达成员的执行能力关切,吸引更多的WTO成员加入谈判。

---

[1] See WTO Trade Facilitation Agreement, Art. 21.

第七章

跨境数据流动议题

跨境数据流动条款无疑是最为重要的数字贸易规则。跨境数据流动议题的相关争议也最大,甚至已经成了大国博弈的前沿阵地,跨境数据流动规则在博弈中寻求平衡。跨境数据流动规则制定权争夺的背后,是各国跨境数据流动规制政策考量的分歧以及不同规制路径之间的抉择。

第一节 跨境数据流动的规制路径

各国对跨境数据流动的规制有多种方式,包括限制数据的跨境流动、要求数据本地化以及限制网络访问等。其中,前两种方式最为普遍。无论哪种跨境数据流动规制方式,一般都是针对特定类型的数据,广泛针对所有数据的规制措施十分少见。

一、如何理解跨境数据流动

随着数字技术的快速发展,数据在数字经济中的作用越来越大,各方对跨境数据流动的关注度也越来越高。其实,国际上关于跨境数据流动的讨论早已有之。20世纪七八十年代,跨境数据流动已经在国际议程上占据重要位置。例如,OECD于1980年通过了《OECD隐私保护和个人数据跨境流动指南》。当时,有关跨境数据流动的讨论重点主要是个人数据和隐私保护问题。过去10年来,随着数据作为一种战略资源的作用不断凸显,对于跨境数据流动的争论也已转向与经济和贸易相关的方面。

虽然跨境数据流动在法律和政策制定中变得越来越重要,但对其中最基本的问题即跨境数据流动的定义并没有形成共识。贸易协定的跨境数据流动条款也没有界定何为跨境数据流动。世界经济论坛(WEF)认为,跨境数据流动是跨越边境或不同国际市场的畅通无阻的数据传输①。但是，由于数据不通过海关跨境，而且跨境数据流动的技术路径相当复杂，因此确定数据如何跨越边境十分困难。在互联网上传输的数据以"数据包"的形式通过不同的本地、区域或国际网络进行路由。鉴于数据以光速传播，并且几乎所有数据的确切路径仅在传输时才确定，因此实际上不可能确定特定数据包何时何地跨越边境。所以根据这一定义很难判断数据是如何跨境的。美国商业软件联盟（BSA）则将跨境数据流动定义为位于不同国家/地区的服务器之间的数据传输②。当一个数据包流经一个国家时，它都会经过一个数据中心，在那里会在网络服务提供商自己的网络基础设施中转发，或者在互联网交换中心与另一个网络服务提供商的网络进行交换，以此确定跨境数据流动的物理入口和出口③。这样就可以明确数据流动的起点和终点，更具可操作性。值得注意的是，世界经济论坛和美国商业软件联盟的定义都将数据的"流动"界定为"传输"，即实际发生数据的传输行为，从而将数据的远程访问排除在外。后一种情况下数据仍处于境内，但境外访问者已经获知数据内容。不过，对于跨境数据流动是否包括跨境数据访问，在实践中是有争议的。

对于跨境数据流动和数字贸易关系的理解，也是在数字贸易规则框架下讨论跨境数据流动议题的基础。OECD、WTO 和 IMF 联合发布的《数字贸易测度手册》强调数据和贸易相互作用但又有不同，指出"未直接货币化的数据流动在当前统计标准中通常不被视为贸易流，例如，在社交网络上提供的个人信息或公司在物联网中捕获的数据"④。也就是说，非货币化的信息和数据不被视为统计学意义上的数字贸易。只有交易数据以市场价格在买卖双方之间流动才能被纳入数字贸易统计框架，如网上银行或广告，以及涉及充当买卖双方中介的数字平台的服务交易。而现实中大多数跨境数据流动都是非货币化的，如政府通信等纯粹的非商业数据流动，企业之间或内部免费交换的供应链、人员等商业数据，以及向终端用户免费提供电子邮件、搜索引擎、社交媒体

---

① See WEF, A Roadmap for Cross-Border Data Flows: Future-Proofing Readiness and Cooperation in the New Data Economy, World Economic Forum White Paper, June 2020.
② See Business Software Alliance, Cross-border Data Flows, https://www.bsa.org/policy-filings/cross-border-data-flows, visited on 15 December 2021.
③ See UNCTAD, Digital Economy Report 2021 – Cross-border Data Flows and Development: For Whom the Data Flow, 2021, p.95.
④ See OECD, WTO and IMF, Handbook on Measuring Digital Trade, Version 1, 2020, p.24.

等数据和服务①。即便如此,数字贸易的开展离不开跨境数据流动,无论是货币化的还是非货币化的。所以,尽管大部分跨境数据流动不能被纳入数字贸易统计框架,跨境数据流动议题仍然是数字贸易规则的核心。

二、数据分类：规制跨境数据流动的基点

由于跨境数据流动十分复杂,跨境数据流动规制是摆在各国面前的一道难题。尽管各国数据保护法规制跨境数据流动的方法各不相同,但对数据进行分类管理已经被越来越多的国家所接受。对不同类型的数据进行区分非常重要,因为这可能是数据在跨境流动时区别对待的基础。数据可以根据不同的维度分为不同的类型,如个人数据和非个人数据、商业数据和政府数据、敏感数据和非敏感数据等等。实践中,跨境数据流动规制措施多数针对的是几类特定的数据,主要涉及个人数据以及特定部门数据。

（一）个人数据

个人数据是跨境数据流动规制措施适用最多的一类数据,据欧洲国际政治经济中心(ECIPE)统计,有三分之一以上的措施适用于个人数据②。在个人数据跨境流动的规制措施中,影响最为广泛的是欧盟的 GDPR,日本、巴西、南非等国家采取与之相似的国际传输机制。不过,巴西拟引入《通用数据保护法修正案》,要求将所有个人数据存储在巴西境内,且当数据存储在境外时,禁止使用云计算进行任何处理操作③。俄罗斯个人数据跨境流动立法也备受关注,2014 年《关于修改系列法律以明确信息通信网络个人数据处理规范的第 242 号法令》(以下简称第 242 号法令)明确了数据本地留存制度,要求任何收集俄罗斯公民个人信息的运营者必须将数据存储在位于俄罗斯境内的数据库上④,

---

① See U.S. Department of Commerce, Measuring the Value of Cross-Border Data Flows, September 2016, p.7.
② See Martina F. Ferracane, Restrictions on Cross-Border Data Flows: a Taxonomy, ECIPE Working Paper No. 1/2017, p.9.
③ See Data Guidance, Brazil: Bill on Data Localisation and Appointment of ANPD Members Introduced into Chamber, https://www.dataguidance.com/news/brazil-bill-data-localisation-and-appointment-anpd, visited on 31 December 2021.
④ See Federal Law No. 242-FZ of July 21, 2014 on Amending Some Legislative Acts of the Russian Federation in as Much as It Concerns Updating the Procedure for Personal Data Processing in Information-Telecommunication Networks, Art. 1.

但不影响个人数据跨境传输的现行法律法规①。印度 2019 年《个人数据保护法案(草案)》强制要求在印度境内存储所有个人数据的一份副本,敏感个人信息在符合特定条件的情况下方可跨境传输,关键个人信息在任何情况下都不得出境,只能在印度境内存储和处理②。在实践中,由于业务处理中使用的大多数数据集或多或少地包含一些个人数据,而区分个人数据和非个人数据在技术和成本上均不可行,特别是随着物联网、人工智能等技术的广泛应用,个人数据和非个人数据越来越密切地联系在一起。许多小公司没有足够的资源来分别存储处理这两种类型的数据,因此被迫对整个数据集采用最高标准,从而导致额外的成本并降低其综合竞争力。可见,适用于个人数据的措施实际上可能也会适用于非个人数据。

(二) 金融数据

金融数据也是规制措施较多的数据类别之一。其中,有关支付数据的措施越来越多,因为国家支付系统往往被视为关键基础设施,使用全球支付网络可能存在系统性、地缘政治和主权等风险。例如,2018 年印度储备银行颁布规定,强制要求所有支付系统提供者将全部支付系统数据存储在印度,该数据应包括作为消息或支付指令的一部分收集、携带、处理的端到端交易完整细节或信息。对于交易的国外部分,如有需要,数据也可以存储在印度境外③。该规定不限制在境外处理支付交易数据,但是处理后的数据应仅存储在印度。如果在境外进行处理,则应从境外系统中删除数据,并在支付数据处理后一个工作日或 24 小时内(以较早者为准)将数据传回印度④。又如,2020 年智利金融市场委员会发布新规定《银行标准汇编更新》,要求"重要"或"战略"的数据外包必须存储在智利。第 2 号通知也明确了同样的要求,针对的是非银行支付卡发行

---

① 2015 年 8 月,俄罗斯通信和大众传媒部发布指南,具体阐明了第 242 号法令新的数据本地化要求。指南主要以常见问题解答的形式用俄语公布在官网上。See Duane Morris, Russia's New Personal Data Localization Law Goes into Effect, https://www.duanemorris.com/alerts/russia_personal_data_localization_law_goes_into_effect_1015.html, visited on 24 February 2022.
② See The Personal Data Protection Bill, 2019, Bill No. 373 of 2019, Art. 33 & 34.
③ See Reserve Bank of India (RBI), Storage of Payment System Data, DPSS. CO. OD. No. 2785/06.08.005/2017-18, April 6, 2018.
④ See Reserve Bank of India (RBI), Frequently Asked Questions-Storage of Payment System Data, https://m.rbi.org.in/Scripts/FAQView.aspx?Id=130, visited on 29 December 2021.

商和运营商①。再如,2018 年韩国修订《电子金融交易监管条例》,扩大金融部门使用云服务的数据的范围,但金融服务委员会要求将此类数据保存在位于韩国境内的服务器上②。

(三) 商业记录

商业记录一般包括会计、税务、财务等数据。有关商业记录数据的措施通常是本地存储要求,以方便政府快速访问此类数据。许多欧洲国家采取此类措施。例如,1997 年《芬兰会计法》规定,会计记录的副本必须存储在芬兰。如果能确保立即访问,数据可以存储在另一个欧盟成员国③。又如,德国 2013 年《增值税法》规定,所有增值税发票必须存储在德国境内。当增值税发票以电子方式存储时,可以存储在另一个欧盟成员国,但是必须将数据服务器的位置通知税务机关,且税务机关必须有访问和下载数据的能力④。

(四) 政府和公共数据

根据荷兰 1995 年《公共记录法》规定,本地化要求适用于必须存储在荷兰特定地点档案中的公共记录,该规定同时适用于纸质和电子记录⑤。2012 年印度颁布《国家数据共享和可访问政策》,要求政府数据(政府机关所有的数据和/或使用公共资金收集的数据)必须存储在本地数据中心;此外,1993 年《公共记录法》禁止将公共记录传输至印度境外,为了公共目的除外⑥。

(五) 电信和互联网服务数据

2015 年德国修订《电信法》,要求电信提供商必须在德国境内的服务器上

---

① See CCIA, Comments regarding Foreign Trade Barriers to U. S. Exports for 2021 Reporting, https://www.ccianet.org/wp-content/uploads/2020/10/USTR-2020-0034-CCIA-Comments-on-2021-National-Trade-Estimates-Report.pdf, visited on 29 December 2021.
② See Korean Financial Services Commission, Amendments Proposed to the Regulation on Supervision of Electronic Financial Transactions, 2018-273, September 20, 2018.
③ See ECIPE Digital Trade Estimates Project, Finland-Restrictions on Cross-Border Data Flows, https://ecipe.org/dte/database/?country=FI&chapter=829&subchapter=830, visited on 27 December 2021.
④ Ibid.
⑤ Ibid.
⑥ See India Department of Science and Technology, National Data Sharing and Accessibility Policy, https://dst.gov.in/national-data-sharing-and-accessibility-policy-0, visited on 28 December 2021.

存储有关电话号码、通信时间和地点(电子邮件除外)以及涉及 IP 地址的数据 4~10 周①。又如,2016 年俄罗斯颁布《反恐法修正案》,要求所有电信运营商和互联网公司必须将通信内容(包括语音数据、文本消息、图片、声音、视频或其他通信)在俄罗斯保留 6 个月,电信运营商必须将通信元数据保留 3 年,互联网公司必须将通信元数据保留 1 年②。

(六) 健康和遗传数据

中国《人口健康信息管理办法(试行)》规定,不得将人口健康信息在境外的服务器中存储,不得托管、租赁在境外的服务器③。阿联酋 2019 年《健康数据法》规定,与在阿联酋提供的健康服务有关的健康信息和数据不得在境外存储、处理、产生或传输,除非健康部门经与卫生部门协调后发布决定所确定的情况④。2021 年,阿联酋卫生和预防部发布决议,列出了允许健康数据跨境传输的例外情况,但一般禁令仍然有效⑤。值得注意的是,一些国家虽然限制个人健康数据的流出,但尚不清楚健康数据是否仅限于医疗记录,或者还包含可以通过智能手表等物联网产品或仅通过观察个人的浏览行为来跟踪的健康相关信息⑥。

(七) 地图数据

韩国 2016 年《空间数据建立和管理等法案》禁止在国外存储高分辨率图像

---

① See ECIPE Digital Trade Estimates Project, Germany-Restrictions on Cross-Border Data Flows, https://ecipe.org/dte/database/? country = DE&chapter = 829&subchapter = 830, visited on 27 December 2021.
② See Federal Law No 374 – FZ "On the Introduction of Amendments to the Federal Law 'On Combating Terrorism' and Certain Legislative Acts of the Russian Federation to Establish Additional Measures to Combat Terrorism and Ensure Public Safety", Art.11, 13, 15.
③ 参见《人口健康信息管理办法(试行)》第 10 条。
④ See UAE Federal Law No. 2 of 2019, Art. 13.
⑤ See Kellie Blyth, UAE: Health Data Law-Permitted Transfers of Health Data, Baker McKenzie law firm, July 7, 2021, https://me-insights.bakermckenzie.com/2021/07/07/uae-health-data-law-permitted-transfers-of-health-data/, visited on 30 December 2021.
⑥ See Anja Kovacs & Nayantara Ranganathan, Data Sovereignty, of Whom? Limits and Suitability of Sovereignty Frameworks for Data in India, Data Governance Network Working Paper, No. 3, November 2019, https://datagovernance.org/files/research/1606371623.pdf, visited on 3 March 2022.

和相关地图数据①。中国 2015 年《地图管理条例》规定，互联网地图服务单位应当将存放地图数据的服务器设在中国境内，并制定互联网地图数据安全管理制度和保障措施②。

必须明确的是，数据类型之间的界限有时是模糊的，而且按照数据类别进行划分，并不能识别特定国家并由此判定其对所有数据的监管方法，因为通常一个国家可能会根据不同的数据类型采取不同的规制方法。例如，某国可能会对个人数据跨境传输适用自由流动的方法，但可能会限制与健康相关的个人数据的传输。同时应当关注，一些国家越来越倾向于采用比较宽泛的概念进行划分，如"敏感数据""重要数据""核心数据"等，这往往与国家安全密切相关，但也会对商业数据产生影响。尽管许多法律法规和政策文件都使用了上述概念，但这些概念可能有不同的含义和上下文。例如，印度和巴基斯坦没有定义"关键个人数据"的含义③。再者，重要数据及核心数据经常与关键基础设施联系在一起，但后者的定义在不同国家也有所不同。对这些关键术语缺乏清晰的定义可能会导致不确定性，并对消费者和企业产生不利影响，尤其是导致跨国公司和从事国际贸易的中小企业的合规成本大大增加。

三、跨境数据流动的规制方式

跨境数据流动主要有两种规制方式：一是限制数据的跨境流动，即数据跨境流动必须符合特定条件；二是数据本地化，即要求某类数据在本地存储或处理。这两种规制方式互不相同，但又有着紧密联系且有时很难严格区分：限制数据的跨境流动可能会导致数据本地化，完全禁止数据传输相当于事实上的本地存储和处理要求；反过来，实施数据本地化要求也会限制数据的跨境流动，因为企业从外国供应商转向国内供应商以存储并处理在某个国家/地区境内收集的数据，从而可能影响跨境数据流动的程度，但是本地存储要求不一定对应于禁止跨境传输。

（一）限制数据跨境流动

在实践中，限制数据跨境流动的方法可以概括为以下四种模式。这些规制

---

① See Act on the Establishment, Management, etc. of Spatial Data, Act No. 13796, Jan. 19, 2016, Art. 16.
② 参见《地图管理条例》第 34 条。
③ See India's Personal Data Protection Bill 2019; Pakistan's Draft Personal Data Protection Bill 2020.

方式并不是相互排斥的,不同的方法可以适用于不同类型的数据。例如,健康数据可能比产品维护数据的规制更加严格。

第一类:没有限制。在这种情况下,数据可能会畅通无阻地流出。不过,没有跨境传输的相关规定,往往是因为缺乏数据保护立法。许多最不发达国家就是如此,由于没有实施任何影响跨境数据流动的法规,默认数据可以跨境自由流动,因为它们不受监管①。但是,没有限制不一定会促进跨境数据流动,反而可能会因为缺乏保障影响其他实体或国家向其传输数据的意愿,进而影响数据流入。

第二类:事后问责制。美国是这种模式的典型代表。这种模式不禁止数据跨境传输,也不要求事先公开授权或满足特定条件,但是会规定数据出口商的事后问责制,如果传输到国外的数据被滥用,出口商应承担相应法律责任。事后问责制的限制相对较少,不对数据的跨境传输施加任何具体的合规要求。美国跨境数据流动监管方式背后的一个重要动机是保持其在全球数字市场的领先地位并进一步扩展到新市场,因为美国在数据驱动型产品和服务方面已经渗透到大多数国家市场,这创造了一个"正反馈循环",意味着美国公司可以收集的数据越多,数据产品就越好,因此在全球市场上取得成功的能力就越大②。然而,美国对跨境数据流动并非没有任何限制。美国对与国防相关的数据采取了严格的本地化政策,要求任何向其国防部提供云服务的公司必须仅在境内存储数据③。此外,虽然没有对数据流动进行普遍限制,但是美国采取清洁网络计划,通过限制不受信任的电信运营商、应用程序和云服务,特别是来自中国的云服务,保护关键资产免受外国干扰并保护个人隐私④。因此,尽管美国对跨境数据流动总体上采取自由政策,对特定的国防和国家安全问题仍然有限制。

---

① 最不发达国家数据保护立法情况可参见联合国贸发会议网站。See UNCTAD, Cyberlaw Tracker, https://unctad.org/page/data-protection-and-privacy-legislation-worldwide, visited on 14 June 2022.
② See Steven Weber, Data, Development and Growth, 19(3) Business and Politics 397-423 (2017).
③ See United States Department of Defense, Defense Federal Acquisition Regulation Supplement: Network Penetration Reporting and Contracting for Cloud Services, DFARS Case 2013-D018, www.federalregister.gov/documents/2015/08/26/2015-20870/defense-federal-acquisitionregulation-supplement-network-penetration-reportingand-contracting-for.
④ See United States Department of State, Announcing the Expansion of the Clean Network to Safeguard America's Assets, 5 August 2020, https://2017-2021.state.gov/announcing-the-expansion-of-the-clean-network-to-safeguard-americas-assets/index.html, visited on 14 June 2022.

除美国之外,加拿大①、新加坡②、澳大利亚③等国家也采取的是事后问责制。

第三类:基于充分保障的有条件流动。这一模式主要为欧盟所采用。该模式对数据跨境传输规定了一系列预授权条件。在个人数据和隐私保护方面,根据 GDPR,预授权条件主要是获得欧委会的充分性认定,未能获得充分性认定的,企业可以根据标准合同条款、约束性公司规则等替代性机制传输数据④。在非个人数据方面,欧盟《数据治理法案》包含将非个人数据传输到非欧盟国家的具体规定,遵循与 GDPR 充分性决定类似的方法,为欧盟的公共数据跨境传输制定了严格的监管框架⑤。与美国侧重于私营部门对数据的控制不同的是,欧盟强调个人对数据的控制。因此,基于对欧盟基本权利和价值观的保护,欧盟对数据驱动的数字经济采取了强有力的监管方法,对跨境数据流动的监管也比事后问责制严格得多,并且非常注重保护个人数据和隐私保护。而且在数据主权战略下,欧盟对个人数据和隐私的严格保护正在逐步影响对非个人数据的监管。

第四类:基于个案评估的有条件流动。中国采取的是这一模式。这种模式下,某些数据传输须经主管机关审查和批准,数据能否出境,取决于个案评估的结果。个案评估主要适用于特定个人数据和重要数据。中国《网络安全法》要求关键信息基础设施运营者在中国境内运营中收集和产生的个人信息和重要数据应当在境内存储,因业务需要,确需向境外提供的,应当进行安全评估⑥。中国《个人信息保护法》要求关键信息基础设施运营者和处理个人信息达到国家网信部门规定数量的个人信息处理者,应当将在中国境内收集和产生的个人信息存储在境内,确需向境外提供的,应当通过安全评估⑦。此外,中国对特定行业的数据出境限制也有多项措施,包括健康信息⑧、征信机构收集的

---

① See Personal Information Protection and Electronic Documents Act (S.C. 2000, c. 5) (Canada), Principle 1, schedule I, section 4.1.3.
② See Personal Data Protection Act (Singapore), Section 26.
③ See Privacy Act 1988 (Australia), Australian Privacy Principle 8.
④ See GDPR, Art. 45-49.
⑤ See Regulation (EU) 2022/868 of the European Parliament and of the Council of 30 May 2022 on European Data Governance and Amending Regulation (EU) 2018/1724 (Data Governance Act) (Text with EEA Relevance).
⑥ 参见《网络安全法》第 37 条。
⑦ 参见《个人信息保护法》第 40 条。
⑧ 参见《人口健康信息管理办法》第 10 条。

信息①、商业银行收集的个人信息②、网约车平台公司收集的个人信息和业务数据③以及对国家秘密跨境传输的一般限制④等。中国跨境数据流动监管模式以网络安全在国家安全中的核心作用为依据，相对来说限制程度较高。

(二) 数据本地化

近年来，数据本地化措施正在全球蔓延，更多的国家针对越来越多的数据类型采取本地化措施。据美国信息技术与创新基金会统计，2017—2021 年本地化措施的数量翻了一番，从 2017 年的 35 个国家/地区实施了 67 项措施，发展到 2021 年的 62 个国家/地区实施了 144 项措施，还有数十项正在考虑中⑤。同时，事实上的数据本地化措施也在不断增加，即跨境数据传输的监管措施非常复杂或不确定，导致企业基本别无选择，只能将数据存储在本地。例如，施雷姆斯第二案后，欧洲数据保护委员会发布的有关将个人数据从欧盟传输至第三国的指南草案实际上可能会导致数据本地化⑥。

根据限制程度不同，数据本地化措施可以被大致分为四类。当然，即使在一个国家内，不同的本地存储和处理规则也可以适用于不同类型的数据。不过，与限制数据跨境流动不同的是，数据本地化并没有形成有代表性的特定模式。

第一类是无本地化要求，即不需要在本地存储数据。尽管近年来越来越多的国家采取数据本地化措施，但不作要求的做法仍然相对常见，因为本地存储需求较少并且针对的是特定部门。

第二类是本地存储要求，即要求将数据副本存储在该国境内。在这种情况下，只要满足将数据副本保存在境内的条件，数据可以向境外传输。根据是否允许境外存储，本地存储要求又分为两种不同的做法：一种是允许境外存储和处理；另一种是不允许境外存储，但处理可以在境外进行，处理后数据必须返回

---

① 参见《征信业管理条例(试行)》第 24 条。
② 参见《关于银行业金融机构做好个人金融信息保护工作的通知》第 6 条。
③ 参见《网络预约出租汽车经营服务管理暂行办法》第 27 条。
④ 参见《保守国家秘密法》第 28 条。
⑤ See Nigel Cory & Luke Dascoli, How Barriers to Cross-Border Data Flows Are Spreading Globally, What They Cost, and How to Address Them, https://itif.org/sites/default/files/2021-data-localization.pdf, visited on 2 September 2021.
⑥ See EDPB Recommendations 01/2020 on Measures that Supplement Transfer Tools to Ensure Compliance with the EU Level of Protection of Personal Data, adopted on 10 November 2020.

本国进行存储。此要求一般适用于企业的会计、财务数据,作为传统数据保留政策的延续,目的是确保监管机构调取数据时不会遇到与管辖范围相关的问题。例如,1999年瑞典《会计法》要求公司的年度(财务)报告和资产负债表等文件必须在瑞典实际存储七年[①]。

第三类是本地处理要求,即除了本地存储外,还将本地化要求扩展到数据处理。在这种情况下,企业需要使用位于该国境内的数据中心来进行数据的主要处理。因此,企业需要自建数据中心或寻求本地数据处理解决方案提供商。当然,企业仍然可以在主要处理后将数据传输到境外,如发送给母公司。俄罗斯第242号法令采取的就是这一做法,即只要遵守俄罗斯有关个人数据的其他法律,俄罗斯公民的个人数据可能会被传输至俄罗斯境外。但是,俄罗斯公民的个人数据必须首先在俄罗斯数据库("主数据库")中"记录、系统化、累积、存储、修改、更新和检索",然后才可以传输到俄罗斯以外的其他数据库("辅助数据库")。此类个人数据的辅助数据库可用于备份等目的。受法律约束的俄罗斯公民在国外的所有个人数据也必须存储在俄罗斯数据库中。换句话说,国外可用的辅助数据库不应拥有在俄罗斯的主数据库中找不到的唯一信息。但法律不限制远程访问位于俄罗斯的数据库[②]。

第四类是本地存储处理要求并附有流动限制。这是最严格的数据本地化要求,即必须在境内存储、处理和访问数据,向境外传输和/或处理这些数据必须满足特定条件。这种政策通常适用于被认为特别敏感的特定数据,如健康或财务数据。澳大利亚2012年《个人控制电子健康记录法案》要求个人控制的电子健康记录由本地数据中心处理,因此,不得在澳大利亚境外持有或处理任何电子健康信息,除非不包括与消费者有关的信息或可识别个人或实体的信息[③]。

总的来看,全球范围内跨境数据流动规制呈现出明显的监管差异,不同国家对不同类型的数据采取了不同的规制措施。跨境数据流动具体规制措施在

---

① See ECIPE Digital Trade Estimates Project, Sweden-Restrictions on Cross-Border Data Flows, https://ecipe.org/dte/database/?country=SE&chapter=829&subchapter=830, visited on 21 February 2022.
② See Duane Morris, Russia's New Personal Data Localization Law Goes into Effect, https://www.duanemorris.com/alerts/russia_personal_data_localization_law_goes_into_effect_1015.html, visited on 24 February 2022.
③ See Personally Controlled Electronic Health Record Act of 2012, Select Legislative Instrument 2012 No. 129, Art. 77.

制定和实施当中有很大差异，主要是各国形成跨境数据流动规制框架所面临的政策选择异常复杂。而且在许多经济体看来，规制措施背后的政策考量体现的是法律的最高价值，如个人数据和隐私保护之于欧盟是不能谈判的。

第二节　跨境数据流动规制的政策考量

近年来，越来越多的国家出于不同的政策考量，加强对跨境数据流动的规制。这些政策考量既有从个人角度出发的，如个人的数据保护和数据安全；也有从国家层面出发的，如国家安全、数据主权和司法管辖等；还有从社会层面出发的，如经济发展等。当然，不同的政策考量之间有可能会相互关联，甚至存在交叉重叠，因为一个国家对跨境数据流动的规制本来就有多重考量。

一、数据保护与数据安全

在实践中，多数国家跨境数据流动限制针对的都是个人数据，明确限制非个人数据的跨境传输的相对较少，除非涉及高度敏感的行业。因此，个人数据保护是多数国家的主要政策考量。但是，根据各国国内法的界定，个人数据的范围可以相当广泛。例如，GDPR 将个人数据定义为包括与可识别的人相关的任何信息[①]，由于数据分析工具对个人进行去匿名化变得更加容易，如此一来，原本在数字交易中可以构成非个人数据的匿名数据集也会被视为个人数据。

一般而言，对个人数据跨境传输的限制往往出于两个目的：一是确保个人数据处理者无法规避国内数据保护法的义务，无论是外国公司或本国公司均是如此，比如通过将数据传输到法律更宽松的国家来规避义务；二是保护个人的隐私权，并为消费者提供适当的补救措施，以防止其消费者权利受到侵犯，包括经济损失和大规模侵犯隐私权。后者对于健康和金融等敏感部门尤其重要，因此，一些国家对这些部门提出了数据本地化或有条件的数据传输要求。

数据安全也已成为限制跨境数据流动的重要考量。数字时代，物联网、云计算、人工智能等数据驱动型技术进一步发展，随之而来的是网络恶意侵入和恶意代码传播等安全事件频发，引发各国对数据安全的普遍忧虑。为了确保数

---

① See GDPR, Art. 4(1).

据安全,特别是鉴于关键基础设施对互联网和数字技术日益依赖,保护关键基础设施数据安全的重要性愈发凸显,政府往往倾向于本地存储数据,以最大程度地确保其国内关键基础设施的数据安全和弹性。为此,中国、印度尼西亚、沙特、越南等在其网络安全法律和政策中引入了严格的数据传输限制。

在此,数据安全主要是指与数字技术相关的技术安全问题,例如,保护网络免受网络威胁或确保网络的完整性。对数据驱动型技术安全性的担忧不足为奇,因为许多数字技术仍处于萌芽状态,极易受到网络威胁,进而极大地影响通信、金融等敏感行业。但是,这里所指的数据安全不是国家安全问题,后者包括与数据主权和经济主权等有关的问题。尽管数据安全和国家安全问题之间存在交叉重叠。例如,关键基础设施的网络威胁也可以从国家安全的角度看待,但国家安全往往更加广泛,包括社会稳定、经济安全和自给自足等。

然而,数据自由流动的倡导者认为,数据是否安全不取决于其存储的地点[1]。原因在于:首先,数据安全主要取决于用于保护数据的技术、物理和管理控制,比如设备的强加密和数据中心的周边安全。服务器所处的位置以及服务器拥有者或控制者的国籍,与其安全性无关。解决数据安全问题,应当提高个人和企业的网络安全意识,鼓励其采用良好的网络安全实践。良好的网络安全实践不仅关系到数据本身,也关系到参与管理、保护和访问数据的人员,因为相关人员是大多数网络安全事件的关键,例如未能更新易受攻击的系统。

其次,数据控制者很难通过将数据传输到国外来规避国内法的相关规定,因此无须通过限制跨境数据流动或数据本地化来强制其遵守国内法。有了国内相关法律及合同,仍然可以让数据控制者对其如何使用数据负责。因为大多数在一个国家开展业务的企业,包括所有国内企业和大多数外国企业,与所在国之间必然形成法律联结,使企业置于所在国的管辖权之下。

再次,数据本地化实际上会破坏数据安全。数据本地化将阻止数据共享以进行协调,从而影响识别IT系统漏洞并帮助企业检测和响应网络攻击。共享系统漏洞信息将帮助网络安全服务提供商识别漏洞。数据本地化也导致服务提供商无法使用网络安全最佳实践,比如将存储在一个数据中心的数据分散存储到多个数据中心的"分片"模式。一般认为,虽然云计算不能保证完全安全,但它可能会带来更好的安全性。因为实施强大的安全计划需要资源和专业知

---

[1] See Daniel Castro, The False Promise of Data Nationalism, December 2013, http://www2.itif.org/2013-false-promise-data-nationalism.pdf, visited on 26 February 2022.

识,中小微企业往往缺乏这些资源和专业知识,而大型云服务提供商更有能力提供这种保护。例如,某些云服务提供商为用户提供高级加密工具,允许他们在上传数据之前保留和使用加密密钥,从而防止包括云服务提供商在内的第三方访问其数据。

二、国家安全和数据主权

随着数字技术特别是数据驱动型技术广泛应用于各个领域,数据的经济价值不断凸显,越来越多的国家将数据视为战略资产。许多国家认为,跨境数据流动导致对其他国家或全球数字平台失去控制。因此,跨境数据流动也与国家安全和国家主权联系在一起,国家对数据主权的关切日益增加。

跨境数据流动的国家安全问题远远超出了技术安全问题,涉及社会稳定、技术或经济的独立自主等。一方面,控制数据流动可以作为一国防御非法外国监控的重要手段,无论是商业的还是政府的。2013年斯诺登事件引发了一波数据本地化浪潮,一些国家对外国政府获取数据的担忧导致全球范围内数据本地化程度走高。另一方面,控制数据流动也可以作为政府掌握数字轨迹、监管数字内容的有用工具。斯诺登丑闻在世界范围内敲响了政府调查人口活动的警钟。然而,私营部门和公共机关同样实施监控,因为公司控制着大量个人数据。不同之处在于,私营部门的监控侧重于数据的商业利用,而政府的监控主要是为了安全和政治控制。为了国家安全,俄罗斯甚至修改了现行法律,允许政府通过本地服务器重新路由所有流量,从而切断俄罗斯互联网与全球网络的联系①。此外,政府强调对数据的主权控制,也是出于保护其经济、政治、社会、文化和宗教价值观多方面的考虑。例如,对社交媒体等网络服务提供商施加的数据本地化义务可以使政府更容易访问用户数据。

近几年来,数字主权和数据主权这两个术语引起了广泛争论。在2011年之前的学术和公共辩论中,"数据主权"的概念几乎不存在②,现在却已成为热点话题。对于数字主权和数据主权的界定,不同国家各不相同,反映的是各自

---

① See Russian State Parliament Bill No. 608767 – 7 On Amendments to the Federal Law "On Communications" and the Federal Law "On Information, Information Technologies and Information Protection", 2019.
② See Stéphane Couture, The Diverse Meanings of Digital Sovereignty, Global Media Technologies & Cultures Lab, Massachusetts Institute of Technology, 5 August 2020, https://globalmedia.mit.edu/2020/08/05/the-diverse-meanings-of-digital-sovereignty/, visited on 7 March 2022.

特有的文化价值观和政治偏好。而且随着一国优先事项的变化,数字主权的含义也会发生变化。例如,欧盟对数字主权的考虑侧重于保护基本权利的价值观,以及面对来自美国和中国的全球数字平台,欧盟要在数据驱动型经济中加强自身能力并追赶中美。再如,巴西有关数字主权的讨论强调数字能力建设①。

一些发展中国家提出"数据殖民主义"的概念,将数据本地化作为对抗数据殖民主义的手段之一,以使外国科技公司处于不利地位或阻止其进入。印度、南非等国是这种观点的典型代表。印度数据本地化的领导者——印度商业大亨穆克什·安巴尼(Mukesh Ambani)曾敦促印度政府通过法规结束"数据殖民化",强调"印度的数据必须由印度人民控制和拥有,而不是由企业,尤其是跨国公司控制和拥有"②。相对来说,发展中国家的讨论更加强烈地嵌入了数字主权的社会和文化理念,这与殖民统治历史以及后殖民时代的不平等有关③,以及希望自己控制技术和关键基础设施等④。在数据驱动经济的背景下,数字/数据殖民主义被认为比国家对国家的传统殖民主义具有更广泛的影响,因为数字背景下的殖民主义与公司或政府对数据的剥削有关,几乎所有国家都可能会发生⑤。

数据自由流动倡导者却认为这是以数字主权之名行数字保护主义之实。国家主权概念的出现可能与互联网的全球性质以及为跨境数据流地域分配的难度相矛盾。而且数字主权是一个宽泛且模糊的概念,可以指国家对数据、数据流动和数字技术等诸多领域的控制。然而,数字主权的支持者认为,本地存储数据可以增强国家机关和本土企业的实力,进而从外国科技公司和贸易伙伴手中(主要是美国,但越来越多的是中国)夺回"控制权"和"主权"。这种观点以欧盟为典型代表。欧盟近年来公布的数字政策几乎都表现出保护主义倾向。

---

① See Luca Belli, BRICS Countries To Build Digital Sovereignty, 18 November 2019, https://cyberbrics.info/brics-countries-to-build-digital-sovereignty/, visited on 7 March 2022.
② See Rishabh Sinha, What's in for Data Localization in India? https://www.esds.co.in/blog/whats-in-for-data-localization-in-india/, visited on 27 February 2022.
③ See Stephane Couture & Sophie Toupin, What does the Notion of "Sovereignty" Mean When Referring to the Digital? 21(10) New Media & Society 2305-2322 (2019).
④ See Michael Kwet, Digital Colonialism: US Empire and the New Imperialism in the Global South, 60(4) Race & Class 3-26 (2019).
⑤ See Nick Couldry & Ulises A. Mejias, Data Colonialism: Rethinking Big Data's Relation to the Contemporary Subject, 20(4) Television & New Media 336-349 (2018).

GDPR 正在发展成为世界上最重要的事实上的数据本地化框架。《欧盟数据战略》提出要建立欧洲拥有和运营的云服务提供商。《欧盟人工智能白皮书》也提倡数据本地化。

三、司法管辖

确保监管、执法或司法的访问数据需要也是限制跨境数据流动的目的之一。其中,最常见的是在刑事调查中快速访问数据的需求。刑事调查可以受益于快速访问通信、位置和其他类型的数据,因为这些数据构成更有效地调查和起诉犯罪的证据。但是,立即获取存储在外国司法管辖区的数据是全球许多执法机构共同面临的难题。

理论上,在一国境内开展业务的企业与所在国之间形成法律联结,使企业置于其管辖权之下。但是在线跨境提供服务时,服务提供者与消费者所在国之间的法律联结明显减弱。如果服务提供者的服务器和存储设备设在境外,或者相关数据在境外存储、处理、分析,监管机关行使管辖权相当困难。这种情况下,主要有司法协助或执法合作、主张域外管辖权、主张数据本地化三种解决方案。

司法协助或执法合作的法律依据是双边、多边或区域司法协助条约(Mutual Legal Assistance Treaties,MLAT)。政府通过签署司法协助条约,确保在需要时能简化信息交流和快速访问数据。然而,司法协助条约大多早于互联网时代,其功能受到数字通信爆炸式增长的巨大挑战,其中之一是协调数据隐私保护与执法部门的证据需求之间的关系。由于数据保护法的不确定性,当今司法协助条约系统的功能受到限制,对信息请求的响应通常非常缓慢,而且由于对数据管理规则的混淆,许多请求被拒绝或仅部分满足[1]。此外,国内立法可能要求重复文书工作,甚至包括有关政府机构之间的沟通应通过传统的邮政服务进行等不合时宜的要求[2]。

除了司法协助条约之外,各国还出于加强网络安全合作和遏制逃税等

---

[1] See Jonah Force Hill,Problematic Alternatives:MLAT Reform for the Digital Age,Harvard National Security Journal(blog),28 January 2015,http://harvardnsj.org/2015/01/problematic-alternatives-mlat-reform-for-the-digital-age/,visited on 1 April 2022.

[2] See Gail Kent,The Mutual Legal Assistance Problem Explained,The Center for Internet and Society,23 February 2015,https://cyberlaw.stanford.edu/blog/2015/02/mutual-legal-assistance-problem-explained,visited on 1 April 2022.

原因,缔结双边或多边数据共享协议。例如,加拿大和新加坡于 2018 年 11 月签署了一份涵盖网络安全合作领域的谅解备忘录,涉及有关网络威胁和网络攻击的信息交流和共享①。又如,印度尼西亚和新加坡建立了金融账户信息自动交换系统(AEOI),使双方可以交换其纳税人的银行账户、收入和账户余额的信息,第一次交换于 2018 年 9 月开始②。再如,新加坡个人数据保护委员会和澳大利亚信息委员会办公室于 2020 年 3 月签署个人信息保护合作谅解备忘录,旨在分享最佳实践并合作保护跨境流动的个人信息③。

实际上,司法协助条约和数据共享协议并不能很好地回应执法司法机构跨境访问数据的需求。美国 2018 年通过《澄清海外合法使用数据法案》(Clarifying Lawful Overseas Use of Data Act,CLOUD 法案),恰恰反映出数据位于外国司法管辖区引发的担忧。为便利执法和司法目的跨境调取数据,CLOUD 法案和美国法院程序都在强化受美国法管辖的实体和个人的数据跨境调取能力。特别是 CLOUD 法案没有修改《存储通信法案》(Stored Communication Act)有关禁止受美国法管辖的实体和个人向外国政府提供有关通信内容数据的规定,而是进一步利用该规定,确立了与美国政府签署协定的"适格国家"才能够向美国公司调取数据的做法④。

反对者则认为,鉴于互联网的相互关联性,仍然不可避免地需要合作,而数据本地化会阻碍这样的合作。在实践中,司法管辖权往往适用于行为发生地,而不是数据存储地。即使已有数据本地化政策,犯罪和数字服务的跨国性质意味着各国将不可避免地需要其他国家的协助。欧盟的一份报告指出,大约 85% 的刑事调查涉及某种形式的电子证据,并且 55% 的调查需要跨境访问电

---

① See CSA, Singapore Signs Memorandum of Understanding with Canada on Cybersecurity Cooperation, 14 November 2018, https://www.csa.gov.sg/news/press-releases/singapore-signs-memorandum-of-understanding-with-canada-on-cybersecurity-cooperation, visited on 1 April 2022.
② See ANTARA, Indonesia, Singapore to implement AEOI in 2018, 24 February 2018, https://en.antaranews.com/news/114763/indonesia-singapore-to-implement-aeoi-in-2018, visited on 1 April 2022.
③ See PDPC, Memorandum of Understanding Between the Office of the Australian Information Commissioner And the Personal Data Protection Commission of the Republic of Singapore On Cooperation in Personal Data Protection, 25 March 2020.
④ 参见洪延青:《数据竞争的美欧战略立场及中国因应——基于国内立法和经贸协定谈判双重视角》,载《国际法研究》2021 年第 6 期,第 69—81 页。

子证据①。但是，相互冲突的国内法可能会将企业置于法律困境中，即它们面临从一个国家获取数据的合法请求，而在另一个国家法律可能禁止披露这些数据。

跨境调取金融数据的矛盾尤为突出。许多金融监管机构要求上市公司、支付服务、银行和其他金融公司采取本地化措施，美国金融监管机构最初为金融监管寻求数据本地化②，印度储备银行强调其需要"不受限制地监管访问"数据③，以对支付数据进行监控。事实上，即使本地存储，金融监管机构仍必须要求公司根据相关法律对数据进行解密，然后才能查看数据。

四、经济发展

不可否认，跨境数据流动的监管可能与经济发展目标密切相关，新兴经济体和发展中经济体尤为如此。其中印度最为典型。印度对跨境数据流动监管的方式越来越受到经济发展考虑的影响，其监管模式侧重于将数据和数据驱动型部门的经济和社会效益最大化，并尽量减少流向数字发达经济体公司的收入。印度 2019 年《个人数据保护法案（草案）》和 2019 年《国家电子商务政策（草案）》④都明确表达了印度通过数据本地化措施、利用本地数据来建立其数字部门的雄心。这种方法背后的基本思想是确保本地数据主要用于发展国内数字初创企业或冠军企业，抵制大型科技公司"数据殖民主义"的影响，即以损害印度利益为代价从跨境数据流动中获益⑤。通过数据

---

① See European Commission, Impact Assessment: Proposal for a Regulation of the European Parliament and of the Council on European Production and Preservation Orders for Electronic Evidence in Criminal Matters and Proposal for a Directive of the European Parliament and of the Council Laying Down Harmonised Rules on the Appointment of Legal Representatives for the Purpose of Gathering Evidence in Criminal Proceedings, Commission Staff Working Document, SWD(2018) 118 final, 17 April 2018.

② See Inside U.S. Trade, Lew Floats Possibility Of Side Deal To Address TPP Data Localization, https://insidetrade.com/daily-news/lew-floats-possibility-side-deal-address-tpp-data-localization, visited on 28 March 2022; Inside U.S. Trade, Lew: TPP Local Data Requirements Still An Open Issue Internally, https://insidetrade.com/trade/lew-tpp-local-data-requirements-still-open-issue-internally, visited on 28 March 2022.

③ See Reserve Bank of India (RBI), Storage of Payment System Data, DPSS.CO.OD.No.2785/06.08.005/2017-18, April 6, 2018.

④ See Draft National E-Commerce Policy: India's Data for India's Development, https://dpiit.gov.in/sites/default/files/DraftNational_e-commerce_Policy_23February2019.pdf, visited on 14 June 2022.

⑤ See Steven Weber, Data, Development and Growth, 19(3) Business and Politics 397-423 (2017).

本地化促进国内经济发展、培养本土数据冠军企业的考量也隐含在其他发展中国家的法律和政策当中,如肯尼亚①、巴基斯坦②等。当然,为了保护本国企业免受外国竞争,即使是发达国家有时也会对跨境数据流动施加某些限制。

数字市场通常具有"赢者通吃"的特点,再加上许多发展中国家数字经济增长缺乏包容性,因此,有些国家认为,有针对性地采取产业政策对于赶超和避免对外国科技公司不健康的依赖至关重要。再者,海量数据在开发人工智能和其他数据驱动型技术中具有重要作用,通过严格的数据本地化措施防止将大量个人数据传输给外国公司,被视为鼓励国内数据设施发展和海量数据集增长的潜在途径。数据能力的增长反过来可能会促进国内数字产品和服务的发展,不仅将满足不断增长的国内消费需求,也会推动本土数字公司的发展。印度等发展中国家正是基于发展国内数据能力,获取更多流向外国数字公司的收入,从而促进其国内数字部门发展。此外,由于数字投资往往是轻资产,许多发达国家的公司即便并未对当地基础设施进行广泛投资,也可以通过跨境提供服务获得可观的收入,但对给当地经济发展帮助不大。例如,非洲和拉丁美洲加起来仅占全球主机托管数据中心的4%③。

但是,严格的跨境数据流动规制,包括本地化措施或硬性的数据传输要求,可能会导致经济效率低下。一方面,企业可能需要投入大量资源,在本地数据中心复制或存储数据,并重组其数据运营以符合国内法④。研究表明,在拉丁美洲,数据本地化规定是限制金融科技行业增长的关键因素之一⑤。在基础设施比较有限的国家,本地数据中心可能不太安全可靠,对国内经济

---

① 2019年《肯尼亚数据保护法》允许政府基于国家战略利益或收入保护的理由,规定只能通过位于肯尼亚的服务器或数据中心进行处理。See Data Protection Act (Kenya), 2019, Section 50.
② 2019年《巴基斯坦电子商务政策框架》规定物联网相关部门和商业数据的数据本地化以及跨境数据流监管的各种措施。See E-Commerce Policy Framework of Pakistan, August 2019.
③ See UNCTAD, Digital Economy Report 2021 - Cross-border data flows and development: For whom the data flow, 2021, p.39.
④ See Internet Society, Internet Way of Networking Use Case: Data Localization, September 2020, https://www.internetsociety.org/wp-content/uploads/2020/09/IWN-Use-Case-Data-Localization-EN.pdf, visited on 1 April 2022.
⑤ See Carolina Aguerre, Digital Trade in Latin America: Mapping Issues and Approaches, 21(1) Digital Policy, Regulation and Governance 2-18 (2019).

的回报也有限①。研究还表明,对跨境数据流动的限制可能会降低包括制造业在内的多个部门的生产力和盈利能力②。即使是国内公司也可能受到本地化的不利影响,尤其是依赖有价格竞争力的数据存储设施和服务的小型公司。

另一方面,在某些场景下,本地数据存储在成本、效率和性能方面可能是一种权宜之计。例如,对于健康监测器或自动驾驶汽车等应用,可以通过将数据保存在本地来解决即时数据访问和快速响应时间的问题③。云计算的软件即服务(SaaS)也是如此,通过本地存储解决方案实现实时访问,从而提高数字服务的质量④。此外,为长距离物联网产品等新一代技术产品传输大量数据所导致的延迟和宽带成本,可能远高于本地存储数据。在此,本地存储方案不仅具有成本效益,而且还可以服务于其他监管利益,如减少对外国云服务的依赖以及确保隐私和安全。因此,一些发展中国家采用经济激励措施来促进数据的本地存储,尤其是在非洲和拉丁美洲。

总的来看,数据保护、数据安全、国家安全、数据主权、司法管辖和经济发展等多种政策考量,决定了不同国家对跨境数据流动规制的路径不同。有的国家主张跨境数据自由流动,仅对有限领域进行规制;有的国家对特定部门或类型的数据的跨境流动进行规制;还有的国家保留了相对广泛的跨境数据流动规制措施。与国内规制相对应,美国、欧盟和中国等主要经济体已经在双边和区域贸易协定推出了自己的跨境数据流动规则模板,虽然有一定相似之处,但是分歧也很明显,未来贸易协定跨境数据流动规则要进一步协调监管差异的难度仍然相当大。

---

① See Anupam Chander & Uyên P. Lê, Data Nationalism, 64(3) Emory Law Journal 677–739 (2015).
② See Matthias Bauer, Martina F. Ferracane & Erik van der Marel (2016). Tracing the Economic Impact of Regulations on the Free Flow of Data and Data Localization. Global Commission on Internet Governance (GCIG) Paper Series No. 30, May 2016, https://www.cigionline.org/static/documents/gcig_no30web_2.pdf, visited on 1 March 2022.
③ See Konstantinos Komaitis, The "Wicked Problem" of Data Localisation, 2(3) Journal of Cyber Policy 355-365 (2017).
④ See Rajat Kathuria, Mansi Kedia & Gangesh Varma et.al, Economic Implications of Cross-Border Data Flows, Internet and Mobile Association of India, November 2019, https://icrier.org/pdf/Economic_Implications_of_Cross-Border_Data_Flows.pdf, visited on 1 April 2022.

第三节　大国博弈视角下的
　　　　跨境数据流动议题

跨境数据流动议题是数字时代大国博弈的焦点。当前及今后一段时间，对跨境数据流动规则主导权的争夺将是大国数字博弈的主阵地，不仅直接影响数据资源的全球分配，也将决定跨境数据流动规则的发展趋势。

一、主要经济体跨境数据流动的基本战略

欧美日三大主要经济体已经明确跨境数据流动的基本战略及推进路径，虽然背后的理念和关注的重点差异较大，但是都将发展数字经济和贸易作为重要方向，谋取国际规则制定的主导权。

（一）欧盟：掌握国际数据传输规则制定主导权

欧盟一贯严格保护个人数据，《欧洲基本人权宪章》将个人数据保护作为基本人权，因此对跨境数据流动持谨慎态度。不过，2016年GDPR出台后，欧盟有关跨境数据流动的具体策略发生明显变化，开始化被动为主动，积极扩大GDPR的国际影响力，在全世界推广欧洲模式。这是因为：一方面，主动输出欧盟的国际数据传输（此为欧盟委员会采用的术语）机制，使其他国家和地区提高数据保护标准，更有利于保护欧盟公民的数据；另一方面，欧盟意识到即使美国、中国的互联网巨头掌握了大部分数据，欧盟在数据经济中仍大有可为，未来大量数据将来自工业和专业应用、日常生活的物联网应用等，在这些领域欧盟有雄厚的实力。当然，欧盟对价值观和基本权利的坚持不会改变。

近年来，欧委会发布政策文件，明确表达欧盟企图在国际数据传输规则制定中发挥领导作用的意图。2017年，欧委会发布《在全球化世界中交换和保护数据》，全面阐述了国际数据传输的政策主张，指出欧盟应当通过鼓励法律制度的融合，弘扬其数据保护价值观并促进数据流动。这里所谓的融合，就是要让其他国家参考欧盟的数据保护法律，包括GDPR、《非个人数据自由流动条例》《开放数据指令》《数字内容指令》以及相关部门立法。

欧委会2020年2月发布的《欧洲数据战略》再次明确了欧盟有关国际数

据传输的基本方针。《欧洲数据战略》提出建立欧洲单一数据空间、使欧盟成为数据驱动型社会领导者的目标，充分显示了欧盟的雄心。欧委会强调，欧盟的数据处理方式应遵循"欧洲方式"，国际数据传输的"欧洲方式"就是"秉持开放但主动的方法，并且以欧洲价值观为基础"。具体而言，欧盟既要防止其他国家的数据垄断，解决跨境数据流动的不合理壁垒及限制问题，也要确保对欧盟个人数据及敏感商业数据的访问符合欧盟的价值观和法律框架。

欧盟有关国际数据传输的法律规定主要体现在 GDPR 第五章。GDPR 为国际数据传输提供了现代化的工具箱，既根据 GDPR 的新要求对充分性决定、标准合同条款、约束性公司规则、减损等机制作了更新，也引入了认证机制、行为准则这些新的工具。欧委会在 GDPR 实施两周年评估报告中指出，GDPR 的出台促使其他国家纷纷效仿，如日本、韩国、智利、巴西、肯尼亚等，美国《加州消费者隐私法案》（CCPA）也借鉴了 GDPR 的立法模式；欧盟在数据保护方面的领导地位表明，它可以充当数字经济监管的全球标准制定者。

（二）美国：大力推动跨境数据自由流动

美国有关跨境数据流动的基本战略历来是非常清晰的，即利用其在数字经济和贸易领域的绝对领先优势，大力推动跨境数据自由流动，维护美国互联网巨头的利益。奥巴马政府时期 USTR 发布的《数字 24 条》和特朗普政府的《2017 年国家安全战略》都阐明了美国有关数据流动的政策主张。《数字 24 条》提出要促进跨境数据流动，企业和消费者必须能够传输其认为合适的数据。《2017 年国家安全战略》明确指出，美国经济的成功与数据流动密不可分，美国将通过积极参与互联网名称与数字地址分配机构（ICANN）、互联网治理论坛（IGF）、国际电信联盟（ITU）等重要组织的活动促进数据自由流动并保护其利益。

为了促进跨境数据流动，美国不仅谋求在 OECD、G20 和 APEC 等有关数据流动的国际讨论中发挥主导作用，还通过其缔结的自贸协定占据国际规则制定的先机。美式跨境数据流动规则制定启动早，推进快。2010 年《韩美自贸协定》首次纳入跨境数据流动的软法条款，2016 年 TPP 将这一条款变成有强制约束力的规则，2018 年 USMCA 和 2019 年《美日数字贸易协定》进一步扩大规则的适用范围。美国还将寻求在今后的贸易谈判中继续深化跨境数据流动条款。例如，英美两国已于2020年5月启动自贸协定谈判，美国提出要制定最高水平的跨境数据流动规则。美国也在WTO电子商务谈判中明确表示其目标是达成高标准协议，以解决数字贸易的真正障碍，包括跨境数据流动限制和数据本地化要求。

（三）日本：基于制造业优势推动数据流动

近两年来，日本基于"可信数据自由流动"这一全新概念，积极寻求通过规则制定在跨境数据流动领域发挥领导作用。2019年1月达沃斯世界经济论坛年会上，日本时任首相安倍晋三提议在WTO框架下启动"数据治理大阪轨道"，提出可信数据自由流动（Data Free Flow with Trust）倡议，并宣称大阪G20将是启动全球数据治理讨论的峰会。日本提出的可信数据自由流动，一方面是要"严格保护个人数据、数据包含的知识产权、国家安全情报等"，另一方面是要"促进健康、工业、交通及其他领域有用的、非个人、匿名数据的自由流动"，使可信数据自由流动在数据驱动型经济中占据首要位置。

日本少有超大型的互联网企业，力推数据自由流动的动因显然不是为了互联网产业利益，而是基于制造业优势所做的战略选择。因为数据流动不仅对数字产业至关重要，对传统行业也有重要价值。据麦肯锡估计，互联网数据流动中有大约75%的增加值流向传统行业，特别是通过全球性扩张、提高生产率和增加就业。日本经济贸易产业省指出，日本具有优良的制造业基础，且工厂自动化全球领先，在制造业数字化转型过程中，通过物联网、机器人、云计算等数字技术的采用，可以累积大量从生产车间获得的实时数据，这正是日本在数据时代独有的优势。

日本提倡可信数据自由流动，在制度设计上也将对其提出的"社会5.0"（Society 5.0）理念起到支撑作用，从而形成数据驱动型经济的整体战略。社会5.0是指通过将物联网、大数据、人工智能、机器人等工业4.0的创新纳入各行各业和社会生活，创造可以解决各种社会挑战的超级智能社会。社会5.0是数据驱动型社会，国际贸易、工业生产和社会功能都取决于对数据的有效访问，因此需要数据的自由流动。

众所周知，欧美对隐私保护的基本理念不同，因此在跨境数据流动上一直有巨大分歧。实际上，分歧的背后还有商业利益的不同。欧美日跨境数据流动的基本战略都与各自的商业利益密切相关，尤其是美国。欧盟和日本则因为缺少互联网巨头，更加想要制定有利于己的规则，以此为数字经济和贸易发展赢得生机。而欧盟已经建立了最为成熟的数据保护制度，因此特别强调对外输出法律制度。欧美日跨境数据流动基本理念、商业利益、关注重点的异同深刻地体现为主要机制的博弈与合作。

二、跨境数据流动大国博弈的主要机制

主要经济体之间围绕跨境数据流动规则制定权的博弈已经展开，通过各自主推的机制相互角力和较量。如前所述，欧盟充分性决定机制已经成为跨境数据流动的"全球标准"，美国大力推动 APEC 跨境数据规则体系，此外还有日本主张的可信数据自由流动倡议。

可信数据自由流动是日本主推的倡议，并通过 G20 机制得到了美国和欧盟的认可。日本将数据和数据流动作为核心议题在其主办的大阪 G20 上重点推动。2019 年 6 月，G20 贸易与数字经济部长会议重申可信数据自由流动的概念，强调跨境数据流动对促进生产率、创新和可持续发展的重要性。在稍后召开的大阪峰会上，数字经济领导人特别活动发布了《数字经济大阪宣言》，宣布与参加达沃斯《电子商务联合声明》的 WTO 成员一道，正式启动大阪轨道，参与国际政策讨论，并为此加大参与相关国际论坛的力度。《G20 大阪峰会领导人宣言》则指出，"为了建立信任并促进数据自由流动，必须尊重国内和国际法律框架"，"将开展合作以鼓励不同框架的互操作性"。由此看来，可信数据自由流动旨在实现数据的自由流动，同时确保公众对隐私保护和安全的信任。这一概念着重强调两个方面：一是信任，即消费者和企业对隐私保护和安全的信任；二是可互操作性，即不同法律框架之间的融合。

日本实现可信数据自由流动倡议的机制是大阪轨道。大阪轨道致力于数字经济国际规则制定，尤其是数据流动和电子商务规则，包括 WTO 电子商务联合声明谈判。实际上，大阪轨道是为了实现可信数据自由流动、释放跨境数据流动带来的好处所需的全球治理的统称。因此，大阪轨道不依赖于单一的合作论坛，而是依靠国际贸易、法律法规、技术以及其他治理领域，包括多边、区域、诸边或双边各个层面适用于政府、企业或用户的约束性和非约束性规则（见表 7-1）。

表 7-1 大阪轨道数据治理的框架

	传输机制	法律与监管合作	技术标准与产业合作	国际贸易规则
广泛适用	• 单边开放（无限制） • 用户同意及其他合法的数据传输依据（如合同原因、公共利益） • 基于问责制的机制（如标准合同条款、约束性公司规则）	• 具有约束力的法律协调国际公约（《布达佩斯公约》）	• 多利益相关方论坛的标准制定	• WTO规则（《服务贸易总协定》《电信参考文件》及附件），包括隐私及其他例外，以及双层测试（最低贸易限制和必要性） • 正在进行的WTO电子商务谈判
有限参与	• 充分性决定，如欧盟和日本对等充分性决定 • 认证计划（在政府监督下实施），如APEC跨境隐私规则	• 有关电子商务、跨境数据流动和隐私的区域层面的监管合作（欧盟、东盟） • 有关数据流动和隐私的原则和指南（OECD隐私指南、APEC隐私框架） • 通过司法协助条约或国际公约提供的法律援助 • 根据国内法向一系列国家提供司法补救和追索权 • 外交机制和战略伙伴关系（如澳大利亚-新加坡数字经济协定）	• 国家和区域标准制定，如联合国欧洲经济委员会 • 独有的"数据空间"计划和联盟 • 双边相互承认协议或对等决定	• 《日美数字贸易协定》、《美墨加协定》、欧盟文本、《数字经济伙伴关系协定》中的数字贸易承诺（如数据流动、禁止本地化和源代码规则）

资料来源：World Economic Forum(2020),"Data Free Flow with Trust (DFFT): Paths towards Free and Trusted Data Flows", White Paper.

与 GDPR 和 CBPR 体系相比，可信数据自由流动倡议不是具体的法律机制，仅仅是推动多方合作的概念框架。日本启动大阪轨道时就明确，推动可信数据自由流动的主要抓手是 WTO 电子商务谈判，希望通过引导谈判的方向，达成符合预期的规则。日本是该谈判的召集方之一，但是由于参加方众多，各自立场和诉求有巨大分歧，谈判可能会持续较长时间。此外，可信数据自由流动倡议最大的问题在于缺乏具体细节。可信数据自由流动的核心是信任，但是对于什么是信任，每个国家重视的要素存在差异，因为各自数据治理的基本理念不同,特别是美欧之间差异很大。要想针对所谓信任的具体细节达成共识,还有很长的路要走。

与此同时,日本还在积极推动美日欧三方建立数据安全联盟。数据安全联盟旨在促进具有相当水平的数据安全和隐私保护的国家之间的数据自由流动,形成一个大型"数据池",并且通过这种方式来限制中国的竞争优势。日本设想,先由美日欧三方成立联盟,然后再推向其他有类似想法的国家。相比可信数据自由流动倡议,数据安全联盟显然更具雄心,但是同样面临具体落实的问题,尤其是如何应对隐私和数据安全例外。

总的来看,欧美日等主要经济体之间的博弈是为了争夺全球规则制定权。不似其互联网巨头独步全球,美国不可能独揽跨境数据流动规则的制定权。因为尽管欧盟的经济实力不如美国,但是在制定游戏规则方面具有独特力量。特别是在数据保护领域,随着跨国公司自愿遵循欧盟规则管理全球业务,世界各国主动借鉴欧盟规则修改国内法律,欧盟标准已经转化为全球标准。由于日本主导的可信数据自由流动倡议在机制上难以与 GDPR 和 CBPR 体系相抗衡,那么,三方有关跨境数据流动规则的争夺主要是欧美之间的较量,接下来的焦点可能是欧美重谈隐私盾协议,而日本则是改变欧美竞争格局的关键力量。虽然日本也支持美国主导的 CBPR 体系,但是欧盟和日本充分性协议标准更高,且欧盟和日本产业利益比较接近,双方更容易结成数据同盟,强化了欧盟的博弈优势,甚至可以改变欧美的力量对比,为欧盟在数据流动"金三角"发挥主导作用奠定基础。当然,欧美数据跨境流动机制的博弈也并非完全是非此即彼的关系,GDPR 和 CBPR 体系不仅会长期共存,还有可能通过增强互操作性趋向融合,而这将更有利于数据在全球范围内流动。此外,欧美日也在加强三方合作,以率先统一全球标准。通过三方贸易部长联合声明机制以及 G7、G20、OECD 等国际论坛加强合作,欧美日力图形成广泛适用的跨境数据流动规则,达到共同对抗其他国家特别是中国的目的。

三、跨境数据流动议题:大国数字博弈的焦点

随着数字领域的战略价值不断凸显,为了维护发展和安全利益,未来主要经济体数字博弈还会持续升级。而欧美日再加上中国等主要经济体不同层面的数字博弈都会不同程度地聚焦到跨境数据流动议题上来,因此,当前及今后一段时间,对跨境数据流动规则主导权的争夺将是大国数字博弈的主阵地。

第一,跨境数据流动是数据资源之争的落脚点。主要经济体在数字领域的

博弈无论是贸易摩擦还是科技竞争，都绕不开对数据的争夺。如果说20世纪各国争抢的主要是石油资源，数字时代各国争夺的则是数据资源。因为数据是数字领域的原材料，是国家的基础性战略资源，也是数字经济扩张的首要驱动因素①。而且数据价值的实现来源于数据的流动，包括跨境流动。数据流动不仅是数字时代的生产和交易手段以及全球价值链的组织方式②，也是数字技术持续创新的核心要素，高端制造、物联网、云计算、大数据、人工智能等技术的广泛应用无一不有赖于海量数据的累积并形成数据循环③。美国数字贸易规则的核心是数据跨境自由流动和禁止数据本地化，并通过《存储通信法案》和《澄清域外合法使用数据法案》（CLOUD法案）等立法强化获取全球数据的能力。欧盟数字主权的基本要义是对个人数据的保护，并试图通过组建欧盟从业数据、边缘和云计算联盟④等举措将其控制范围延伸至非个人数据。中国从总体上强化数据安全保护，为的是在技术能力和治理能力有待强化的现实国情下，保障数据资源的安全。相比而言，尽管中欧有不同关切，但都有保护自身数据资源的诉求，而与美国的分歧更加明显。

第二，跨境数据流动是发展道路之争的新爆发点。全球数字领域已经基本形成中美欧模式分而治之的格局。美国强调数字市场开放，重视企业的商业利益。欧洲强调数字主权，重视个人的数据权利。中国强调总体国家安全观，重视数据的安全管理权，不仅在数字经济和数字技术上正成长为与美国相抗衡的一极，在数字治理上也在寻求与美欧不同的路径。近五年来，中国正在加快数字领域立法进程，以《网络安全法》《数据安全法》和《个人信息保护法》为核心的法律框架已经初步形成。对于数据跨境流动，中国提出了《全球数据安全倡议》，建立起以出境安全评估为主要机制的监管体系，并规定了广泛的数据本地存储和处理要求，与美国的事后问责制有巨大差异。中国还出台了《出口管制法》和《阻断外国法律与措施不当域外适用办法》等，为反击美国制裁以及阻断美国法律不当适用提供法律依据。对此，美国将数字领域的监管体制与"民主"

---

① See UNCTAD, Digital Economy Report 2019 - Value Creation and Capture: Implications for Developing Countries, 2019, p. xv.
② See Javier López González & Marie Agnes Jouanjean, Digital Trade: Developing a Framework for Analysis, OECD Trade Policy Papers, No. 205, TAD/TC/WP(2017)4/FINAL, 2017, p.11.
③ See UNCTAD, The "New" Digital Economy and Development, UNCTAD Technical Notes on ICT for Development No.8, TN/UNCTAD/ICT4D/08, October 2017, p.12.
④ See European Commission, European Alliance for Industrial Data, Edge and Cloud, https://digital-strategy.ec.europa.eu/en/policies/cloud-alliance, visited on 19 December 2021.

价值观直接联系在一起，以此为依据划分阵营。特别是在跨境数据流动问题上，尽管美欧之间矛盾深重，仍然属于"内部"矛盾，中美之间则是"敌我"矛盾。实际上，美国在数字经济方面具有鲜明的进攻利益，包括拓展其商业利益和势力范围；由于整体实力的差距，中欧与美国数字利益的抵触面更大，甚至就数据应否跨境自由流动形成了二对一的局面。

第三，跨境数据流动是规则主导权之争的核心点。21世纪的贸易规则说到底是数字贸易规则。中美欧互不相同的数字发展模式决定了三方对规则制定权的争夺异常激烈。美国凭借在全球数字市场的绝对主导地位，最先布局并已经确立了一整套美式数字贸易规则，以充分发挥"互联网和其他数字技术在加强和支持美国经济各个部门的公司方面的至关重要的作用"[1]。而且美式规则还通过日本、澳大利亚等贸易伙伴得以传播和推广，在全球数字贸易规则网络中呈现出明显的传导性。欧盟依靠其强大的规范性力量，大力弘扬其数据保护价值观，已经成为事实上的数据领域全球标准制定者。中国也在尝试数字领域国内法的国际化，RCEP缔约实践就是典型例证。RCEP跨境数据流动和计算设施位置条款首次纳入了安全例外[2]，表明中国承认数据自由流动的基本理念，但也为保障网络安全和数据安全等基本安全利益预留了相当的政策空间。当然，虽然中国提升话语权和规则制定权的诉求越来越强，也已具备影响国际规则制定的能力，现实情况是规则主导权主要还是在美欧手中，美欧之间对隐私盾后续协议和WTO电子商务联合声明谈判等展开的争斗更加白热化。

在中美欧及其他主要经济体数字博弈的大背景下，各方对于跨境数据流动议题的交锋和碰撞将越来越激烈，不仅在区域和诸边贸易谈判中如此，在各类国际协调机制中也是如此。大国博弈导致跨境数据流动规则面临着严重的碎片化风险，全球数据圈的"巴尔干化"趋势进一步加剧，同时也凸显出国际协调合作的重要性和紧迫性。跨境数据流动监管差异给政府、企业和个人适用规则带来了很大不确定性，不仅使企业难以知晓它们必须为不同国家的客户提供何种程度的保护，增加从事数字贸易的成本；反过来也会破坏消费者和企业之间的信任，阻碍数字经济增长。

四、跨境数据流动规制的国际协调合作

尽管各国对于跨境数据流动监管存在很大差异，中美欧日等主要经济体在

---

[1] See USTR, 2021 Trade Policy Agenda and 2020 Annual Report, March 2021, p.121.
[2] See RCEP, Art. 12.14(3), 12.15(3).

跨境数据流动议题上的博弈也如此激烈,国际国内层面的跨境数据流动规制仍然不乏共通之处,特别是就数据流动和数据保护双重目标达成的共识。巩固跨境数据流动规制的相似或趋同之势,将为跨境数据流动国际协调合作提供讨论基础,有利于弥合这一议题的重大国际分歧。

(一)单边措施的共通之处

OECD 对 46 个经济体(包括所有 OECD 国家和中国、印度、俄罗斯等经济体)①的跨境数据流动规制措施的分析表明,预先授权措施是最普遍的,约有 65% 的经济体(如将受 GDPR 约束的欧洲经济区国家计为一个经济体则为 79%)采取此类措施,包括基于充分保障的有条件流动和基于个案评估的有条件流动;而 54% 的经济体(如将 GDPR 计为一个经济体则为 33%)采取开放的保障措施,包括事后问责制和不对跨境数据流动进行限制②。

尽管上述两类方法之间存在差异,但也有一些共性,即都可能会采用某种形式的充分性认定方法,或者使用数据传输合同。两类方法的关键区别在于由谁主导制度设计。在开放措施情况下,只要符合政府设定的目标,公司就可以评估其充分性,如美国企业的私人充分性认定;而在预先授权情况下,由政府做出充分性决定,例如欧委会的充分性认定。同样,在开放措施情况下,由公司决定合同包含哪些条款,例如美国企业的数据传输合同;而在预先授权情况下,由政府起草公司必须使用的合同范本,例如欧委会的标准合同③。

此外,不管对跨境数据流动采取何种规制方法,大多数经济体都维持例外规定,允许满足必要性和公共利益相关条件的数据跨境传输。数据主体的同意也是一种广泛存在的例外,如 GDPR 第 49 条规定数据主体同意是国际

---

① 46 个经济体分别是:阿尔及利亚、阿尔巴尼亚、安哥拉、安道尔、阿根廷、澳大利亚、博茨瓦纳、巴西、加拿大、佛得角、智利、中国、哥伦比亚、科特迪瓦、埃塞俄比亚、欧洲经济区(奥地利、比利时、保加利亚、克罗地亚、塞浦路斯、捷克共和国、丹麦、爱沙尼亚、芬兰、法国、德国、希腊、匈牙利、爱尔兰、意大利、拉脱维亚、立陶宛、卢森堡、马耳他、荷兰、波兰、葡萄牙、罗马尼亚、斯洛伐克、斯洛文尼亚、西班牙、瑞典、英国、冰岛、列支敦士登、挪威)、法罗群岛、加纳、印度、印度尼西亚、以色列、牙买加、日本、哈萨克斯坦、肯尼亚、韩国、马来西亚、摩洛哥、墨西哥、纳米比亚、新西兰、尼日利亚、巴拿马、秘鲁、菲律宾、俄罗斯、塞尔维亚、新加坡、南非、瑞士、塔吉克斯坦、土耳其、美国、乌拉圭等。See Francesca Casalini, Javier López-González & Taku Nemoto, Mapping Commonalities in Regulatory Approaches to Cross-Border Data Transfers, OECD Trade Policy Papers No. 248, May 2021, p.37.
② Ibid., p.15.
③ Ibid.

传输减损的情形之一①。再者,许多经济体也明确承认基于数据保护诸边安排的数据传输,例如欧洲理事会《关于个人数据自动化处理的个人保护公约》(Convention for the Protection of Individuals with regard to Automatic Processing of Personal Data,108 号公约)、《OECD 隐私保护和个人数据跨境流动指南》、《APEC 隐私框架》、《东盟个人数据保护框架》(ASEAN Framework on Personal Data Protection)、《非洲联盟网络安全和个人数据保护公约》(African Union Convention on Cyber Security and Personal Data Protection,Malabo Convention)等②,凸显了单边机制和诸边安排之间一定程度的互补性。

（二）双边和区域协定的共通之处

虽然越来越多的贸易协定和数字经济协定包含跨境数据流动、个人信息保护等数据相关条款,呈现出"意大利面碗"效应,但是这些条款也有相似之处。电子商务和数据贸易协定条款数据库（Trade Agreements Provisions on Electronic-commerce and Data,TAPED）显示,自 2008 年以来,约有 97 个经济体签署了 31 项包含跨境数据流动条款的贸易协定,且所有这些协定都包含有关隐私保护的条款③。然而,并非所有贸易协定的条款都有相同的深度。约有 11 项协定对数据流动提供非约束性指导,包括促进合作以维护跨境数据流动等;另有 12 项协定规定了具有约束力的承诺;还有约 8 项协定为混合型,包括将有关协定是否包括数据流动条款的决定留给未来的谈判。

尽管包含约束性数据流动条款的协定数量和包含非约束性数据流动条款的协定数量大致相近,但几乎所有最新签署的贸易协定都包含约束性规则。2020 年 11 月签署的 RCEP 和 2021 年 1 月生效的《日本-英国全面经济伙伴关系协定》（日英 CEPA）等协定也是如此。而且约束性数据流动条款都采用的是"原则＋例外"的规制模式,允许各方为合法公共政策目标限制数据流动。其中,约有一半的协定对非歧视和非变相贸易限制的相关要求作了规定,如

---

① See GDPR, Art. 49.1.
② 上述诸边安排虽然涉及跨境数据传输,但主要内容是个人信息保护制度,因此在这里不作详细讨论。
③ TAPED 数据库更新于 2021 年 6 月 11 日。See University of Lucerne, TAPED—A New Dataset on Data-related Trade Provisions, https://www.unilu.ch/en/faculties/faculty-of-law/professorships/managing-director-internationalisation/research/taped/, visited on 20 December 2021.

CPTPP、USMCA和日英CEPA①；其他协定只提及非歧视性，如《阿根廷-智利自贸协定》②；晚近的协议，如RCEP，出现了一种新的特定例外，即基本安全利益例外。此外，虽然大多数有约束力的数据流动条款都适用争端解决机制，但《美日数字贸易协定》和RCEP却没有规定。

所有31项包含数据流动条款的协定还包括与个人信息保护有关的条款。其中，有些协定仅仅承认此类规则的重要性，但所有包含约束性数据流动条款的协定却要求或促进采用国内隐私和个人数据保护框架，包括鼓励各方考虑保护个人信息的国际标准和准则，如《OECD隐私保护和个人数据跨境流动指南》《APEC隐私框架》等隐私保护指南或框架。事实上，许多接受有约束性数据流动条款的经济体也已参加上述隐私保护指南或规则体系。此外，包含个人信息保护条款的协定还要求各方公布有关个人信息保护的信息。

由此可见，尽管跨境数据流动规制的不同措施之间存在很大差异，但也有一些共性，不仅单边措施和贸易协定是这样，诸边安排和国际标准等无疑亦如此。其中最大的共同点是对数据流动和数据保护的双重目标达成了共识。许多单边机制包括跨境传输数据的保障措施，以实现受保护的跨境数据流动。贸易协定也显示出趋同的迹象，所有包含约束性跨境数据流动条款的贸易协定都包含合法公共政策目标例外，也有关于个人信息保护的条款，以平衡跨境数据流动和数据保护两者之间的关系。而且不同层面的措施之间具有相当的互补性，单边措施参考借鉴诸边安排并将其移植到贸易协定当中，贸易协定越来越多地将诸边安排纳入有约束力的跨境数据流动条款当中，呈现出相互融合的趋势。

但是应当看到，虽然跨境数据流动规制出现了一些趋同和互补，开展国际协调合作仍然困难重重。因为不仅维持数据流动和数据保护的平衡是相当微妙的，寻求可信的跨境数据流动也是难以企及的。即使通过签署贸易协定、加入诸边安排、采用数据保护技术等举措可以在一定程度上增强信任，但是很难系统性地解决信任缺失问题。特别是在大国数字博弈的大背景下，信任问题已经被提升到了政治和意识形态层面。因此，如何实现跨境数据流动国际协调合作，仍然是各国面临的重大挑战。

---

① See Japan-United Kingdom Comprehensive Economic Partnership Agreement, Art. 8.84.
② See Trade Agreement between the Argentine Republic and the Republic of Chile, Art. 11.6.

第 八 章

数字产品税收待遇

近年来,数字税议题受到国际社会高度关注,成为数字领域全球博弈的焦点。数字税问题不仅涉及数字平台带来的全球税收利益分配以及税基侵蚀和利润转移的挑战,也涉及数字技术引发的数字产品征税难题。随着数字税议题讨论不断深入,国际贸易法领域也成了主要经济体争夺规则制定权的阵地,跨境的电子传输和数字产品交易国内税的相关争议越来越大。

第一节 电子传输免关税

随着数字技术飞速发展,通过电子传输的贸易呈指数级增长,因为数据和软件等都需要通过电子方式传输。许多在二十年前甚至十年前不能以电子方式传输的产品,现在已经成为电子传输产品。数字革命不断深入,3D打印的主流化以及大数据分析、人工智能的日益普及,越来越多的产品被数字化,以电子方式传输的产品还将大幅增加。电子传输的贸易不断增长,暂免关税的影响将变得越来越重要,远远超出关税收入损失问题。对于电子传输免关税及永久化议题,各方在多个国际组织和国际论坛上展开激烈争论,某种程度上甚至成了仅次于跨境数据流动议题的热议话题。

一、电子传输免关税的法律问题及相关争议

(一) 电子传输的定义和范围

电子传输免征关税最早是美国正式提出的。美国指出,"目前没有任何WTO成员将电子传输视为关税目的的进口,因此没有成员对其征收关税",美国提议"WTO成员应同意继续这一现行做法,保持对电子传输不征

收关税"①。在此基础上,WTO 电子传输免征关税宣言②及随后的延期决定将暂免关税适用于电子传输。但是,对于"电子传输"所涵盖的内容,成员之间没有达成一致的定义或共识。各方争议的焦点主要是电子传输仅限于电子传输的载体,还是也包括传输的内容。由于电子传输的定义将直接决定暂免关税的适用范围,由此影响财政收入的潜在损失以及税收征管的权限,因此十分关键。而且自 1998 年暂免关税首次实施以来,电子商务市场发生了翻天覆地的变化,各方对电子传输的了解不断加深,更加促使各方高度关注电子传输的定义和适用范围。

关于"载体"还是"内容"的争论,与不固定在载体介质上的数字内容应归类为"货物"还是"服务"的争论密切相关。例如,CD 上的音乐、磁盘上的软件应归类为货物还是服务？音乐和软件可以以电子方式传输这一事实意味着载体仍然是商品,但其中的音乐和软件却是无形的,因此类似于服务。电影、书籍、视频游戏也属于此类,它们可以通过电子方式传输,将其与载体区分开来。

以印度尼西亚、印度和南非等为代表的 WTO 成员主张,电子传输仅限于电子传输的载体,不包括传输的内容。在 WTO 第 11 届部长级会议上,印度尼西亚明确表示,"关于电子传输暂时免征关税,我们的理解是,暂免关税不适用于电子传输的货物和服务。换言之,延期仅适用于电子传输的载体本身,不适用于以电子方式交付的产品或内容"③。印度和南非赞同上述解释,并指出"由于暂免关税仅适用于传输,因此成员可以对传输的内容征收关税。因此,禁止征收关税只涉及'传输'——比特和字节"④。以电子邮件为例。按照这种观点,"电子传输"仅适用于电子邮件,不包括该电子邮件的任何附件。

以美国、澳大利亚、加拿大、新加坡和欧盟等为代表的 WTO 成员则主张,电子传输应当包括电子传输的内容。美国坚称,"暂免关税显然要求对以电子方式传输的数字内容进行免税处理",对电子传输作狭义解释"将使暂免关税几

---

① See WTO, Global Electronic Commerce, Proposal by the United States, WT/GC/W/78, 9 February 1998, p.1.
② See WTO, Declaration on Global Electronic Commerce, WT/MIN(98)/DEC/2, 25 May 1998, p.1.
③ See WTO, Statement by Indonesia: Facilitator's Consultation on Electronic Commerce, MC11 Declaration, and other Relevant Plenary Sessions, WT/MIN(17)/68, 20 December 2017, p.1.
④ See WTO, The Work Programme on Electronic Commerce, The E-Commerce Moratorium: Scope and Impact, Communication from India and South Africa, WT/GC/W/798, 10 March 2020, p.1.

乎毫无意义"①。一些相关行业协会认为,只有以电子方式传输的内容才具有商业价值②。美国、欧盟等成员已经在其缔结的自贸协定中践行了上述主张,如 CPTPP③、USMCA④、《欧盟-日本经济伙伴关系协定》⑤等。

不同的国际组织对此也有不同的认识。WTO 的研究认为,电子传输的讨论主要涉及有可能被数字化并且随后以数字方式跨境交付的实物商品("可数字化商品"),包括 CD、书籍、报纸、电影胶片、视频游戏和计算机软件等⑥。在这里,电子传输就是已经数字化的产品的数字传输。UNCTAD 的研究认为,电子传输即在线传输,如音乐、电子书、电影、软件和视频游戏。电子传输的贸易不同于跨境电子商务,它不包括那些在线订购但实物交付的产品⑦。OECD 的研究认为,电子传输是数字交付⑧。换言之,电子传输涵盖了可以通过电子方式或服务贸易提供模式 1(跨境提供)传输的所有服务,包括 ICT 支持的服务,如电信服务、金融服务或其他商业服务。这使电子传输的范围大大地扩展了。

(二) 电子传输的定性问题

数字化产品的出现模糊了商品和服务之间的界限。WTO 成员普遍认为,有必要对电子传输进行定性,即电子传输究竟是货物还是服务。因为定性问题将影响电子传输的非歧视待遇。对此,1998 年 WTO《电子商务工作

---

① See Inside U.S. Trade, U.S. Joins MC12 Proposal to Extend WTO E-commerce Moratorium, 9 November 2021, https://insidetrade.com/daily-news/us-joins-mc12-proposal-extend-wto-e-commerce-moratorium, visited on 3 March 2022.
② See The City UK, Current WTO Debate on the E-Commerce Moratorium: Scope and Impact, A Statement from the Global Services Coalition, https://www.thecityuk.com/news/current-wto-debate-on-the-e-commerce-moratorium-scope-and-impact/, visited on 9 March 2022.
③ See CPTPP, Art. 14.3.
④ See USMCA, Art. 19.3.
⑤ See EU-Japan Economic Partnership Agreement, Art. 8.72.
⑥ See WTO, Fiscal Implications of the Customs Moratorium on Electronic Transmissions: The Case of Digitizable Goods, JOB/GC/114, 20 December 2016, p.1.
⑦ See Rashmi Banga, Growing Trade in Electronic Transmissions: Implications for the South, UNCTAD Research Paper No. 29, 2019, p.3.
⑧ See Andrea Andrenelli & Javier López-González, Electronic Transmissions and International Trade-Shedding New Light on the Moratorium Debate, OECD Trade Policy Papers No. 233, 13 November 2019, p.9.

计划》通过之后,各成员展开了广泛的讨论①。其中有些观点在今天看来仍然相当有前瞻性。但是,WTO 在"数字内容"应被视为货物并适用 GATT 纪律,还是应被视为服务并适用 GATS 纪律的问题上陷入了僵局,迄今仍悬而未决。

1. WTO 成员方的不同观点

对于电子传输的定性问题,一种观点认为,以电子方式交付的产品是服务,不存在任何以电子方式交付的非服务产品,因此应当明确 GATS 适用于所有以电子方式交付的产品。欧盟是上述观点的主要倡导者。欧盟认为,许多服务早期需要物理支持才能传输给客户,如 X 射线报告等,但现在这些服务可以在没有物理支持的情况下传输,因此电子传输应归类为服务,而 GATT 只是为实体产品而设计的②。欧盟强调软件是"使用计算机工作和通信所需的指令集",由于消费者可以选择使用现成的程序或专门开发的程序,所以这些传输应包含在 GATS"软件实施服务"中,因为 GATS 包括服务的生产、分销、营销、销售和交付③。

另一种观点则认为,GATT 纪律可以适用于通过电子方式交付的数字内容,只要这些内容可以被定性为货物。因为一些电子传输的内容确实类似于或接近于货物的替代品。例如,以数字化数据形式从互联网上下载的音乐可以替代在商店购买的实体 CD,从互联网上下载的软件可以替代磁盘或 CD 上的软件。这时,如果电子传输免征关税就会出现技术中立的问题,即为什么只对实物产品而不对下载的数据征收关税。当然,也有观点认为,下载的数据可能不属于"进口"的定义范围,而未来通过互联网下载的软件很可能是客户和供应商之间一系列互动的结果,因此下载的产品不会是"同类产品"。美国一直是主张数字内容应被视为货物并受 GATT 约束的主要倡导者。为了澄清电子传输的含义,2005 年美国建议将"电子传输"一词替换为"以电子方式传输的产品",并强调确保电子交付软件的贸

---

① 关于 WTO 成员的主张,参见 WTO, Work Programme on Electronic Commerce, Information Provided to the General Council, G/C/W/158, 26 July 1999, paras. 2.1 - 2.11; WTO, Work Programme on Electronic Commerce, Progress Report to the General Council, Adopted by the Council for Trade in Services on 19 July 1999, S/L/74, 27 July 1999, paras. 6, 24-25。

② See WTO, Work Programme on Electronic Commerce-Classification Issue-Submission from the European Communities, WT/GC/W/497, 9 May 2003, pp.2-3.

③ Ibid., pp.3-4.

易自由化①。

还有一种观点认为,对于电子传输的定性应当具体问题具体分析。以电子方式交付的产品当中,有些可被定性为服务,有些可被定性为货物,对于其中被视为服务的,将适用 GATS 规则;对于其中被视为货物的,将适用 GATT 规则。例如,通过电子传输进行的大规模数据分发应由 GATT 涵盖,而更个性化的分发应由 GATS 涵盖。再如,电子传输的内容与内容的提供本身可以分开认定②。值得注意的是,由于互联网具有动态发展的特性,数字化带来的新产品是无限的。例如,数字化产品通常将物理应用中独立的元素组合在一起,比如将教育、娱乐甚至商业应用组合在一个产品中。对于电子交付产生的新产品,可能需要进一步开展工作来确定如何对其进行定性和分类。

也有一种观点认为,数字内容既不是货物也不是服务,而是受知识产权保护的"想法和内容",当数字内容跨越边境时,程序本身仍由知识产权所有者拥有,但购买者拥有使用程序或数字内容的有限许可,因此这些交易应根据 TRIPs 处理③。如果将数字内容定性为知识产权,将不会产生关税问题,因为这是支付特许权使用费的问题,无论是跨境传输还是纯国内传输均是如此。但是,TPIPs 是关于知识产权保护和执法的最低标准的协定,而不是关于市场准入的协定,将数字内容认定为知识产权的观点不能解决电子传输的待遇问题,反而使有关定性问题的争论变得更加复杂。

2. 定性问题与技术中立有关的争论

有关电子传输定性问题的另一个重要话题是技术中立。WTO 首次使用"技术中立"术语是在《电子商务工作计划》中,服务贸易理事会报告指出,"GATS 在技术上是中立的,因为它没有任何条款来区分用于提供服务的不同技术"④。根据技术中立原则,当出口某些产品时,无论技术手段如何,进出口

---

① See WTO, Sixth Dedicated Discussion on Electronic Commerce under the Auspices of the General Council on 7 and 21 November 2005-Summary by the Secretariat of the Issues Raised, WT/GC/W/556, 30 November 2005, p.2.
② See WTO, Work Programme on Electronic Commerce, Information Provided to the General Council, G/C/W/158, 26 July 1999, paras. 2.4, 2.7.
③ See WTO, Preparations for the 1999 Ministerial Conference, Work Programme on Electronic Commerce, Communication from Indonesia and Singapore, WT/GC/W/247, 9 July 1999, paras. 10-13.
④ See WTO, Work Programme on Electronic Commerce, Progress Report to the General Council, Adopted by the Council for Trade in Services on 19 July 1999, S/L/74, 27 July 1999, para. 4.

规则保持不变,不能区别对待不同的交付方式。而在暂免关税决定下,如果使用不同的技术交付"数字内容",会受到不同的待遇,即如果它们以实物方式交付但没有以电子方式交付则将产生关税,使这些数字化产品的实体贸易处于不利地位,违反了技术中立原则。当时,技术问题并没有受到过多关注,但是今天技术问题引发的争议越来越突出了。

此外,电子传输之时是否确实发生了 GATT 第 2 条意义上的"进口",也是一个密切相关的问题。因为一个国家对货物征收关税,总是涉及跨境贸易。但是对于电子商务,尤其是在互联网领域,尚不清楚是否存在真正跨越边境的"东西",由此得出 GATT 第 2 条意义上的"进口"没有实际发生的结论。GATT 第 2 条规定的关税与进口有关。如果不涉及进口,电子传输将被排除在征收关税的范围之外。

当然,也有成员指出,有关电子传输定性的讨论是没有成效的。即使在理论上达成一致,在实践中也很难区分货物和服务。由于数据流的字节仅由 1 和 0 组成,如何针对每个个案确定特定传输是否属于商品或服务,是定性问题在具体适用中所面临的巨大挑战。

电子传输定性问题之所以充满争议,很大程度上是因为 GATT 和 GATS 实现自由化的方式不同,以及由此获得的待遇不同。GATT 的方式可以称为"浅层整合",主要是将贸易保护措施"关税化",并以关税自由化努力作为重点。而 GATS 的方式可以称为"深度整合",它侧重于各个服务部门的境内监管措施[1]。不同的自由化方式给成员贸易和监管带来的影响各不相同,因此各成员对自由化方式也有各自的偏好和选择。也就是说,电子传输定性之争的实质不是单纯的法律问题,归根到底是 WTO 成员立场的分歧。如果 WTO 不对货物和服务贸易规则的二分法进行协调和统一,这种争论也几乎不可能停止。

(三)电子传输免关税的关税收入损失问题

多年来,虽然发展中国家同意对电子传输暂免关税进行延期,但也提出了关税收入损失的问题,这是数字革命带来的新挑战[2]。对于暂免关税的关税收

---

[1] See WTO, World Trade Report 2018: The Future of World Trade: How Digital Technologies are Transforming Global Commerce, October 2018, p.150.
[2] See WTO, The Work Programme on Electronic Commerce, The E-Commerce Moratorium and Implications for Developing Countries, Communication from India and South Africa, WT/GC/W/774, 4 June 2019, p.2-3.

入影响,已有一系列文献做过研究,不过未能形成相对一致的认识,部分原因是没有明确电子传输的定义以及暂免关税的范围。

WTO 和 UNCTAD 现有文献估算了取消关税对可数字化产品的关税收入影响,即那些早期以有形形式交付但现在也可以通过互联网下载以电子形式交付的产品。WTO 的研究识别出录音制品、视听作品、计算机软件、视频游戏和印刷品五个类别的产品[1]。WTO 的研究表明,电子传输暂免关税带来的潜在关税收入损失是很小的。传统定义的可数字化产品的贸易份额一直在逐年下降,2016 年 WTO 成员可数字化产品的进口额约占全球进口总额的 0.8%,相比之下,2000 年可数字化产品的进口额占全球进口总额的 2.86%[2]。2014 年,可数字化产品的平均最惠国税率为 6.7%,比 2000 年低 1/4;从这些产品中收取的财政收入很少,2014 年平均占海关总收入的 0.25%,尽管有一些明显的例外[3]。

UNCTAD 有关发展中国家潜在关税收入损失的测算范围与 WTO 基本相同[4]。基于对上述五个类别中可数字化产品的识别,UNCTAD 估计,2017 年,WTO 发达成员的可数字化产品出口约占出口总额的 76%,发展中成员约占 5%,中国约占 18%[5]。暂免关税致使 WTO 发展中成员每年关税收入潜在损失超过 100 亿美元,而发达成员的损失只有约 2.89 亿美元[6]。发展中成员关税收入损失的比例要高于发达成员,发展中成员占比为 4.35%,而发达成员仅为 0.24%[7]。

然而,有文献提出了基于可数字化产品"实物"进口的现有关税而非其"在线"进口或电子传输来估算收入损失的适当性问题。欧洲国际政治经济研究中

---

[1] See WTO, Fiscal Implications of the Customs Moratorium on Electronic Transmissions: The Case of Digitizable Goods, JOB/GC/114, 20 December 2016, p.1.

[2] See WTO, World Trade Report 2018: The Future of World Trade: How Digital Technologies are Transforming Global Commerce, October 2018, p.92.

[3] See WTO, Fiscal Implications of the Customs Moratorium on Electronic Transmissions: The Case of Digitizable Goods, JOB/GC/114, 20 December 2016.

[4] See Rashmi Banga, Growing Trade in Electronic Transmissions: Implications for the South, UNCTAD Research Paper No. 29, 2019, p.10.

[5] Ibid., p.14.

[6] Ibid., p.17.

[7] See WTO, The Work Programme on Electronic Commerce, The Moratorium on Customs Duties on Electronic Transmissions: Need for Clarity on its Scope and Impact, Communication from India and South Africa, WT/GC/W/833, 8 November 2020, p.3.

心(ECIPE)的研究扩大了 WTO 和 UNCTAD 认同的范畴,将暂免关税的范围界定为"可数字化产品和服务",包括四大类:批发及零售服务、娱乐及其他服务、通信服务和商业服务①。OECD 的研究也支持这一扩大范围,认为数字交付不仅包括可数字化产品,还包括以数字方式交付的服务②。一旦在测算中增加这些服务,将会完全改变暂免关税对发展中国家关税收入影响的结果。ECIPE 认为,UNCTAD 的测算明显夸大了可数字化产品的贸易额以及放弃暂免关税的国家可能获得的关税收入,与电子传输进口关税造成的经济损失规模相比,关税收入的损失最终将是微乎其微的③。

当然,上述有关收入损失的讨论,仅指国家的关税收入损失。也有研究从国内生产总值(GDP)的角度看待电子传输免关税的影响,认为如果征收关税,一个国家的 GDP 损失会比关税获得的收益大得多④。此外,OECD 还主张深化关于关税收入损失的讨论,提出采用消费税或销售税等国内税,弥补关税收入损失⑤。有些国家已经开始推行上述替代性解决方案,如新西兰、澳大利亚。新西兰和澳大利亚分别于 2016 年、2017 年通过立法,对服务和数字产品的进口征收商品服务税⑥。但是,发展中国家往往面临不在税收网络之内的非正规市场问题,如印度,通过收取国内税来弥补关税收入损失往往存在不确定性,只有发达国家才有能力通过增加国内税来收取损失的关税收入⑦。

对于电子传输免关税的财政收入损失问题,无论不同组织和机构的测算方

---

① See Hosuk-Lee Makiyama & Badri Narayanan, The Economic Losses from Ending the WTO Moratorium on Electronic Transmissions, ECIPE Policy Brief No.3, 2019, p.18.
② See Andrea Andrenelli & Javier López-González, Electronic Transmissions and International Trade-Shedding New Light on the Moratorium Debate, OECD Trade Policy Papers No. 233, 13 November 2019, p.9.
③ Ibid.
④ See Hosuk-Lee Makiyama & Badri Narayanan, The Economic Losses from Ending the WTO Moratorium on Electronic Transmissions, ECIPE Policy Brief No.3, 2019, p.15.
⑤ See Andrea Andrenelli & Javier López-González, Electronic Transmissions and International Trade-Shedding New Light on the Moratorium Debate, OECD Trade Policy Papers No. 233, 13 November 2019, p.23.
⑥ See New Zealand, Taxation (Residential Land Withholding Tax, GST on Online Services, and Student Loans) Act 2016, Public Act 2016 No 21, Date of assent: 13 May 2016; Australia, A New Tax System (Goods and Services Tax) Act 1999, Compilation No. 74, Compilation date: 1 July 2017.
⑦ See Rashmi Banga, Moratorium on Duties for Electronic Transmissions at the WTO is Untenable, Trade Promotion Council of India, 28 May 2020.

法和结果有何差异,可以确定的是,可数字化产品的净出口方主要是发达国家,发展中国家大多是可数字化产品的净进口方。电子传输免关税给发达国家带来的直接受益更大,对发展中国家带来的关税损失更大。因此,发达国家主张电子传输免关税永久化,而发展中成员普遍持保留态度,印度、南非、印度尼西亚则强烈反对。

总的来看,WTO成员有关电子传输免关税的法律及相关争议愈演愈烈,背后是各自不同利益的直接体现,无论是适用范围问题、非歧视待遇问题,还是收入损失问题均是如此。可以预见,短期内各方利益诉求不太可能发生大的变化,因此在这一议题上的分歧也难以弥合。而且随着数字技术广泛应用,电子传输贸易的范围呈扩大之势,各方对于免关税的争议还将更加尖锐。

二、新技术对电子传输免关税议题的影响

电子传输免关税议题辩论中反复出现的一个话题就是新兴技术带来的不确定性及其对未来数字化交付的影响。其中以3D打印技术最为典型。3D打印技术的出现,使更多商品可能通过数字方式交付,将数字化范围扩大到新的产品类别,从而加剧暂免关税的收入影响以及对现有贸易规则的冲击。

(一) 3D打印的收入影响

3D打印,即增材制造,是指在计算机控制下,基于3D模型、计算机辅助设计(computer-aided design, CAD)文件或者增材制造文件(additive manufacturing file)等数字模型,连接或固化液体分子、粉末颗粒等材料,以形成三维物体的制造过程[①]。3D打印使用添加工艺,通过连续叠加不同形状材料层,如塑料、陶瓷,使用3D打印机生产商品。3D打印被广泛应用于各种应用,如飞机零件、医疗和牙科设备等。3D打印使产品定制更容易,成本更低,因为它只涉及新的设计和计算机代码的变化,而不是新的生产工具、模具以及对工厂的改造。尽管3D打印技术并不成熟,但是增长很快,主流应用已经开始起步。Statista数据显示,2020年,全球3D打印产品和服务市场价值约为126亿美元,预计该行业在2020—2023年的年均复合增长率将达约17%[②]。

[①] See WTO, World Trade Report 2018: The Future of World Trade: How Digital Technologies are Transforming Global Commerce, October 2018, p.156.
[②] See Statista, Global 3D Printing Products and Services Market Size from 2020 to 2026, https://www.statista.com/statistics/315386/global-market-for-3d-printers/, visited on 18 March 2022.

鉴于3D打印技术的能力和采用方面的不确定性，关于3D打印对贸易的影响一直存在广泛争议。《全球贸易评论》的一篇文章预测，到2040年，3D打印可能会取代近40%的世界贸易量①。由于传统制成品的出口可能会被大规模的3D打印取代，越来越多地使用3D打印有可能显著改变现有的出口竞争力和相关的贸易流。世界银行的一项研究指出，3D打印特别有利于中等收入和高收入经济体的出口，但对低收入经济体会带来负面影响，3D打印正在导致比较优势从劳动力丰富的发展中经济体重新转移到资本充足的先进经济体②。因为发达国家除了在电子传输贸易中占主导地位外，还在制造3D打印机以及提供用于打印的材料（俗称"墨水"）或3D打印相关投入方面更具竞争力③。

不过，也有研究表明，3D打印技术的采用虽然在增长，但一直很缓慢，现在下结论说3D打印将取代贸易为时尚早④。因为3D打印技术的广泛采用存在诸多限制，其中高昂的特定成本是主要障碍，而打印时间和材料使用是决定3D打印成本的重要因素。由于这些原因，3D打印多数用于生产小批量、定制化等产品，可以打印的产品范围比较有限，因此并不能为规模经济提供重要机会，完全取代更多传统制造的能力也会受到限制⑤。

同时，3D打印技术的采用并不一定意味着跨境货物贸易的减少。随着生产成本的下降，采用3D打印技术将导致世界贸易量的增长，比如助听器生产转向3D打印之后贸易量增长了大约60%⑥。因为综合考虑运营成本、人员成本等多种因素，在一个地点部署3D打印机然后将产品运送到服务地点（"集中式快速制造"）可能更方便，而不是在多个地点采用3D打印机并在这些地点之

---

① See World Trade Review, 3D Printing Could Wipe out 40% of World Trade by 2040, https://www.gtreview.com/news/global/3d-printing-could-wipe-out-40-of-world-trade-by-2040/, visited on 18 March 2022.
② See Caroline Freund, Alen Mulabdic & Michele Ruta, Is 3D Printing a Threat to Global Trade? The Trade Effects You Didn't Hear About, World Bank Policy Research Working Paper 9024, September 2019, p.24.
③ Rashmi Banga, Growing Trade in Electronic Transmissions: Implications for the South, UNCTAD Research Paper No. 29, 2019, p.31.
④ See Andrea Andrenelli & Javier López-González, 3D Printing and International Trade: What is the Evidence to Date? OECD Trade Policy Paper No. 256, November 2021, p.2.
⑤ See Kommerskollegium, Trade Regulation in a 3D Printed World—a Primer, Swedish National Board of Trade, April 2016, pp.11-12.
⑥ See Caroline Freund, Alen Mulabdic & Michele Ruta, Is 3D Printing a Threat to Global Trade? The Trade Effects You Didn't Hear About, World Bank Policy Research Working Paper 9024, September 2019, pp.4-16.

间传输数字文件("分布式快速制造")①。虽然特定类别产品和国家的贸易流动配置可能因此发生变化,但并不一定意味着跨境货物贸易价值的下降。同样,广泛采用3D打印可能会刺激用作"墨水"的原材料或自然资源的贸易量增加②。

无论如何,3D打印技术对贸易的实际影响目前可能还难以预测。那么,由3D打印导致的电子传输免关税的财政收入损失也很难准确估量。不仅3D打印如此,大数据分析、人工智能等颠覆性技术对贸易的影响及财政收入损失问题也是如此。正是由于这些不确定性,发展中成员普遍不愿意对电子传输免关税永久化做出承诺。

(二)3D打印的贸易法争议

3D打印的本质是,随着制造业向消费者市场靠近,它改变了货物的生产地点,传统上参与货物生产和贸易的相关参与者变得多余③。因为制造业生产的某些阶段被合并到3D打印过程中,3D打印过程取代了中间产品的贸易。虽然很难准确预测3D打印的贸易和生产的未来远景,但其发展方向无疑将是数据、服务贸易、知识产权交易和用户权利的不断增长④。随着3D打印的发展以及从中间产品贸易向数据、服务贸易和知识产权的转变,3D打印会对多边贸易体制带来一系列挑战,既有现有WTO规则的适用问题,也有未来WTO规则更新的问题。

一方面,3D打印的增长可能危及WTO关税制度。在传统贸易模式中,生产者将生产货物并将其运送到进口国,进口国在边境对货物征收关税。然而,由于3D打印的独特性,货物进口减少了,因为该过程还涉及电子传输的CAD文件的设计和传输,而打印则是在进口国境内完成的。WTO规则不适用于没

---

① See Andrea Andrenelli & Javier López-González, Electronic Transmissions and International Trade-Shedding New Light on the Moratorium Debate, OECD Trade Policy Papers No. 233, 13 November 2019, p.20.
② See Hosuk-Lee Makiyama & Badri Narayanan, The Economic Losses from Ending the WTO Moratorium on Electronic Transmissions, European Centre for International Political Economy Policy Brief, No. 3, 2019, p.14.
③ See UNCTAD, What is at Stake for Developing Countries in Trade Negotiations on E-commerce? The Case for Joint Statement Initiative, 2021, p.35.
④ See WTO, World Trade Report 2018: The Future of World Trade: How Digital Technologies are Transforming Global Commerce, October 2018, p.158.

有跨境的货物贸易,关税和反倾销措施均是如此。3D 打印技术使从互联网下载 CAD 文件在本地生产实物商品成为可能,从而让 WTO 成员通过关税制度对工业部门提供保护变得无效。例如,如果某个国家为保护制鞋业对鞋子征收相对较高昂的关税,那么外国公司使用 3D 打印,就可以在该国境内大规模生产鞋子,而无需向该国出口鞋子或在该国设立商业存在。同时,《WTO 反倾销协定》的规则也会变得无关紧要,因为 3D 打印产品没有跨境,很难证明它们是进口产品,也很难将它们归类为具有不同成本结构的"同类"产品,而且在面临反倾销税时可以轻易转移到其他国家,所以就会产生如何证明倾销以及如何执行反倾销措施的问题。

此外,如果将 3D 打印的商品出口到另一个国家,也会对现有原产地规则、海关估价等规则带来挑战。3D 打印商品的价值有相当一部分来源于 3D 模型、CAD 文件和增材制造文件等数字模型。在打印商品用于出口时,如果进口商没有主动申报,也没有适当的进口后审计程序,这部分价值的海关估值将越来越困难[1]。而且如果采用税则归类改变法或者加工工序法判定原产地,此类成本根本不会对原产地的确定产生任何影响,导致 3D 打印商品适用原产地规则越来越困难。

另一方面,3D 打印的增长也可能挑战 WTO 服务贸易规则。3D 打印的增长必然伴随着电子传输的增长。为了辅助远程打印,必须通过电子方式跨境传输 CAD 文件。根据 WTO 规则,3D 打印机和打印机"墨水"属于实物产品,而 CAD 文件的电子传输将引发复杂的定性和分类问题,即 CAD 文件的电子传输是货物贸易还是服务贸易?如果是后者,应被视为 GATS 模式 1 还是模式 2 下的服务贸易?厘清这些问题非常重要,因为这不仅将决定 GATT 或 GATS 的适用,还将影响 GATS 框架下具体服务部门及不同模式的市场准入和国民待遇。例如,如果某个成员为保护其建筑服务而不允许外国直接投资,那么外国公司可以通过传输 CAD 文件用 3D 打印来"打印"房屋,无需跨境提供服务,也没有在该国境内设立商业存在,则该成员在 GATS 框架下对建筑服务给予的保护可能会失效。但是,有关传统电子传输定性的争议尚无定论,更遑论 3D 打印的定性问题。

---

[1] 根据 WTO《海关估价协定》第 8 条,海关应将在进口国以外地方进行的且为生产进口货物所必需的"工程、开发、工艺、设计工作以及计划和规划"的价值纳入完税价格。See WTO Customs Valuation Agreement, Art. 8(1).

3D打印还提出了新的规则需求。电子传输贸易增长将导致跨境数据流动激增，但是GATS未明确涵盖数据传输，WTO电子商务联合声明谈判也尚未取得成果。GATS在补贴、标准和本地含量要求等问题上也缺乏一般性规则，使WTO成员更少受到规则约束，意味着从事3D打印的公司在这一领域将会缺乏规则的保护。再者，当前的知识产权规则可能也很难适用于3D打印①。

鉴于3D打印对贸易法带来的挑战，电子传输免关税尤其是其永久化可能会对WTO成员数字贸易监管产生深远影响。多数发展中成员是电子传输的净进口方，同意不对电子传输征收关税，等于同意取消未来可能进行3D打印的制成品的关税（3D打印机和"墨水"仍有关税），同时也将放弃其保护可以通过电子方式提供服务的服务部门的权力，这会严重限制未来应对3D打印带来的挑战的政策空间②。因此，一方面，有关电子传输免关税的争议仍将继续存在，另一方面，对电子传输的相关贸易规则也有必要做出一些调整，为数字技术的发展变化提供更加清晰的规则。

第二节 数字产品跨境交易国内税

随着数字技术不断发展和深化，各经济体有关电子传输和数字产品征税的争议已经从关税领域延伸到国内税领域。而对跨境的电子传输和数字产品交易国内税的国际协调也从国际税法领域扩展到国际贸易法领域。

一、主要经济体的相关数字税收安排

面对经济数字化带来的税收挑战，特别是数字跨国企业利润转移和税基侵蚀，加之国际税收制度改革困难重重，许多经济体采取单边税收措施，有的开征新的税种，有的将数字服务纳入现行税收体制。对于数字产品跨境交易，欧盟、新西兰、澳大利亚等经济体已有开征国内税的相关实践。数字产品跨境交易国内税的税种主要包括增值税、商品服务税和数字服务税。

---

① See WTO Customs Valuation Agreement, Art. 8(1).
② See Richard Kozul-Wright & Rashmi Banga, Moratorium on Electronic Transmissions: Fiscal Implications and Way Forward, UNCTAD Research Paper No. 47, 2020, p.15.

1. 增值税和商品服务税

商品、服务和无形资产的跨境贸易（包括用于增值税/消费税目的的数字下载）给增值税/消费税制度带来了挑战，特别是当这些产品是由国外提供商直接提供给消费者时①。为了应对这一挑战，数字服务增值税/消费税应运而生，即数字服务国际销售所需缴纳的税收。近年来，世界各国对跨境数字服务征税的势头正在上升。据初步统计，到 2020 年底，总数达到 71 个国家和地区开征了数字服务增值税。仅 2020 年一年，就有 11 个国家和地区首次对外国数字服务提供者实施增值税。另有 15 个国家和地区已宣布计划将其增值税扩展到数字服务②。

欧盟自 2015 年 1 月起对跨境提供的 B2C 通信、广播和电子服务等数字服务开征增值税，并不断完善服务增值税的相关规则。欧盟最新颁布的有关 B2C 跨境电子商务活动的增值税规则于 2021 年 7 月 1 日生效。该增值税规则由欧盟理事会 2017 年 12 月通过《第 2017/2455 号指令》③和 2019 年 11 月通过《第 2019/1995 号指令》④（《电子商务增值税指令》）确立，对《第 2006/112/EC 号指令》⑤（《增值税指令》）的相应内容进行修改。《电子商务增值税指令》不仅适用于商品的远程销售，也适用于服务的跨境提供⑥。根据规定，非设于欧盟的企业向位于欧盟的消费者提供服务时需缴纳增值税，但无需在其所提供服务的每个成员国都注册增值税，而是可通过一站式服务（One Stop Shop）在一个成员国（识别号所在成员国）申报和缴纳上述所有服务提供的应缴增值税⑦。这一简化规定不仅适用于向欧盟消费者跨境提供的通信、广播和电子服务这三类

---

① See OECD, Addressing the Tax Challenges of the Digital Economy, Action 1-2015 Final Report, OECD/G20 Base Erosion and Profit Shifting Project, OECD Publishing, 2015, p.120.
② See Avalara, VAT on Digital Services, https://www.avalara.com/eu/en/learn/whitepapers/vat-on-digital-services.html, visited on 9 May 2022.
③ See Council Directive (EU) 2017/2455 of 5 December 2017 Amending Directive 2006/112/EC and Directive 2009/132/EC as Regards Certain Value Added Tax Obligations for Supplies of Services and Distance Sales of Goods.
④ See Council Directive (EU) 2019/1995 of 21 November 2019 Amending Directive 2006/112/EC as Regards Provisions Relating to Distance Sales of Goods and Certain Domestic Supplies of Goods.
⑤ See Council Directive 2006/112/EC of 28 November 2006 on the common system of value added tax.
⑥ 《电子商务增值税指令》涵盖以下交易：(1) 供应商和视同供应商从第三国或领土进口之商品的远程销售，需征收消费税的商品除外；(2) 供应商和视同供应商在欧盟内部进行的商品远程销售；(3) 视同供应商在成员国国内进行的商品销售；(4) 欧盟和非欧盟供应商向欧盟消费者提供的服务。See European Commission, Explanatory Notes on VAT e-commerce rules, September 2020, p.7.
⑦ See Council Directive (EU) 2017/2455, Art. 359, 362.

《增值税指令》及实施条例明确规定的数字服务[1],也适用于所有其他跨境服务。其中,通信服务主要包括固定电话、移动电话、网络电话、语音信箱、寻呼服务、互联网访问和专用网络连接等;广播服务主要包括电视、无线电节目以及通过互联网或其他电子网络提供的上述服务;电子服务主要包括网站托管和网页托管,访问或下载软件及更新,电子书,订阅在线报纸和期刊,在线新闻、交通信息和天气预报,搜索引擎,访问或下载音乐、电影等,下载或在线游戏,在线教学等。欧盟对跨境提供 B2C 数字服务征收增值税,目的是在欧盟境内服务供应商和非欧盟服务供应商之间营造相对公平的竞争环境。

韩国也对跨境提供电子服务征收增值税。2015 年 5 月,韩国修改税法,要求外国服务提供者向韩国终端用户提供电子服务时需进行登记并收取增值税,税率为 10%。根据规定,电子服务包括游戏、音频、视频文件、电子文件、软件以及上述服务的升级、存储或传输。自 2019 年 7 月起,在线广告、云计算服务等也被纳入电子服务当中[2]。

数字经济也对原有的商品服务税(GST)[3]系统带来了挑战。数字经济时代,大多数在线提供者与消费者不在同一个国家/地区,而原有 GST 系统不太适用。以音乐下载为例。GST 系统通常将此类提供视为在供应商所在地生产,而不是在消费者所在地生产。因此,此类下载免征当地 GST,并且由于消费者不在供应商所属的国家/地区,供应商的提供通常是零税率。而对数字服务征收商品服务税是原有 GST 系统对数字经济做出的调适。

澳大利亚对跨境提供服务和数字产品征收商品服务税。澳大利亚税法规定,自 2017 年 7 月 1 日起,GST 适用于所有无形产品的提供,如数字内容、游戏和软件的提供以及为澳大利亚的客户离岸提供的咨询和专业服务等。提供这些服务和数字产品且达到 GST 营业额起征点(12 个月内与澳大利亚相关的销售额为 75 000 澳元)的企业,必须进行 GST 登记,对这些销售收取 GST,并

---

[1] See Council Directive 2006/112/EC, Art. 24-29; Council Implementing Regulation (EU) No 282/2011 of 15 March 2011 Laying down Implementing Measures for Directive 2006/112/EC on the Common System of Value Added Tax, Art. 6a-7.

[2] See Korean Tax Expert, VAT Filing for Electronic Services in Korea-Korean Tax Expert, https://koreantaxexpert.com/2019/11/05/vat-filing-for-electronic-services-in-korea/, visited on 28 April 2022.

[3] 商品服务税是增值税的一种,也是销售税的一种,指政府为各种商品及服务所征收的税项。不同于一般的销售税(零售税),商品服务税并非只由消费者承担,生产商及分销商亦需要缴纳这种税项。全球有数个国家和地区征收商品服务税,包括加拿大、澳大利亚、新西兰和新加坡等。

向澳大利亚税务局提交退税。向最终消费者提供服务和数字产品的电子分销平台也需就其负责的销售缴纳 GST。对涉及澳大利亚客户的交易（B2C 交易）的海外供应商也要征收 GST。《第 2017/1 号商品及服务税决定》详细规定了海外供应商如何确定提供是否与澳大利亚相关，即接收方是否为澳大利亚消费者①。澳大利亚这项改革旨在确保消费者购买的进口服务和数字产品与境内采购的服务和数字产品面临相同的税收安排，有助于对入境无形消费品的增值征收 GST，并在境外和国内的服务和数字产品供应商之间创造公平的竞争环境。

新加坡也有相关实践。2020 年 1 月，新加坡对数字服务征收商品服务税，要求非居民服务提供者注册并缴纳 GST，税率为 7%。在此之前，新加坡境内的提供者提供的服务需缴纳 GST，而新加坡境外的提供者提供的相同服务则无需缴纳。"数字服务"是通过互联网或电子网络提供的服务，包括数字内容下载（移动应用程序、电子书和电影等）、数字媒体订阅（新闻、音乐和在线游戏等）、软件程序（杀毒软件和办公软件等）、电子数据管理（网页托管和云计算服务等）。根据新加坡海外供应商注册（Overseas Vendor Registration）制度，每年全球营业额超过 100 万新元且对新加坡用户提供 B2C 数字服务超过 10 万新元以上者，需要在新加坡注册并缴纳 GST②。

日本对跨境提供电子服务征收消费税。日本的消费税类似于其他国家的增值税或商品服务税。2015 年 5 月，日本修改《消费税法》，对向消费者跨境提供数字内容分发等电子服务征收消费税，税率为 10%。"提供电子服务"包括通过电信网络提供电子书、音乐和软件，还包括在互联网上投放广告、提供云服务以及通过电话和电子邮件提供咨询业务。对于征收消费税的标准（确定国内或国外交易的标准）即确定交易中的提供地是否在日本，原则上从服务办事处所在地修改为向"服务接受者的地址"提供此类服务的相关提供者。此外，日本电子服务消费税的责任取决于外国公司的数字服务是属于 B2B 还是 B2C，只有提供 B2C 电子服务的提供者应当报税和纳税③。

---

① See Australia Taxation Office, Goods and Services Tax Ruling 2017/1.
② See Inland Revenue Authority of Singapore, GST Payable on Overseas Digital Services from 1 Jan 2020，https://www.iras.gov.sg/news-events/newsroom/gst-payable-on-overseas-digital-services-from-1-jan-2020?msclkid=1d02b8b9c75d11ecab17434f3beb9d3d, visited on 29 April 2022.
③ See National Tax Agency of Japan, Revision of Consumption Taxation on Cross-border Supplies of Services，May 2015.

由上可知，欧盟和澳大利亚等经济体对跨境数字服务开征的增值税和商品服务税根据来源区分服务提供者，即非歧视待遇问题。虽然直接针对外国服务供应商，但由于此前已经对本国服务供应商征收同类税收，所以一般并不存在所谓的歧视，反而为外国和国内服务供应商提供了同等的税收待遇，本国竞争者不至于因税负更重处于不利地位，从而创造公平的竞争环境。因此，以美国税收基金会为代表的智库明确表态支持对跨境数字服务实施消费税或销售税，而非数字服务税①，因为前者是一项基础广泛的税收，不仅在非歧视的基础上适用于跨境和本地商业，而且平等对待数字和实体企业。

2. 数字服务税

数字服务税是当前全球税制改革的热点议题。数字服务税是为应对数字经济特别是数字跨国企业对传统国际税收体制的挑战而设立的新税种。数字经济时代，支撑原有国际税收规则的核心概念——联结度（居民企业是否需要就其部分利润在另一国纳税）和利润分配（居民企业需要就多少利润在另一国纳税）面临巨大冲击，数字经济的虚拟性和无形化突破了常设机构的认定标准，数字经济的高流动性加剧了税基侵蚀和利润转移问题②。许多在欧洲开展业务的美国科技企业都采用"双层爱尔兰夹荷兰三明治"（Double Irish Dutch Sandwich）结构，在两家爱尔兰子公司和一家荷兰子公司之间腾挪业务进行避税，造成税收大量流失，加剧了数字企业和传统企业之间的税负失衡问题。这些问题已经引发广泛关注和回应，越来越多的国家开征数字服务税。

截至2022年8月，欧洲已有十多个国家宣布、提议或实施数字服务税。奥地利、法国、匈牙利、意大利、波兰、葡萄牙、西班牙和英国已实施数字服务税。2019年7月，法国通过数字服务税法③，追溯自2019年1月1日起对符合条件的企业征收数字服务税，征收对象是全球数字服务收入超过7.5亿欧元且在法国对应收入超过2500万欧元的公司，税率设定为3%。2020年4月1日，英国正式对数字服务（如社交媒体、搜索引擎和在线市场）的收入征收2%的数字服务税适用于全球销售额超过5亿英镑且至少有2500万英镑来自英国用户的

---

① See Daniel Bunn, Elke Asen & Cristina Enache, Digital Taxation Around the World, Tax Foundation, https://taxfoundation.org/digital-tax/, visited on 12 June 2022.
② 参见王伟域：《积极应对全球数字经济税收变革》，载《中国税务报》2022年2月16日第6版。
③ See French Law No. 2019-759 of 24 July 2019 establishing a tax on digital services and modifying the trajectory of corporate tax reduction.

公司①。比利时、捷克和斯洛伐克已公布数字服务税草案,拉脱维亚、挪威和斯洛文尼亚正式宣布或表示有意实施此类税收。拟议或已实施的数字服务税在税基和税率等方面存在明显差异。例如,奥地利和匈牙利只对在线广告收入征税,但法国的税基要广泛得多,包括来自提供数字界面、数字广告以及为广告目的传输用户数据的收入。税率也不相同,从波兰的1.5%到匈牙利的7.5%不等,匈牙利的税率甚至暂时降至0%②。

除了欧洲国家,印度、印度尼西亚、巴西等国也提议或实施了数字服务税。印度早在2016年通过《金融法案》,对数字广告征收6%的税,税基是非印度居民向印度居民提供在线广告和相关服务而获得的收入③。2020年,印度修改《金融法案》,对电子商务运营商向印度提供的电子商务或提供服务产生的收入征收2%的税④。电子商务运营商是指拥有、经营或管理在线销售商品或在线提供服务或两者兼有的非居民数字或电子设施或平台。法律明确规定仅对"非居民"即非印度公司征收数字服务税,是印度与其他国家的明显差别。如果电子商务运营商上一年度收入未达到或超过2千万卢比(约267 000美元)的门槛,则数字服务税不适用。"电子商务提供或服务"的范围相当广泛,包括数字平台服务、数字内容销售、公司自有商品的数字销售、数据相关服务、软件即服务等等。巴西正在制定数字服务税立法,目前共有五部法律草案待巴西众议院和参议院审议⑤。上述草案规定的税率从1%到5%不等,税基和起征点也各有不同。

由于数字服务税主要影响美国公司,因此被认为具有歧视性,美国以报复性关税威胁等对这些措施作出回应⑥。2019年7月,USTR启动对法国数字服

---

① See UK Finance Act 2020, Part 2.
② See Elke Asen & Daniel Bunn, What European OECD Countries Are Doing about Digital Services Taxes, 22 November 2021, https://taxfoundation.org/digital-tax-europe-2020/? msclkid = 86d0efbac2c411ec9596f68c56ce14c5, visited on 22 April 2022.
③ See The Finance Act of 2016, 14 May 2016, Chapter VIII.
④ See The Finance Act of 2020, 27 March 2020, Part IV.
⑤ 巴西有关数字服务税的五部草案分别是第2358/2020、131/2020、218/2020、241/2020和640/2021号草案。See KPMG, Brazil: Review of digital services tax proposals, https://home.kpmg/us/en/home/insights/2021/04/tnf-brazil-review-of-digital-services-tax-proposals.html? msclkid = ff44a5e9c30211ecaa5574c208db3de4, visited on 23 April 2022.
⑥ See USTR, Section 301-Digital Services Taxes, https://ustr.gov/issue-areas/enforcement/section-301-investigations/section-301-digital-services-taxes? msclkid = 5a1f5008c2cb11ecb5996604fa 247433, visited on 23 April 2022.

务税 301 调查。2019 年 12 月，USTR 认定法国数字服务税"歧视"美国互联网企业，并威胁对葡萄酒、奶酪等从法国进口的商品征收最高达 100% 的报复性关税。2020 年 1 月，美法同意在 OECD 框架下就数字服务税规则进行多边谈判，谈判期间法国暂停征收数字服务税，美国暂缓实施关税报复措施。2020 年 6 月，由于对谈判进度不满，美国宣布暂停多边谈判，并启动对欧盟、英国、奥地利、捷克、意大利、西班牙、土耳其、巴西、印度和印度尼西亚等十个经济体的 301 调查。2020 年 7 月，美国宣布拟对价值 13 亿美元的法国进口商品加征 25% 关税，但起征时间将推迟 180 天（至 2021 年 1 月 6 日）生效，以便为双边和多边谈判留出更多的时间。2021 年 1 月，USTR 公布对奥地利、印度、意大利、西班牙、土耳其和英国的数字服务税 301 调查结果，认定这些措施歧视美国企业，并于 2021 年 6 月宣布对从上述国家进口的约 20 亿美元商品加征 25% 的关税，但推迟 180 天（至 2021 年 11 月 29 日）实施，以便有更多时间开展多边谈判。2021 年 10 月，美国财政部宣布美国与奥地利、法国、意大利、西班牙和英国就 OECD 数字经济税收"双支柱"方案支柱一全面实施之前数字服务税的过渡期安排达成协议，美国将取消针对欧洲五国的单边贸易措施，而欧洲五国承诺在支柱一实施时撤销数字服务税的单边措施①。由此，美欧数字服务税纷争暂告一段落。但如果支柱一最终未能有效执行，则美国与其他国家可能会重回数字税之争。

OECD"双支柱"方案的达成并不意味着数字服务税单边措施就此终结。2021 年 12 月，加拿大公布数字服务税立法草案②。加拿大数字服务税将对上一财年全球营业收入不少于 7.5 亿欧元且在加拿大范围内收入超过 2 000 万美元的大企业征税，税率为 3%。自 2022 年 1 月 1 日起，拟议的数字服务税将适用于从在线市场、社交媒体、在线广告和用户数据中获得的收入，但新税不会早于 2024 年 1 月 1 日征收，而且只有在实施支柱一的多边公约尚未生效的情况下才会征收③。在 OECD 双支柱方案已经达成的情况下，加拿大仍然坚持推出

---

① See US Department of Treasury, Joint Statement from the United States, Austria, France, Italy, Spain, and the United Kingdom, Regarding a Compromise on a Transitional Approach to Existing Unilateral Measures During the Interim Period Before Pillar 1 is in Effect, October 21, 2021, https://home.treasury.gov/news/press-releases/jy0419, visited on 22 December 2021.

② See U.S. Congress, Notice of Ways and Means Motion to introduce an Act to implement a Digital Services Tax.

③ See Department of Finance Canada, Digital Services Tax Act, https://www.canada.ca/en/department-finance/news/2021/12/digital-services-tax-act.html, visited on 7 May 2022.

数字服务税，目的是在双支柱方案正式实施前保护其税收利益，但也明确一旦全球共识协议开始有效实施，加拿大数字服务税即废止。

一般而言，数字服务税多数针对的是在线广告、数字界面和用户数据等的收入，且主要来自征收数字服务税的国家境内产生的用户数据。数字服务税不遵循常设机构原则，而是以大型跨国企业集团为目标，通过"数字存在"建立对某些数字活动的征税权。多数数字服务税虽未明确针对外国服务提供者，实际上捕获的大多是美国科技巨头，因此不仅引发了美国的单边报复措施，也有可能违反WTO非歧视原则及其他贸易协定的相关规则。美国既可以援引贸易协定的现有规则挑战数字服务税，比如GATS最惠国待遇和国民待遇条款，还力图通过制定贸易新规则掌握数字税收规则主导权。USTR对数字服务税的301调查，以及最近税收和贸易制度之间的其他互动，也将在数字贸易谈判中发挥越来越大的作用。

二、贸易协定的数字税收相关条款

传统上，WTO电子商务讨论和服务贸易谈判基本排除税收问题。除了规范关税之外，WTO几乎没有明确规定税收问题。当然，这并不意味着WTO现有规范不能适用于数字产品跨境交易的税收措施。同时，随着税收问题对电子商务及监管和产业政策目标的潜在影响越来越显著，晚近的双边和区域贸易协定以及数字经济伙伴关系协定开始对税收措施做出回应。

（一）GATS相关规则的适用

WTO与税收问题的联系主要是非歧视待遇条款。在WTO框架下，GATS与数字产品国内税问题最为相关，因为国内税主要涉及跨境提供数字服务。其中，关键问题是数字产品国内税是否符合GATS最惠国待遇和国民待遇条款。

1. GATS最惠国待遇

除了双边或区域贸易协定中的数字产品非歧视待遇条款，GATS最惠国待遇和国民待遇条款同样可以适用。因为数字税收措施会影响数字服务贸易，因此属于GATS的范围。GATS最惠国待遇条款要求每一成员对于任何其他成员的服务和服务提供者，应立即和无条件地给予不低于任何其他成员同类服务和服务提供者的待遇[1]。GATS最惠国待遇适用于所有服务，除非成员明确提

---

[1] See GATS, Art. 2(1).

出豁免①。约有 20 个成员选择税收豁免最惠国待遇义务，大多数豁免仅限于运输或视听部门②。只有新加坡和美国的两项豁免明确指向所得税③。因此，GATS 最惠国待遇豁免几乎不能为数字税提供法律保障。以法国数字服务税为例。根据 GATS 最惠国待遇条款，美国可以声称一家日本数字服务公司在法国数字服务税框架下比与其竞争的美国数字服务公司获得更优惠的待遇，如果美国数字服务公司及其提供的服务与日本数字服务公司及其服务是"同类"的。

2. GATS 国民待遇

GATS 国民待遇条款要求每一成员在影响服务提供的所有措施方面给予任何其他成员的服务和服务提供者的待遇，不得低于其给予本国同类服务和服务提供者的待遇④。同样以法国数字服务税为例。根据 GATS 国民待遇条款，美国可以声称像 Facebook 这样的美国数字广告供应商受到的待遇不如同样提供数字广告的法国公司。当然，美国是否能成功援引国民待遇条款，关键取决于法国数字服务税涵盖的美国数字服务和服务提供者与不在涵盖范围内的法国数字服务和服务提供者是否"同类"，而且它们之间的区别仅在于国籍不同。美国必须证明，法国数字服务税的收入门槛看似中立，但实际上旨在捕捉具有美国数字业务典型商业模式的服务供应商，而不存在于有竞争关系的法国数字服务供应商中，因此甚至被称为"GAFA 税"。国民待遇的判断还要依据成员的服务部门承诺而定。许多成员在影响各种数字服务提供的部门做出了广泛承诺，但是存在差异，分类也不确定。而且对具体承诺的解释往往有很大争议，需要通过争端解决机制来确定，这加剧了对新兴服务进行分类的难度。

鉴于 GATS 最惠国待遇和国民待遇的适用都要考察"同类服务或服务提供者"问题，是否"同类"就显得至关重要。虽然已经通过的专家组或上诉机构关于服务的报告数量有限，但是可以看出，中国电子支付案、美国博彩案等

---

① See GATS, Art. 2(2).
② See Rudolf Adlung & Antonia Carzaniga, MFN Exemptions under the General Agreement on Trade in Services: Grandfathers Striving for Immortality? 12 Journal of International Economic Law 357-392 (2009).
③ See Singapore: Final List of Article II MFN Exemptions, GATS/EL/76 (15 April 1994); United States of America: Final List of Article II MFN Exemptions, GATS/EL/90 (15 April 1994).
④ See GATS, Art. 17(1).

的专家组或上诉机构一般倾向于对同类服务和服务提供者作相对狭义的解释[1]。在数字服务领域,数字广告服务、数字平台服务、数据相关服务等涵盖范围十分广泛,并且商业模式也很多样化,很可能会导致分类边界不清。实践中,"同类"的判断往往侧重于服务和服务提供者之间的竞争关系。许多服务部门都提供数字服务,而且不会与所有其他数字服务竞争,提供同类服务的服务提供者也不一定是同类服务提供者。可以明确的是,通过考察服务和服务提供者的相似性,数字服务不太可能与传统服务"同类"。例如,数字广告服务不像印刷、广播或电视广告服务,因为交付方式在物理上是不同的,商业模式也很不一样。与许多媒体广告不同,大多数数字广告都是数据驱动和个性化的。在竞争法诉讼中,数字广告通常被视为与其他形式的广告不同的市场,以及与在线广告中介市场不同的市场[2]。同样,亚马逊、易贝、爱彼迎和优步提供的数字平台服务可能不同于邮购服务、旅行社服务或出租车服务。但是,如果所有形式的数字平台服务都被归类为增值电信服务或者计算机及相关服务,那么它们不相互竞争的事实可能又会很难得出它们是同类服务的结论。

3. 例外条款

与税收措施直接相关的 GATS 例外条款主要是 GATS 第 14 条"一般例外"的(d)和(e)项。(d)项允许 WTO 成员在公平和有效地课证或收取直接税方面,对本国和外国的服务和服务提供者实行差别待遇[3]。但上述例外仅适用于 GATS 第 28 条(o)项定义的直接税[4],而数字服务增值税和商品服务税以及数字服务税都属于间接税,虽然征收上述税种的目的在于防止避免所得税,从而可能被认为旨在公平和有效地征税。(e)项允许 WTO 成员在避免双重征税

---

[1] See Panel Report, China-Certain Measures Affecting Electronic Payment Systems, WT/DS413/R and Add.1, adopted 31 August 2012; Appellate Body Report, United States-Measures Affecting Cross-Border Supply of Gambling Services, WT/DS285/AB/R, adopted 20 April 2005.

[2] 例如,在谷歌收购 DoubleClick 案中,欧盟认为在线广告与线下广告处于不同的市场。See European Commission, Decision of 11 March 2008, COMP/M.4731 Google/DoubleClick, paras. 45, 46, 51 and 69.

[3] GATS 第 14 条(d)项规定,与第 17 条不一致的措施,只要待遇方面的差别旨在保证对其他成员的服务或服务提供者公平或有效地课证或收取直接税。See GATS, Art. 14(d).

[4] GATS 第 28 条(o)项规定,"直接税"指对总收入、总资本或对收入或资本的构成项目征收的所有税款,包括对财产转让收益、不动产、遗产和赠与、企业支付的工资或薪金总额以及资本增值所征收的税款。See GATS, Art. 28(o).

方面,采取与最惠国待遇不一致的措施①,而且不得就与此相关的事项提起磋商或诉诸争端解决②。但是,现有双重征税协定不涵盖数字服务增值税和商品服务税以及数字服务税③,因此该项例外也不适用于上述税种。

(二) 双边和区域贸易协定的数字税收相关条款

通常,双边或区域贸易协定与税收直接相关的条款只有电子传输免关税条款,但该规定只适用于关税,不适用于国内税、规费和其他费用。USMCA、欧日 EPA、DEPA 和 RCEP 等各类数字贸易规则的关税条款大多如此,即"任何缔约方不得对一缔约方的人与另一缔约方的人之间的电子传输及以电子方式传输的内容征收关税",但"不阻止缔约方对以电子方式传输的数字产品征收国内税、规费和其他费用"④。《美日数字贸易协定》则改变了这一做法,非但没有明确对电子传输可以征收国内税费,而且规定对数字产品实行非歧视税收待遇,从而将对跨境提供数字产品征收的国内税费也纳入了电子传输免于征税的适用范围。

《美日数字贸易协定》明确规定对数字产品实行非歧视性税收待遇。该协定第 6 条"税收"规定,除了有关收入、资本收益、公司应税资本等的征税措施以及遗产税等的若干例外情形⑤,第 8 条"数字产品非歧视待遇"应适用于所有征税措施。数字产品非歧视待遇是指,任何缔约方给予在另一缔约方领土内创造、生产、出版、签约、代理或首次以商业化条件提供的数字产品的待遇,或给予

---

① GATS 第 14 条(e)项规定,与第 2 条不一致的措施,只要待遇方面的差别是约束该成员的避免双重征税的协定或任何其他国际协定或安排中关于避免双重征税的规定的结果。See GATS,Art. 14(e)。
② See GATS,Art. 22(3)。
③ See Georg Kofler & Julia Sinnig, Equalization Taxes and the EU's "Digital Services Tax", in Werner Haslehner et al. (eds), Tax and the Digital Economy Challenges and Proposals for Reform 134-135 (The Netherlands Wolters Kluwer 2019); Chris Noonan & Victoria Plekhanova, Taxation of Digital Services Under Trade Agreements, 23 Journal of International Economic Law 1-25(2020)。
④ See USMCA,Art. 19.3;EU-Japan EPA,Art. 8.72;DEPA,Art. 3.2;RCEP,Art. 12.11。
⑤ 根据《美日数字贸易协定》第 8 条第 3 款,数字产品非歧视待遇不适用于有关收入、资本收益、公司应税资本、投资或财产的价值(但不适用于该投资或财产的转让)的征税措施,也不适用于遗产税、遗产继承税、赠与税或跨代转移税。但是,数字产品非歧视待遇应适用于与特定数字产品的购买或消费有关的收入、资本收益、公司应税资本、投资或财产的价值(但不适用于该投资或财产的转让)的征税措施,除了本项的任何内容均不得阻止缔约方将收到或继续收到与购买或消费特定数字产品有关的利益作为在其领土内提供该数字产品的要求的条件。See The Agreement between the United States of America and Japan concerning Digital Trade,Art. 6(3)。

作者、表演者、生产者、开发者或所有者为另一缔约方的人的数字产品的待遇，不得低于其给予其他同类数字产品的待遇①。这一表述可能涵盖在一缔约方领土内创造但由低税收管辖区的非缔约方提供的产品，例如一家美国公司在美国制作流媒体视频，但在爱尔兰设立分支机构，并从爱尔兰向日本提供视频，这种情况也应适用。数字产品是指供商业销售或传播目的而生产的、可以电子方式传输的计算机程序、文本、视频、图像、录音或数字编码的其他产品②。在线广告、数字内容等均属于数字产品，互联网服务提供则会导致数字产品的销售。根据上述规定，美国和日本同意给予对方的进口电子传输以非歧视税收待遇。举例来说，如果日本不对本国在线提供的数字产品征收国内税，也不得对美国跨境向日本提供的同类数字产品征收国内税。这样一来，该协定明确了对数字产品跨境交易既不得征收关税，也不得征收歧视性的国内税。

应当指出的是，《美日数字贸易协定》税收条款强调的是提供同等税收待遇，并不禁止对数字产品跨境交易征收国内税。日本《消费税法》对跨境提供电子服务征收消费税③。根据该法规定，跨境数字服务被视为在其客户所在地即日本提供。这意味着进口交易必须与国内交易一样缴纳消费税。换言之，日本对跨境提供征收消费税，没有在日本和美国的服务提供者之间形成歧视性待遇，也没有在美国与其他外国服务提供者之间形成歧视性待遇，因此并不违反《美日数字贸易协定》税收条款。

除了双边或区域贸易协定数字贸易规则中的税收条款，数字产品非歧视待遇条款也适用于数字产品跨境交易的国内税问题。因为只要没有明确排除，数字产品的"待遇"包括税收待遇。在实践中，基于营业额规模对数字产品提供者的数字税收差别待遇可能违反数字产品非歧视待遇义务，例如法国数字服务税针对的是全球数字服务收入超过 7.5 亿欧元且在法国的应税收入超过 2 500 万欧元的公司。

当然，贸易协定中的例外条款也可能适用于数字税收措施。尽管许多双边或区域贸易协定在很大程度上复制了 GATS 一般例外条款，不过有些贸易协定的例外条款也有不同规定，从而可能会影响外国服务提供者的保护水平。例

---

① See The Agreement between the United States of America and Japan concerning Digital Trade, Art. 8(1).
② Ibid., Art.1(g).
③ See National Tax Agency of Japan, Revision of Consumption Taxation on Cross-border Supplies of Services, May 2015.

如，DEPA 规定该协定所有条款均不适用于税收措施①，这意味着数字服务的单边税收措施不受贸易规则影响。CPTPP 明确了原则上所有条款均不适用于税收措施②，但也规定除收入或资本收益等以外的税收措施应受国民待遇、最惠国待遇和数字产品非歧视待遇义务的约束③，并且与特定数字产品的购买和消费相关的收入或资本收益等的税收措施也要受到数字产品非歧视待遇义务的约束④。因此，数字服务增值税和商品服务税以及数字服务税应符合国民待遇、最惠国待遇和数字产品非歧视待遇。此外，CPTPP 允许缔约方采取或实施任何旨在保证公平或有效课税或征税的新税收措施，前提是该措施不任意歧视缔约方的人、货物或服务⑤。可以说，数字服务税是 CPTPP 项下的一项"新"税收措施。《美墨加协定》也有类似规定⑥。

三、OECD 数字经济税收"双支柱"方案

OECD 一直致力于推动全球范围的国际税制改革。为共同打击日益严重的跨境逃避税行为，在 2013 年 9 月 G20 圣彼得堡峰会上，包括中国在内的 G20 成员国领导人一致赞成并委托 OECD 推进防止税基侵蚀和利润转移（BEPS）十五项行动计划。BEPS 第一项行动计划即为应对经济数字化的税收挑战。2015 年，OECD 发布十五项行动计划最终报告成果，虽然就应对经济数字化税收挑战的方案作了诸多探索，但并未形成建议各国实施的解决方案。一些国家为维护本国税收利益，开始酝酿和推出单边措施。2017 年，G20 再次委托 OECD 通过 BEPS 包容性框架制定数字经济国际税收规则多边方案。

2019 年，OECD 首次提出"双支柱"方案的设计框架，此后经过各国艰难曲折的谈判，OECD 于 2021 年 7 月 1 日发布声明，130 个税收管辖区支持"双支柱"解决方案⑦。2021 年 10 月 8 日，OECD 再次发布《关于应对经济数字化税收挑战"双支柱"方案的声明》，在 7 月共识的基础上，BEPS 包容性框架下 140

---

① See DEPA, Art. 15.5(2).
② See CPTPP, Art. 29.4(2).
③ Ibid., Art. 29.4(6)(b).
④ Ibid., Art. 29.4(6)(c).
⑤ Ibid., Art. 29.4(6)(h).
⑥ See USMCA, Art. 32.3.
⑦ See OECD/G20 Base Erosion and Profit Shifting Project Statement on a Two-Pillar Solution to Address the Tax Challenges Arising From the Digitalisation of the Economy, 1 July 2021.

个成员中的 136 个辖区达成全面共识①。"双支柱"方案是多边层面取得的数字经济税收制度改革的突破性进展,运行近百年的国际税收规则将被重塑,全球税收治理将翻开新篇章。10 月声明已经通过 G20 财长和央行行长会议审议,并由 G20 罗马峰会核准通过。10 月声明所附实施计划表示,"双支柱"方案拟在 2022 年推进立法,2023 年生效执行。下一步,包容性框架将继续开展落实"双支柱"方案相关法律工具的研究与设计。

"双支柱"方案包括支柱一和支柱二,共同构成应对经济数字化国际税收挑战多边方案,协同发挥作用。支柱一针对现行国际税收规则体系中的联结度规则和利润分配规则进行改革,突破其中关于物理存在的限制条件,向市场国重新分配大型跨国企业的利润和征税权,以确保相关跨国企业在数字经济背景下更加公平地承担全球纳税义务,主要解决大型跨国企业部分剩余利润在哪里缴税的问题。支柱二通过实施全球最低税,确保跨国企业在各个辖区承担不低于一定比例的税负,以打击跨国企业逃避税行为,为各国税收竞争划定底线,主要解决大型跨国企业在各辖区应缴多少税的问题②。

支柱一包括金额 A 和金额 B,金额 A 还有配套的税收确定性机制。金额 A 适用于全球营业额超过 200 亿欧元且税前利润率超过 10% 的跨国企业,相关门槛按平均值计算。金额 A 落地实施,各辖区需要签署相关多边税收公约,以协调各辖区的规则实施,某些辖区还需要根据本国法律制度,建立与金额 A 规则相匹配的国内所得税法制度。金额 B 通过独立交易原则的简化运用,确定跨国企业所从事的基本营销和分销活动的利润回报。支柱二包括基于国内法的全球反税基侵蚀规则(GloBE),由收入纳入规则(IIR)和低税支付规则(UTPR)构成;以及基于税收协定的应税规则(STTR)。支柱二全球反税基侵蚀规则适用于合并集团收入达到 7.5 亿欧元门槛的跨国企业,并规定了相关豁免规则;应税规则主要针对跨国企业特定类型的集团内关联支付③。

"双支柱"方案平衡了各参与方的基本利益。据 OECD 测算,实施"双支柱"方案将增加全球税收收入,支柱一预计影响全球规模最大且最具营利性的

---

① See OECD/G20 Base Erosion and Profit Shifting Project,Statement on a Two-Pillar Solution to Address the Tax Challenges Arising from the Digitalisation of the Economy,8 October 2021.
② 参见国家税务总局国际税务司专项研究小组:《国家税务总局权威解答:数字经济税收"双支柱"问题(上)》,载《中国税务报》2021 年 12 月 1 日 B1、B2 版。
③ See OECD/G20 Base Erosion and Profit Shifting Project,Statement on a Two-Pillar Solution to Address the Tax Challenges Arising from the Digitalisation of the Economy,8 October 2021.

约 100 家跨国企业集团，每年将超过 1 250 亿美元的利润重新分配给市场国；支柱二全球最低税率为 15%，预计每年在全球范围内增加 1 500 亿美元的企业所得税收入①。除低税地和避税地受"双支柱"方案冲击较大外，其他国家或地区均有不同程度的获益。美国重拾国际税收规则制定主导权，解决数字服务税等单边措施引发的贸易战危机，建立起有助于维护其税制竞争力的全球最低税制度。其他发达国家可以实现改革国际税收规则进而使美国数字经济巨头在本国合理纳税的目标，同时，全球最低税也有助于高税负发达国家遏制产业外迁、增加财政收入。广大发展中国家可获得对大型跨国企业集团剩余利润征税的新征税权，消减了参与税收竞争以吸引投资的外部压力，也可增加一定的财政收入②。

"双支柱"方案还有利于协调单边税收措施。10 月声明明确了处理单边措施的步骤和方法，具体包括以下三种情况：一是金额 A 多边公约将要求所有缔约方撤销对企业的所有数字服务税及其他类似单边措施，并承诺未来不再引入。二是自 2021 年 10 月 8 日起，至 2023 年 12 月 31 日和多边公约生效日中的较早时间，各辖区不得对任何企业立法实施新的数字服务税或者其他类似单边措施。三是对于包括现行数字服务税在内的已经立法实施的单边措施，由于其主要涉及部分辖区间的双边谈判，因此 10 月声明仅表示包容性框架将妥善协调撤销现行数字服务税及其他类似措施的方式，并且注意到某些辖区正在快速讨论过渡期安排。美国与欧洲五国就是根据上述方法达成过渡期安排。下一步，关键是尽快达成多边公约，推动双支柱方案得到切实执行，这样才能有效抑制单边税收措施，国际税收"逐底竞争"也将得到控制。

鉴于税收对数字经济不可避免的跨司法管辖区的溢出效应，采取单边的数字税收措施肯定会引发冲突。在这种情况下，国际合作是摆脱负和结果的唯一战略③。应当看到，OECD"双支柱"方案协调单边措施的侧重点不同于 WTO。OECD 旨在重新分配税收利润，平衡各方关系。WTO 重点关注税收措施的国

---

① See OECD/G20 Base Erosion and Profit Shifting Project Two-Pillar Solution to Address the Tax Challenges Arising from the Digitalisation of the Economy, October 2021, p.5.
② 参见孙红梅：《"双支柱"方案将启全球税收治理新篇章》，载《经济参考报》2021 年 10 月 12 日第 A08 版。
③ See Patrick Low, Digital Services Taxes, Trade and Development, Working Paper No. 2020-07, December 2020, https://iit.adelaide.edu.au/ua/media/1221/dst-paper_final_december_2020.pdf, visited on 12 June 2022.

际层面，特别是非歧视性原则——最惠国待遇和国民待遇。但是，WTO 现有规则并不能充分适应税收问题，几乎没有可依赖的先例，这使解决由税收问题引起的贸易争端的努力十分复杂。正在进行的 WTO 电子商务联合声明谈判与数字税收问题的相关性也不强，WTO 贸易规则与 OECD 税收方案之间需要进一步加强协调。

  总的来看，在贸易法语境下讨论电子传输免关税和数字产品跨境交易国内税，核心都是非歧视待遇问题。换言之，数字产品的税收待遇是数字产品非歧视待遇的具体问题之一。非歧视原则是国际贸易体制的核心。传统贸易时代，各成员有关非歧视待遇的争议就从未停歇。数字贸易时代，在数据流动、数字技术和数字平台的多重因素的作用下，非歧视待遇问题更加复杂。加之税收争议直接关系到各成员的经济利益，各种矛盾交织在一起，必然成为数字贸易规则制定当中新的冲突爆发点。

第九章

数字技术和数字平台的监管协调

数字技术和数字平台的监管协调是数字贸易规则中的新问题，主要涉及源代码、加密ICT产品、中介责任等条款。在上述规则领域，企业和政府的利益可能截然不同，当政府出于合法公共政策目标之需要寻求访问源代码或者要求中介平台删除用户发布的非法或有害内容，就可能会出现监管摩擦，体现出贸易协定下更广泛的社会经济影响的复杂性。发达国家和发展中国家普遍面临这样的监管难题。而且无论是否参加WTO电子商务谈判或区域贸易协定谈判，为上述数字贸易领域制定适当的国内监管框架都应当是数字贸易发展议程的重要组成部分。数字贸易监管涵盖诸多方面，本章仅选取源代码和中介责任这两个公共权力和私人利益冲突最为明显的问题，并且是数字贸易规则当中比较新的议题进行研究。

第一节 源代码和密码保护规则

近年来，物联网等数字技术的爆炸式增长，使安全、隐私、互操作性和与软件相关的其他问题变得越来越重要。这些问题都与软件源代码密切相关。以谷歌、苹果、脸书、亚马逊和微软为代表的数字平台迅猛发展，更加引起了人们对算法透明度、操作系统开放性等问题的极大关注。因此，政府是否可以强制要求转让、访问或披露源代码、密码引发了广泛争议，贸易协定应否纳入源代码保护、加密ICT产品规则也成为国际社会的热点议题。

一、源代码保护规则

2015年前后，源代码保护规则先后出现在《日本-蒙古经济伙伴关系协定》[①]和

[①] 《日本-蒙古经济伙伴关系协定》于2015年2月签署，2016年6月正式生效。See Ministry of Foreign Affairs of Japan, Japan-Mongolia Economic Partnership Agreement (EPA), https://www.mofa.go.jp/policy/economy/fta/mongolia.html，visited on 25 May 2022.

TPP(后被改组为 CPTPP)中。其后,更多的自贸协定开始纳入源代码保护规则,协定成员不仅有美国和欧盟等发达国家,也有墨西哥、越南、印度尼西亚等发展中国家。但是不同国家之间以及一个国家内部有关源代码保护的争议仍在持续。

(一)源代码保护的有关争议

软件源代码,指未编译的按照一定的程序设计语言规范书写的文本文件,是一系列人类可读的计算机语言指令。源代码是相对目标代码而言的,两者又称源程序和目标程序。前者是后者产生的基础,后者是前者编译的结果,其内容和结果都依赖于前者。编制源代码是软件开发最关键的技术核心。源代码的质量决定了软件的性能,例如源代码提供软件更新的能力以及在使用过程中的调试能力。算法是程序为了完成特定任务而遵循的一组指令。算法构成源代码的一部分。随着数字技术的飞速发展和广泛应用,源代码和算法的重要地位和商业价值日益凸显,因为它们有效地体现了创新技术本身。

由于支持互联网运行的整个系统,包括软件、网络、芯片、交换机等等,都与源代码和算法息息相关,源代码和算法的保护已经成为数字贸易规制的突出问题。提供商业服务的技术创新者通常通过知识产权制度保护源代码和算法等专有信息。其中,版权法和商业秘密法保护是比较常见的模式。源代码和算法也受 TRIPs 保护,包括对计算机程序和数据汇编的保护[1],以及对未经披露信息的保护[2]。

与传统知识产权保护不同的是,源代码和算法不仅涉及私主体的侵权,也有公权力的干预,如有些国家要求转让、访问投资者拥有的源代码作为包含该源代码的软件或产品进口、分销等的条件。政府这么做可能是出于获得技术转

---

[1] TRIPs 第 10 条规定,计算机程序,无论是源代码还是目标代码,应作为《伯尔尼公约》(1971)项下的文字作品加以保护。数据汇编或其他资料,无论机器可读还是其他形式,只要由于对其内容的选取或编排而构成智力创造,即应作为智力创作加以保护。该保护不得延伸至数据或资料本身,并不得算作还存在于数据或资料本身的任何版权。See TRIPs, Art. 10.

[2] TRIPs 第 39 条规定,自然人或法人应有可能防止其合法控制的信息在未经其同意的情况下以违反诚实商业行为的方式向他人披露,或被他人取得或使用,只要此类信息:(a) 属秘密,即作为一个整体或就其各部分的精确排列和组合而言,该信息尚不为通常处理所涉信息范围内的人所普遍知道,或不易被他们获得;(b) 因属秘密而具有商业价值;(c) 因该信息的合法控制人,在此情况下采取合理的步骤以保持其秘密性质。See TRIPs, Art. 39(2).

让等目的，也可能是出于防止网络攻击、保障公共健康、维护竞争秩序、加强金融监管等考虑。前者主要涉及强制技术转让问题。对后者而言，如何平衡保护源代码和维护公共政策目标的关系，是制定源代码和算法保护规则面临的难题。

贸易协定的源代码和算法保护规则在国际社会引发了广泛争论，即贸易协定是否应当限制政府要求公司披露源代码的权利。上述争论大体上从两个视角展开，一是商业利益视角，二是政府监管视角。

1. 商业利益视角

支持在贸易协定中纳入源代码和算法保护规则的国家认为，创新取决于开发和使用专有软件的能力，当一国要求外国公司提供源代码和算法作为在该国开展业务的必要条件时，这种做法可能导致政府与国内竞争对手共享源代码和算法，从而引发未经授权的技术转让和知识产权盗窃[1]。持这一立场的主要是发达国家，特别是美国，因为发达国家企业掌握了大量技术和知识产权，为了维护企业利益和竞争优势，发达国家致力于确保专有技术的转让是在自愿和共同商定的条件下进行的，而非强制技术转让。

一直以来，强制技术转让受到美欧等发达国家高度关注。强制技术转让问题甚至成为中美贸易摩擦的前沿阵地，《中美第一阶段经贸协议》第二章专门对技术转让进行规范，强调"双方确认确保按照自愿和基于市场的条件开展技术转让的重要性，并认识到强制技术转让是一项重要关切"[2]。但是，国际层面并没有形成技术转让的规则，也没有清晰地界定什么是强制技术转让。而关于知识产权保护的国际规则却在不断强化，特别是发达国家知识产权的保护标准越来越高，导致国际规则体系中技术转让方和受让方的利益严重失衡。

发展中国家和最不发达国家大多反对在贸易协定中纳入源代码和算法保护规则，因为限制开放转让源代码可能会增加知识产权和技术转让的障碍。这些国家希望通过从外国公司到当地公司的技术转让，实现经济发展。过去，技术转让要求被用作外国公司进入当地市场的条件。随着越来

---

[1] See Mark Wu, Digital Trade-Related Provisions in Regional Trade Agreements: Existing Models and Lessons for the Multilateral Trade System, December 2017, https://e15initiative.org/publications/digital-trade-related-provisions-in-regional-trade-agreements-existing-models-and-lessons-for-the-multilateral-trade-system/, visited on 13 May 2022.

[2] 参见《中华人民共和国政府和美利坚合众国政府经济贸易协议》第二章。

越多的产品包含软件,例如汽车、心脏起搏器等,禁止要求转让源代码也会阻碍包含源代码的技术转让,从而限制了发展中国家和最不发达国家使用这种方法的能力。以专利为例。一旦专利到期,"诀窍"向公众披露,受让方就可以继续使用。但是如果专利涉及源代码,那么在源代码受到保护的情况下,源代码包含的"专有技术"可能不被允许向公众披露,这有利于专利持有者而不是接受技术的国家。WTO《与贸易有关的投资措施协定》(TRIMs 协定)并不禁止 WTO 成员要求转让技术①,而源代码和算法保护规则实际上是对技术转让要求的禁令,只要该技术包含源代码,这不利于发展中国家获得技术。

其次,限制开放源代码也会对一国实施开源政策造成潜在不利影响。开源是指开放源代码的软件,即代码创作者在遵循相关开源协议的基础上,将自己开发的软件源代码向全世界公开,允许其他开发者进行自主学习、测试、修改、二次开发和传播等活动,以协同方式改善软件产品的质量和优化软件功能等。开源运动以其对计算机软件的自由共享和开发模式,对数字技术扩散和数字技术创新起到了不可或缺的作用。开源战略日益成为流行趋势②。值得注意的是,部分开源许可协议不是在商业谈判基础上达成的合同。如果被许可人将改进后的开源软件变为专有软件并拒绝公开源代码,就违反了此类软件的许可协议。当缔约方强制被许可人提供衍生版本的源代码时,可能会落入源代码规则的管辖范围。但由于这类开源软件的许可协议不是在商业谈判基础上达成的,缔约方不符合援引"商业谈判合同例外"的条件。为了给实施开源政策保留更大的规制空间,国家在经贸谈判中可考虑设置专门的"开源软件或自由软件例外",或效仿欧盟在 WTO 合并文本的源代码提案,将开源许可作为除外适用情形③。

此外,在政府采购中,一些发展中国家和发达国家采购包含软件的产品和服务时,也可能会要求转让源代码,以便可以对软件的升级和修改进行竞争性

---

① TRIMs 协定所附的《例示清单》列举了五种 TRIMs 协定禁止的与货物贸易有关的投资措施,主要涉及当地含量要求和贸易平衡要求,没有直接对技术转让做出规定。See Agreement on Trade-Related Investment Measures, Annex Illustrative List.
② 参见戚聿东、纪长青:《开源:数字技术扩散促进数字技术创新》,载《光明日报》2019 年 9 月 10 日第 16 版。
③ 参见鄢雨虹:《国际经贸协定中的源代码规则新发展及中国立场》,载《武大国际法评论》2022 年第 3 期,第 97—117 页。

招标,而不必局限于只从原始供应商处购买,因为只有原始供应商有源代码,但他们往往会收取垄断价格[1]。

2. 政府监管视角

政府为了对产品安全、网络安全、竞争、金融等领域进行有效监管,可能需要访问源代码。而禁止访问源代码的规定会影响监管权的行使,对安全、隐私和竞争等产生意想不到的后果,并使发现欺诈行为等变得更加困难。

第一,禁止访问源代码的规定可能会影响发现网络安全漏洞。为了减少网络安全威胁,进口国要对包含加密的技术进行测试,然后才允许其进口并在该国销售。其中包括对"后门"的测试,因为这些"后门"可能导致网络安全漏洞。根据现行WTO规则,WTO成员有权确保进口产品符合其技术法规和标准,当然合格评定程序需符合WTO《技术性贸易壁垒协定》(TBT协定)的规定[2]。禁止访问源代码的要求可能会限制监管机构运用合格评定程序进行监管的权利。而且禁止访问源代码的要求还可能限制监管机构采取其他监管措施的权利。

第二,禁止访问源代码会影响发现并克服安全缺陷和欺诈行为。丰田汽车生产的汽车制动器因突然停止工作导致致命车祸,美国监管机构召集专家对软件源代码进行检查,并找出了潜在的技术问题[3]。大众汽车专门应对尾气排放检测的颠覆软件在被美国监管机构发现之前已经隐藏在汽车中多年[4]。之所以这么长时间没有被发现,部分原因是无从知晓汽车的嵌入式计算机内部到底包含哪些软件。

第三,禁止访问源代码会影响竞争法执法。2017年,欧委会曾因谷歌违反欧盟反垄断规则对其处以24.2亿欧元的罚款。谷歌滥用搜索引擎的市场主导地位,通过通用搜索算法,将竞争对手的比价购物服务降级,使谷歌自己的比价

---

[1] See Reid Smith, Some Preliminary Implications of WTO Source Code Proposal - MC11 briefing paper, Third World Network, https://ourworldisnotforsale.net/2017/TWN_Source_code.pdf, visited on 14 May 2022.

[2] See Agreement on Technical Barriers to Trade, Art. 5.

[3] See James Somers, The Coming Software Apocalypse, https://www.theatlantic.com/technology/archive/2017/09/saving-the-world-from-code/540393/, visited on 14 May 2022.

[4] See Bloomberg, VW Says Diesel Emissions Fix Progress Makes Trial Unneeded, https://www.bloomberg.com/news/articles/2016-04-19/vw-cheating-code-words-said-to-complicate-emissions-probe#xj4y7vzkg, visited on 14 May 2022.

购物服务获得非法竞争优势①。而在谷歌的算法中发现滥用支配地位等的唯一方法是检查他们的源代码。美国也不止一次要求软件发行商公开部分软件代码,以解决竞争问题。例如,在涉及微软的各种案例中,美国一直坚持让第三方访问软件应用程序接口(API)和协议②。

第四,金融监管机构有访问源代码的需求,特别是在金融危机爆发时。例如 2008 年雷曼兄弟破产后,由于其主数据中心分布在纽约、伦敦、新加坡等地,海外子公司被出售,部分海外子公司 IT 系统关闭,一些关键 IT 人员离职,使银行网络系统支离破碎,核心 IT 系统和其中数据的所有权不明确且存在争议,这对美联储和联邦存款保险公司使用和分析雷曼 IT 系统和数据的能力造成阻碍③。

此外,在关键基础设施保护、税收征管、反歧视等领域,也会面临访问源代码的问题④。必须看到的是,禁止访问源代码并非仅仅影响发展中国家行使监管权,对发达国家也是如此。例如,TPP 源代码条款禁止其他成员方要求转让、访问或披露美国企业的源代码,但也限制了美国对其他成员方企业施加同样要求。可以说,贸易协定中的源代码保护条款是一把双刃剑。那么,是否主张在贸易协定中纳入源代码保护条款,主要取决于各国在商业利益和政府监管之间的平衡。

(二)源代码条款的主要内容

在美国等发达国家主导下,源代码规则主要是通过双边和区域贸易协定形

---

① See European Commission, Antitrust: Commission Fines Google €2.42 Billion for Abusing Dominance as Search Engine by Giving Illegal Advantage to Own Comparison Shopping Service, https://ec.europa.eu/commission/presscorner/detail/en/IP_17_1784, visited on 14 May 2022.

② See Knowledge Ecology International (KEI), KEI statement on TPP for the January 13, 2016 hearing of the United States International Trade Commission Investigation No. TPA-105-001Trans-Pacific Partnership Agreement: Likely Impact on the U. S. Economy and on Specific Industry Sectors, submitted on 29 December 2015, https://www.keionline.org/wp-content/uploads/KEI-USITC-TPP-29Dec2015.pdf, visited on 16 May 2022.

③ See Nigel Cory & Robert D. Atkinson, Financial Data Does Not Need or Deserve Special Treatment in Trade Agreements, https://www2.itif.org/2016-financial-data-trade-deals.pdf, visited on 14 May 2022.

④ See Reid Smith, Some Preliminary Implications of WTO Source Code Proposal-MC11 briefing paper, Third World Network, https://ourworldisnotforsale.net/2017/TWN_Source_code.pdf, visited on 14 May 2022.

成的。涉及源代码和算法的条款已经成为高标准贸易协定电子商务章节的重要特征。据 OECD 初步统计，有 42 个国家和地区签署了包含源代码条款在内的协定，其中 41 个是 WTO 电子商务联合声明谈判参与方[1]。尽管美式和欧式贸易协定中的源代码条款在原则规定上基本一致，但两者在适用范围和例外情形上又有差异。随着围绕源代码的讨论逐渐成形，例外条款的范围也更加具体。

1. 美式规则的源代码条款

CPTPP 源代码条款规定，任何缔约方不得将要求转让或访问另一缔约方的人所拥有的软件源代码作为在其领土内进口、分销、销售或使用该软件及包含该软件的产品的条件[2]。但上述规定仅适用于大众市场软件或包含该软件的产品，不包括用于关键基础设施的软件[3]。至于关键基础设施的范围，条文并未明确。《日本-蒙古 FTA》源代码条款的规定与上述表述基本一致[4]。当然，CPTPP 禁止转让或访问源代码的要求并不妨碍在商业谈判的合同中包含或实施的关于源代码的条款和条件（即商业合同例外），或缔约方要求修改软件源代码，使该软件符合与 CPTPP 一致的法律或法规（即法定修改例外）[5]。此外，禁止要求也不适用于申请或授予专利的相关要求，包括司法机关作出的任何关于专利争端的命令，但应遵守缔约方保护未经授权披露的法律或实践（即专利相关例外）[6]。必须明确的是，CPTPP 电子商务章不适用于政府采购[7]，因此政府采购软件及包含该软件的产品不受软代码规则的约束。而且源代码条款所包含的义务应遵守 CPTPP 投资章、跨境服务贸易章和金融服务章的相关条款、例外和不符措施[8]，如果源代码条款与这些规则相抵触，则这些规则优先适用。

USMCA 源代码条款规定，不得以转让、访问企业的软件源代码或该源代

---

[1] See Taku Nemoto & Javier López González, Digital Trade Inventory: Rules, Standards and Principles, OECD Trade Policy Paper No. 251, June 2021, p.26.
[2] See CPTPP, Art. 14.17(1).
[3] Ibid., Art. 14.17(2).
[4] See Agreement between Japan and Mongolia for an Economic Partnership, Art. 9.11.
[5] See CPTPP, Art. 14.17(3).
[6] Ibid., Art. 14.17(4).
[7] Ibid., Art. 14.2(3)(a).
[8] Ibid., Art. 14.2(5).

码表达的算法作为市场准入条件①。USMCA 源代码条款比 CPTPP 更进一步,将源代码表达的算法纳入其中,而且并未规定该条款仅适用于大众市场软件或包含该软件的产品,也没有排除关键基础设施的软件,从而为源代码和算法提供了更全面的保护。USMCA 源代码条款还规定了强制披露的情形,以确保主管部门实现合法监管目标的能力,具体包括:不得妨碍缔约方的监管机构或司法机关针对具体调查、检验、检查执法行动或司法程序,要求另一缔约方的人保存和向监管机关提供软件的源代码或该源代码表达的算法,但需采取措施以防止未经授权的披露,且此类披露不应解释为对软件源代码作为商业秘密的状态产生负面影响(即司法执法例外)②。《美日数字贸易协定》源代码条款的表述与 USMCA 基本一致③。

以 CPTPP 源代码条款为代表的美式规则也对更多的双边和区域贸易协定产生了影响。例如,修订后的《澳大利亚-新加坡自由贸易协定》(其电子商务规则后来被《新加坡-澳大利亚数字经济协定》取代)引入了与 CPTPP 源代码条款类似的表述④。不过,DEPA 没有对源代码保护做出规定。《新加坡-澳大利亚数字经济协定》源代码条款规定,任何缔约方不得将要求转让或访问另一缔约方的人所拥有的软件源代码作为在其领土内进口、分销、销售或使用该软件及包含该软件的产品的条件⑤。上述规定与 CPTPP 基本一致,只适用于源代码,不适用于算法。该条款也规定了类似 USMCA 的强制披露情形,同样只适用于源代码而不适用于算法⑥。该条款还借鉴 CPTPP 的表述,明确了源代码保护的规定不妨碍商业谈判合同包含源代码的条款和条件以及缔约方根据法律和法规修改源代码的相关要求⑦。为更加明确起见,禁止要求转让或访问源代码的要求也不得阻止一缔约方的人在自由和开放源代码的基础上许可其软件(即开源政策例外)⑧。此外,如协定生效后双方共同承担另一国际协定的义务或者修订现有国际协定,源代码条款应比照适用于另一缔约方的人拥有的

---

① See USMCA, Art. 19.16(1).
② Ibid., Art. 19.16(2).
③ See Agreement between the United States of America and Japan concerning Digital Trade, Art. 17.
④ See Agreement to Amend the Singapore-Australia Free Trade Agreement, Art. 14.28.
⑤ See Singapore-Australia Digital Economy Agreement, Art. 28(1).
⑥ Ibid., Art. 28(2).
⑦ Ibid., Art. 28(3).
⑧ Ibid., Art. 28(4).

软件源代码表达的算法①,并应在有关国际协定或修正案生效之日起 120 日内通知另一缔约方②。

从美式源代码条款的发展来看,较之 CPTPP、USMCA 和《美日数字贸易协定》对源代码和算法的保护水平较高,例外范围相对有限。这充分表明了美国更加偏重保护企业海外利益,防止外国政府要求美国企业开放源代码。例如,包括 IBM、惠普和思科在内的美国著名科技公司为了进入或留在俄罗斯市场,同意使用中介公司安全地允许其产品的源代码根据俄罗斯联邦安全局的要求检查。但是,同为美式数字贸易规则,新加坡数字经济协定模式的源代码条款的例外情形更加宽泛,并且还专门纳入了开源政策例外。新加坡、澳大利亚等虽然也是发达国家,并且是美国的贸易伙伴,但由于各自产业利益不同,特别是没有美国那样的科技巨头,因此对于源代码保护的立场也不一样③。

另一方面,尽管美国制定的源代码条款标准较高,但也有不明确之处。以关键基础设施除外为例。由于没有明确关键基础设施的范围,很可能削弱禁止访问软代码条款的实际影响力,因为很少有大众市场软件不能在涉及关键基础设施的计算机上运行④。此外,美国希望借助源代码条款阻止外国政府审查美国的源代码,但反过来也会束缚美国自己,因为美国同样不能审查来自其他缔约方的源代码,而其他国家或犯罪分子可能会利用源代码规则隐藏非法软件,从而对美国造成安全威胁⑤。

2. 欧式规则的源代码条款

欧日 EPA 源代码条款规定,缔约方不得要求转让或访问另一缔约方的人拥有的软件的源代码,但不禁止在商业谈判合同中列入或执行与转让或授予源代码相关的条款和条件,也不禁止自愿转让源代码或授予源代码的访问权限,例如在

---

① See Singapore-Australia Digital Economy Agreement, Art. 28(5).
② Ibid., Art. 28(6).
③ See Greg Price, U.S. Tech Companies Give Russia Secretive Source Codes to Stay in Multibillion-Dollar Market, 23 June 2017, https://www.newsweek.com/russia-us-tech-source-code-628589, visited on 21 May 2022.
④ See Stewart Baker, Cybersecurity and the TPP, 6 November 2015, https://www.washingtonpost.com/news/volokh-conspiracy/wp/2015/11/06/cybersecurity-and-the-tpp/, visited on 21 May 2022.
⑤ See Knowledge Ecology International (KEI), KEI Statement on TPP for the January 13, 2016 Hearing of the United States International Trade Commission Investigation No. TPA-105-001Trans-Pacific Partnership Agreement: Likely Impact on the U.S. Economy and on Specific Industry Sectors, submitted on 29 December 2015, https://www.keionline.org/wp-content/uploads/KEI-USITC-TPP-29Dec2015.pdf, visited on 16 May 2022.

政府采购时①。该条款还明确了法定披露要求,具体包括:(a)法院、行政法庭或竞争主管机关旨在纠正违反竞争法的行为的各项要求;(b)法院、行政法庭或行政机关有关知识产权保护和执法的要求,但前提是源代码受知识产权的保护;(c)缔约方根据《政府采购协定》第3条规定采取各项措施的权利②。

《欧盟-英国贸易与合作协定》源代码条款禁止要求转让或访问另一缔约方的自然人或法人拥有的软件的源代码③。上述规定不适用于在商业基础上自愿转让或准许访问源代码,包括公共采购交易,并且数字贸易例外条款规定的一般例外、安全例外和审慎例外适用于缔约方在认证程序范围内采取或维持的措施④。此外,源代码条款还纳入了类似欧日EPA源代码条款中的三项法定披露情形,并增设了在线用户公共安全之情形,即禁止要求转让或访问源代码的规定不妨碍监管机构根据缔约方有关保护在线用户的公共安全的法律或法规提出的要求⑤。与欧日EPA一样,该源代码条款的范围不涵盖算法。

从欧式源代码条款的发展来看,较之欧日EPA,《欧盟-英国贸易与合作协定》的例外情形更加宽泛,不仅包含此前各类协定中已有的商业合同例外、政府采购例外以及法定披露要求,还纳入了新的例外情形即在线用户公共安全例外,并特别强调数字贸易例外条款适用于认证程序相关措施。可见,为了维护欧洲企业的利益,欧盟赞成保护源代码。虽然欧洲少有互联网巨头,但仍然是科技革命的领导者,在数字通信和计算机技术专利上占据很大份额⑥。德国SAP等欧洲企业同样面临俄罗斯等国家检查源代码的要求⑦。然而,相比美式规则,欧式源代码规则明显倾向于保留更大的监管自主权,特别是明确规定认证程序例外将为政府监管留下充分的政策空间。

---

① See Agreement Between European Union and Japan for an Economic Partnership, Art. 8.73(1).
② Ibid., Art. 8.73(2).
③ See The EU-UK Trade and Cooperation Agreement, Art. 207(1).
④ Ibid., Art. 207(2).
⑤ Ibid., Art. 207(3).
⑥ 欧洲专利局发布的《2020年专利指数》显示,2020年,美国、欧洲和亚洲几乎均分了数字通信技术的专利,反映了全球科技竞争三足鼎立之势;在计算机技术方面,美欧仍处于领先地位,但增长是由亚洲推动的。See European Patent Office, Patent Index 2020: Boom in digital technologies continues, https://www.epo.org/about-us/annual-reports-statistics/statistics/2020/digital-technologies.html, visited on 18 May 2022.
⑦ See Greg Price, U.S. Tech Companies Give Russia Secretive Source Codes to Stay in Multibillion-Dollar Market, 23 June 2017, https://www.newsweek.com/russia-us-tech-source-code-628589, visited on 21 May 2022.

3. WTO 电子商务谈判的源代码条款案文

在 2020 年 12 月公布的 WTO 电子商务联合声明谈判的合并文本中,有 11 个 WTO 成员就源代码规则提交提案。成员之间就是否将算法纳入保护范围以及例外情形存在一定分歧。韩国的提案几乎复制了 CPTPP 源代码条款的例外情形,并主张增加事后监管例外,即不得阻止"成员方要求转让或访问源代码作为实施事后监管的手段"。欧盟的提案基本沿袭了《欧盟-英国贸易与合作协定》源代码条款的例外情形,但不包含在线用户安全例外,增加了基本安全利益例外,即不得影响成员方"有权采取行动或不披露任何被认为有必要保护与采购武器、弹药或战争物资有关的基本安全利益,或采购对国家安全或国防计划必不可少的信息"。美国、墨西哥、加拿大、日本等的提案以 USMCA 源代码条款的例外情形为基础,增加了合格评定机构为了监督对行为守则或其他标准的遵守而要求保存和提供源代码或算法的内容,并将在调查、检验、检查执法行动或司法程序后,为了实施或执行救济措施而要求转让或提供源代码也纳入例外范围之中。英国的提案则融合了欧盟提案和美国提案的内容,以便尽可能全面地考虑各项例外情形①。中国和俄罗斯等成员在其公开提案中均未包含源代码条款,也没有在合并文本中主张源代码保护。

由此可见,WTO 电子商务联合声明谈判关于源代码议题仍然有很大分歧,主要是源代码和算法的相关纪律是否应该包含在谈判当中,以及禁止转让和访问源代码和算法的例外范围应当是什么?这些问题涉及各参加方的经济发展需求和公共政策目标,以评估源代码条款是否以及如何有助于提升市场参与者的技术能力,以及保留监管者的政策空间。而且源代码保护不仅反映了 WTO 内部的分歧,也指向了一个更有争议的问题,即强制技术转让,这使有关源代码规则的争论更加复杂。加之当前经贸问题地缘政治化趋势愈演愈烈,能否形成源代码规则的中间方案将是摆在谈判参加方面前的重大挑战。

二、使用加密的 ICT 产品规则

在有关数字技术的贸易规则中,使用加密的 ICT 产品条款是继源代码条款之后的又一进展。西方社会围绕"公民可以使用什么样的加密、在什么情况下执法机构能够访问公民的加密信息"的问题,争论已持续了近三十年,甚至被

---

① See WTO, WTO Electronic Commerce Negotiations Consolidated Negotiating Text-December 2020 Revision, INF/ECOM/62/Rev.1, 14 December 2020, pp.48-49.

称为"加密战争"①。这一论战也延伸到了数字经济和贸易领域。随着加密技术在数字通信和数据保护中应用越来越广泛,隐私保护和公共安全之间的矛盾日益凸显,不同国家对于加密和反加密的立场也不断分化,以至于需要通过贸易协定进行协调。

(一)使用加密的 ICT 产品规则的相关争议

密码和源代码、算法一样,都属于数字技术领域的专有信息。这些专有信息是企业拥有的敏感信息,企业希望能够对此保密并从中获得一定的竞争优势。近年来,加密技术的应用,已经从原先企业出于商业秘密而采取的技术策略,逐渐普及为个人企业政府保障通信和数据安全的必然选择。但是,对于应当允许什么样的加密技术,是"端到端"加密还是"可恢复"加密,企业和政府之间有很大分歧。可恢复加密是指第三方可以在用户不参与甚至不知情的情况下提供对未加密数据(明文)的访问。端到端加密是指只有发送方和接收方才能访问被传输的数据。显然,执法机构更倾向于可恢复加密,反对使用端到端加密,因为后者削弱了执法机构进行电子监控的能力②。2013 年爱德华·斯诺登事件后,科技企业越来越多地采用端到端加密技术,加剧了企业和政府之间不可避免的紧张关系。而在国际层面,由于涉及各自的安全利益和产业利益,不同国家对反加密的分歧也愈发严重。

美国推动形成使用加密的 ICT 产品保护规则,旨在维护美国科技企业的利益,尽管美国国内关于加密和反加密的争论一直在持续。1994 年《通信协助执法法案》、2001 年《爱国者法案》和 2002 年《关键基础设施信息保护法案》等法律都包含电信运营商协助执法的要求,美国执法机构和情报部门也多次要求科技公司解密数据、解锁设备或设置后门③。这些做法引发了各界对美国如何平衡国家安全利益、公民隐私保护和通信企业诉求之间关系的广泛质疑。但是,为了应对外国政府对美国科技企业提出的协助执法要求,维护海外商业利益,美国仍然力主在贸易协定中纳入对加密技术的保护。美国把使用加密 ICT

---

① See James Andrew Lewis, The Crypto Wars Are Over, 4 February 2021, https://www.csis.org/analysis/crypto-wars-are-over, visited on 21 May 2022.
② Ibid.
③ See Eric Geller, A Complete Guide to the New "Crypto Wars", The Daily Dot, https://www.dailydot.com/debug/encryption-crypto-wars-backdoors-timeline-security-privacy/, visited on 20 May 2022.

产品条款写入《美日数字贸易协定》中,为的是确保 ICT 产品制造商和供应商自主使用加密技术的权利,当然也为政府监管保留了一定的政策空间。可以预测,美国还有可能进一步推广并不断改进上述规则。

澳大利亚等国家为了打击恐怖活动和各类犯罪,要求企业以政府需要的方式对其开放加密通信。因为各种加密通信手段让调查机构变"聋"变"哑"了,必须予以解决[1]。2016 年,英国通过《调查权力法案》,全面规定并在一定程度上扩大了英国情报机构和警察的电子监视权[2]。2018 年,澳大利亚通过《电信和其他立法修正案(协助和访问)2018》(被称为"反加密法"),赋予执法部门或情报部门要求相关企业协助解密通信的广泛权力,包括向企业发出自愿性的技术协助请求以及强制性的技术协助通知和技术能力通知,要求企业帮助破解或监控端到端的加密通信[3]。不过在实践中,截至 2020 年 8 月,澳大利亚安全与情报组织(ASIO)和执法机构尚未使用过强制通知[4]。显然,对于科技企业的利益诉求以及国家安全机构的监控两个相互矛盾的方面,澳大利亚认为后者更重要。对此,谷歌、苹果和微软等科技巨头都表示强烈反对,认为反加密法会危害网络安全和用户隐私,并且因为缺乏监督可能被滥用,如政府机构在代码中设置后门等。

(二)使用加密的 ICT 产品规则的主要内容

《美日数字贸易协定》对保护加密 ICT 产品做了专门规定。《美日数字贸易协定》"使用加密的 ICT 产品"条款规定,不得以转让、访问有关密码的专有信息等要求,作为制造、销售、分销、进口或使用 ICT 产品的条件:(1)转让或提供与密码相关的任何专有信息的访问权,包括向缔约方或其境内的人披露特定技术或生产过程或其他信息,例如私钥或其他秘密参数、算法规范或其他设

---

[1] 参见刘天亮:《澳大利亚"反加密"法案遭质疑》,载《人民日报海外版》2019 年 4 月 18 日第 6 版。
[2] See Investigatory Powers Act 2016, UK Public General Acts, 2016 c. 25.
[3] 技术协助请求(TAR)是指定通信提供商使用其已有的解密或其他数据访问能力的自愿性请求;技术协助通知(TAN)是指定通信提供商使用其已有技术能力的强制性通知;技术能力通知(TCN)是指定通信提供商开发新技术能力的强制性通知,以便其能够满足随后的技术援助通知和请求。See Australia, Telecommunications and Other Legislation Amendment (Assistance and Access) Act 2018, No.48, 2018.
[4] See Carnegie Endowment for International Peace, The Encryption Debate in Australia: 2021 Update, https://carnegieendowment.org/files/202104-Australia_Country_Brief.pdf, visited on 19 May 2022.

计细节;(2)与缔约方境内的人合伙或以其他方式合作开发、制造、销售、分销、进口或使用 ICT 产品;(3)使用或集成特定的密码算法或密码①。上述规定适用于使用密码的 ICT 产品,但在执法、金融监管等方面也有例外,具体包括:(1)缔约方的执法机构要求服务提供者使用其控制的加密技术,按照该缔约方的法律程序提供未加密的通信;(2)金融工具的监管;(3)缔约方采取或维持与访问该方政府(包括中央银行)拥有或控制的网络(包括用户设备)有关的要求;(4)缔约方依据与金融机构或金融市场有关的监管、调查或审查机构采取的措施;(5)由缔约方政府或为缔约方政府制造、销售、分销、进口或使用 ICT 产品②。

其实,使用加密的 ICT 产品条款首次被纳入贸易协定并非是在《美日数字贸易协定》中。此前,CPTPP 第八章"技术性贸易壁垒"附件 8-B 对使用加密的 ICT 产品作了规定,但适用范围仅限于技术法规及合格评定程序,即不得强制实施或维持技术法规及合格评定程序,以要求转让、访问有关密码的专有信息等作为市场准入条件,其他措施则不在此列③。上述规定的例外情形也与《美日数字贸易协定》有所不同,不包含金融领域的例外,即金融工具的监管以及缔约方依据与金融机构或金融市场有关的监管、调查或审查机构采取的措施④。这是因为该条款是技术性贸易壁垒的内容,技术性贸易壁垒的相关规则仅适用于货物贸易领域的技术法规、标准及合格评定程序。而《美日数字贸易协定》将使用加密的 ICT 产品条款纳入数字贸易规则当中,不仅扩大了使用加密的 ICT 产品的保护范围,也明确了加密技术在数字产品和数字贸易中的重要作用。

WTO 电子商务合并案文也包含使用加密的 ICT 产品条款,主要是日本和英国的提案。日本的提案几乎完全复制了《美日数字贸易协定》的相应条款,并进一步明确商用 ICT 产品不包括金融工具。英国的提案还在此基础上增加了类似源代码条款的例外情形,具体为:不得妨碍缔约方的监管机构或司法机关针对具体调查、检验、检查执法行动或司法程序而要求保存或提供任何信息;不得妨碍缔约方在调查、检验、检查执法行动或司法程序后,为了实施或执行救济

---

① See Agreement between the United States of America and Japan concerning Digital Trade, Art. 21(3).
② Ibid., Art. 21(2).
③ See CPTPP, Annex 8-B, Section A (3).
④ Ibid., Annex 8-B, Section A (3)-(4).

措施而要求转让或提供任何信息。但是，使用加密的 ICT 产品条款并不影响有关源代码的权利义务，也不影响与密码有关的专有信息作为商业秘密的状态①。美国没有提出提案，不过从其自贸协定实践来看，也会支持 WTO 电子商务谈判纳入使用加密的 ICT 产品规则。但是，大多数成员并未表态支持，对 WTO 电子商务谈判是否纳入这一规则远远没有达成共识，更遑论规则的具体内容。

总的来看，随着数字革命深入发展，数字技术成为大国和企业之间科技竞争的战略制高点，源代码规则和使用加密的 ICT 产品规则的重要性愈发凸显。尤其是网络安全问题涉及国家安全和关键基础设施，源代码规则可能会成为影响数字贸易谈判的症结所在。一方面，政府和企业需要确保已经检查系统上运行的代码的漏洞和潜在的恶意组件；另一方面，转让和访问源代码可能为企业对专有技术的获取提供掩护，这使国家在源代码规则谈判中往往面临两难选择。使用加密的 ICT 产品规则也是如此。尽管例外条款可以为政府保留一定的监管权，但在源代码和使用加密的 ICT 产品条款中，保护商业利益被置于更重要的位置，而例外留出的政策空间总是相对有限的。

第二节 互联网中介责任规则

随着数字平台迅速崛起，数字平台的中介责任问题逐步凸显。有关互联网中介责任的数字贸易规则包括交互式计算机服务条款和网络服务提供商安全港条款。如何划分互联网中介责任的界限？互联网中介是否以及在何种程度上应当对网络上的非法信息内容和知识产权侵权承担责任？这是各国普遍面临的平台监管难题，不仅关系到互联网产业的发展，也关系到权利人的权益保护以及社会的公共利益。

一、互联网中介责任规则的核心内容

随着各类数字平台的崛起，数字平台作为互联网中介的责任成为难以回避的话题。自美国 1998 年《数字千年版权法》以来，网络安全港规则占据主导地

---

① See WTO, WTO Electronic Commerce Negotiations Consolidated Negotiating Text-December 2020 Revision, INF/ECOM/62/Rev.1, 14 December 2020, pp.50-51.

位,甚至被美国移植到数字贸易协定当中,即网络服务提供商安全港条款。然而,由于数字平台上的非法信息内容越来越泛滥,许多国家出现了加强对数字平台监管的呼声,也影响着交互式计算机服务规则的发展变化。

(一) 美式互联网中介责任条款

1. 网络服务提供商安全港条款

贸易协定互联网中介责任的豁免条款最初源自互联网服务提供商安全港条款。CPTPP 互联网服务提供商的法律救济和安全港条款被规定在知识产权章当中。该条规定排除了因相关版权侵权行为针对互联网服务提供商寻求金钱救济,为互联网服务提供商的在线服务设立或维持适当的安全港,以促进作为中介的在线服务的持续发展①。上述责任限制情形适用于互联网路由、缓冲、存储/托管和链接,具体是指:(1) 在对其内容未作修改的情况下传输、发送材料或提供该材料的链接,或在该技术过程中自动完成的对该材料的中间性的和短暂的存储;(2) 通过自动化过程实现高速缓存;(3) 根据用户指示,存储于由互联网服务提供商或为互联网服务提供商控制或运营的系统或网络上的材料;(4) 通过使用信息定位工具包括超链接和目录,指引或将用户连接至某一网络位置②。对于第三、四种情形,互联网服务提供商经实际获悉版权侵权或意识到明显侵权的事实或情况,应承担善意移除或禁止访问材料的责任;善意移除或禁止访问材料的互联网服务提供商应被豁免由此产生的任何责任,只要其事先或事后迅速采取合理步骤通知其材料被移除或被禁止访问的人③。同时,CPTPP 要求缔约方采取法律激励措施,促进网络服务提供者和版权所有者之间合作,或采取其他行动,以遏制对受版权法保护作品的非法存储和传播④。

USMCA 知识产权章也包含互联网服务提供商的法律救济和安全港条款,其表述与 CPTPP 基本一致⑤。但是,USMCA 的条款增加了互联网服务提供商责任限制的条件,具体包括在适当情况下终止重复侵权者的账户,适应且不干扰缔约方境内接受的保护和识别受版权保护材料的标准技术措施,以及就存

---

① See CPTPP, Art. 18.82(1)(b).
② Ibid., Art. 18.82(2).
③ Ibid., Art. 18.82(3).
④ Ibid., Art. 18.82(1)(a).
⑤ See USMCA, Art. 20.88.

储/托管和链接情形,在其有权和有能力控制此类活动的情况下,不接受直接归因于侵权活动的经济利益①。可见,相比 CPTPP,USMCA 对互联网服务提供商的安全港适用条件更严格,不仅加重了互联网服务提供商的责任,如终止重复侵权者的账户,还限缩了互联网服务提供商的责任限制范围,如对侵权活动无直接经济利益。

2. 交互式计算机服务条款

CPTPP 纳入网络服务提供商安全港条款之后,美国的贸易政策被认为并没有完全输出使美国互联网公司有可能在国外取得成功的法律。相反,贸易政策仍然在很大程度上反映了前互联网时代的优先事项②。为此,USMCA 又增加了交互式计算机服务条款。与安全港条款不同,交互式计算机服务条款的免责范围是非法信息内容,包括但不限于知识产权侵权。

交互式计算机服务条款首次出现在 USMCA 数字贸易章中。该条款明确豁免互联网服务提供商在信息内容提供者涉及人权和隐私等非知识产权侵权中承担连带责任。USMCA 将交互式计算机服务(Interactive Computer Services)界定为"提供或允许多个用户对计算机服务器进行电子访问的任何系统或服务"③。美国国内法对此的定义更加宽泛,是指"提供或允许多个用户访问计算机服务器的任何信息服务、系统或访问软件提供商,具体包括提供互联网访问的服务或系统以及图书馆或教育机构运营的此类系统或提供的服务"④。互联网服务通常是指通过为在用户指定的点之间对用户选定材料进行在线数字通信提供传输、发送或提供连接服务,其提供者被称为互联网服务提供商(Internet Services Providers,ISPs)⑤。可见,交互式计算机服务包括但不限于互联网服务。

根据 USMCA 交互式计算机服务条款,交互式计算机服务提供者或用户不得视为信息内容提供者,但提供者或用户创建或开发了全部或部分信息的情况除外。缔约方不得要求交互式计算机服务提供者或用户因下列原因承担责任:(1) 由提供者或用户出于善意自愿采取行动,限制通过交互式计算机服务

---

① Ibid., Art. 20.88(6).
② See Markham C. Erickson & Sarah K. Leggin, Exporting Internet Law through International Trade Agreements: Recalibrating U.S. Trade Policy, 24 Cath. U. J. L. & Tech 317 (2015-2016).
③ See USMCA, Art. 19.1.
④ See Communications Decency Act of 1996, 47 USC § 230(f)(2).
⑤ See CPTPP, Art. 18.81; USMCA, Art. 20.87.

提供或使用的材料的可用性或访问，并且提供者或用户认为材料内容是有害的或令人反感的；（2）为使信息内容提供者或其他人能够限制对其认为有害或令人反感的材料的访问而采取的任何行动①。但是，该条款不得适用于缔约方针对知识产权事宜采取的任何措施，包括涉及知识产权侵权责任的措施；不得被解释为增加或减轻缔约方保护或实施知识产权的能力；也不得被解释为阻止缔约方执行任何刑法或者交互式计算机服务提供者或用户遵守执法机构的具体的合法命令②。《美日数字贸易协定》交互式计算机条款的表述与 USMCA 完全一致③。

从美式互联网中介责任条款的发展来看，互联网中介的责任限制的适用范围不断扩大，从 CPTPP 的知识产权侵权责任豁免扩展到 USMCA 的非法信息内容提供的免责，显示出中介责任问题的关注点由私人利益转向公共利益。对于是否应当享受知识产权侵权责任豁免，利益冲突方主要是内容产业和数字平台，前者认为应当削弱安全港规则，后者坚决维护安全港规则。美国在贸易协定中纳入安全港条款，显示出其更倾向于保护数字平台的利益，因为安全港规则对数字平台至关重要，不仅会让数字平台免于过度诉讼，也可以借此保障用户言论自由。对于提供非法信息内容是否应当免责，利益冲突方主要是数字平台和政府机构，数字平台主要考虑商业运营，减少监管机构对互联网的干预；政府则主要考虑公共利益，尤其是非法信息内容引发的公共道德问题。虽然美国国内高度关注公共政策目标，但是在国际贸易协定中，美国首先考虑的是其企业的海外利益，而非东道国的公共利益。

（二）WTO 电子商务谈判的交互式计算机服务条款案文

WTO 电子商务联合声明谈判合并案文也包含交互式计算机条款，主要是美国和韩国的提案。美国的提案针对的是限制交互式计算机服务提供者的责任。该提案几乎完全复制了 USMCA 交互式计算机条款的表述，并进一步明确了一般例外条款的适用，具体为：（1）缔约方可以通过其法律法规或通过司法裁决适用的现有法律原则遵守交互式计算机服务的规定；（2）交互式计算机服务的规定受一般例外的约束，包括公共道德例外，一般例外被纳入并成为

---

① See USMCA, Art. 19.17(3).
② Ibid., Art. 19.17(4).
③ See Agreement between the United States of America and Japan concerning Digital Trade, Art. 18.

本协定的一部分。缔约方同意采取必要措施防止线上性交易、儿童性剥削和卖淫,例如美国公法 115—164《2017 年允许各州和受害者打击线上性交易法》,该法对 1934 年《通信法》进行了修正,是保护公共道德的必要措施①。可见,美国的提案目的是限制交互式计算机服务提供者的责任,同时保留政府为合法公共政策目标采取监管措施的权利,因为非法信息内容监管与保护公共道德等政策目标密切相关。

韩国的提案针对的是知识产权侵权。该提案不涉及交互式计算服务提供者的责任,而是要强调缔约方防止知识产权侵权的责任,规定"当缔约方发现交互式计算机服务的用户的不当行为侵犯了某人的知识产权时,该方可以立即将情况通知相关缔约方,包括交互式计算机服务的计算设施位于其领土内的缔约方",并且"缔约方应任何其他缔约方的请求或通知,应努力合作制止上述侵权行为"②。这样一来,缔约方负有就交互式计算服务提供者的用户不当侵权通知相关缔约方及合作制止的义务。尽管案文的措辞为"可以""应努力",表明这一义务并非强制性的,但也将给缔约方对其交互式计算机服务特别是平台的知识产权保护提出了更高的要求。虽然这一提案并没有直接对交互式计算机服务提供者施加义务,不过并不排除政府将责任转嫁到服务提供者身上,而且其对知识产权保护的强调,与美式安全港规则的基本精神也是相背离的。

美国和韩国互为重要的贸易伙伴,并且缔结了韩美 FTA 及升级协定,其电子商务章可谓美式高标准数字贸易规则的肇始。但是美韩双方在交互式计算机服务规则上的主张迥异,而且其他参加方均无提案,WTO 电子商务谈判参加方在这一新规则上的立场分歧可见一斑。

二、互联网中介责任条款的国内法基础

虽然交互式计算机服务规则是数字贸易中的新规则,但其国内法渊源由来已久。美式交互式计算机服务条款和网络服务提供商安全港条款均有其国内法基础,前者借鉴了美国《通信规范法》(Communications Decency Act,以下简称 CDA)第 230 条,后者来源于美国 1998 年《数字千年版权法》(Digital

---

① See WTO, WTO Electronic Commerce Negotiations Consolidated Negotiating Text-December 2020 Revision, INF/ECOM/62/Rev.1, 14 December 2020, pp.24-25.

② Ibid., p.26.

Millennium Copyright Act,以下简称 DMCA)第 512 条。上述国内法条款是美国互联网产业发展的重要法律基础①。美式互联网中介责任条款则是美国国内立法国际化的典型代表。

(一)美国国内法的相关规定

美国 DMCA 确认了网络服务提供者的版权侵权责任限制。该法第二部分"网络版权侵权责任限制"新增美国版权法第 512 条,明文规定提供传输通道、系统缓存、信息存储和信息搜索等服务的四类网络服务提供者承担侵权责任的限制事由②。这一立法的意义在于:第一,肯定了关于网络服务提供者承担间接责任的判例法。DMCA 只规定了免责条件,判断网络服务提供者是否承担侵权责任,依然根据版权法。在司法判例中,尽管有的法院曾判决网络服务提供者承担直接侵权责任,但后来美国法院对此达成共识,即网络服务提供者没有主动实施侵权行为的,不承担直接侵权责任,但可能由于构成帮助侵权而承担间接责任。第二,体现了立法者对中立信息传播技术的保护。DMCA 产生了一个重要原则——"安全港"原则(即"通知-删除"原则):在网络版权侵权案件中,被侵权人在获知侵权事实后,可以向网络服务提供者发出符合 DMCA 规定的侵权通知,后者在接到侵权通知后,应当及时删除相关侵权信息,否则就被视为侵权③。

CPTPP 和 USMCA 网络服务提供商安全港条款与 DMCA 第 512 条在安全港的法定利益(无金钱损害赔偿责任)及技术功能(路由、缓冲、存储/托管和链接)上基本一致,而且都不把网络服务提供商积极监测其服务以发现侵权作为适用安全港的条件。当然,CPTPP 和 DMCA 也有区别,其中一个重要区别是 CPTPP 规定了相对宽松的通知-删除规则。其一,没有要求指定代理人负责接收涉嫌侵权的通知。其二,CPTPP 对权利人通知没有规定详细的形式要件。其三,针对因错误或者识别错误而删除或应用材料的提供者,CPTPP 不要求成员方规定强制性的反通知(counter-notice)程序。反通知是指用户在收到

---

① "互联网之父"Vint Cerf 认为法律的契合使其有关互联网的设计得以完全实现,包括美国宪法第一修正案、1976 年《版权法》第 107 条、《通信规范法》第 230 条和《数字千年版权法》。See Net Neutrality: Hearing Before the Committee on Commerce, Science and Transportation, United State Senate, 109th Congress, Second Session, 7 February 2006.
② See DMCA, 17 U.S. Code § 512.
③ 参见吴汉东:《论网络服务提供者的著作权侵权责任》,载《中国法学》2011 年第 2 期,第 38—47 页。

删除通知后,向互联网服务提供商发出的要求恢复被删内容的通知。CPTPP 把选择权留给了各成员方,实际上是减轻了网络服务提供商的义务,但对于权利人来说,如果内容被错删,不享有保障恢复机制①。而 DMCA 有反通知制度,如果用户如此要求,网络服务提供商应恢复材料,除非版权权利人决定起诉用户。

USMCA 交互式计算机服务条款借鉴了美国 CDA 第 230 条的表述,即"交互式计算机服务的提供者或用户不得被视为其他信息内容提供者提供的任何信息的出版者或发布者","交互式计算机服务提供者或用户均不得因以下原因承担责任:(1)出于善意自愿采取的任何行动,以限制对提供者或用户认为淫秽、猥亵、色情、过度暴力、骚扰或其他令人反感的材料的访问或提供,无论此类材料是否受宪法保护;(2)为使信息内容提供者或其他人能够使用或向其提供限制访问前款所述材料的技术手段而采取的任何行动"②。CDA 第 230 条题为"保护私人阻断和审查令人反感的材料",目的是赋予交互式计算机服务提供者对内容监管的豁免权。据此,互联网平台无须为平台上的第三方内容负责,也无须为其善意删除某些内容的行为负责。

CDA 第 230 条为互联网平台提供的法律保护几乎是美国法律所独有的。欧洲国家、加拿大、日本和其他大多数其他国家都没有类似规定。因为虽然这些国家的互联网接入水平很高,但大多数大型互联网平台都是美国公司。鉴于用户生成内容的庞大规模,例如,仅 Facebook 就拥有超过 29 亿用户③,YouTube 用户每分钟上传 500 小时的视频④,互联网平台无法阻止令人反感的内容出现在它们的网站上。与 DMCA 第 512 条一起,CDA 第 230 条为互联网服务提供商提供了作为中介的避风港,使互联网平台免于无休止的诉讼,为美国互联网产业蓬勃发展铺平了道路,因此被视为造就现代互联网的重要法律

---

① 参见喻玲:《〈跨太平洋伙伴关系协定(TPP)〉网络服务提供者侵权责任规则评析——兼评我国网络服务提供者版权侵权责任制度》,载《华东理工大学学报(社会科学版)》2016 年第 6 期,第 84—92 页。
② See Communications Decency Act of 1996,47 U.S.C. § 230.
③ See Statista, Number of Monthly Active Facebook Users Worldwide as of 1st Quarter 2022, https://www.statista.com/statistics/264810/number-of-monthly-active-facebook-users-worldwide/,visited on 7 June 2022.
④ See Statista, Hours of Video Uploaded to YouTube Every Minute as of February 2020,https://www.statista.com/statistics/259477/hours-of-video-uploaded-to-youtube-every-minute/,visited on 7 June 2022.

基础①。

但是,CDA生效二十多年后,互联网领域发生了巨大变化,继续为互联网平台提供过多的豁免权已经不适宜了,美国国内呼吁国会修改第230条、限制互联网平台免责的呼声越来越高。美国第116届国会共有26项相关立法提案②,司法部③、国家电信和信息管理局等行政部门也提出了许多改革建议。围绕如何突破第230条的豁免权,要求互联网平台承担处理非法内容的责任,防止平台权力过于集中化,展开了广泛探讨。有些建议甚至主张直接废除第230条。但是,由于各方对改革建议分歧很大,加上民主党和共和党的党派利益及意见分歧,美国国内对修改方案尚未达成一致,相关争论仍在继续。

(二)欧盟内部法的相关规定

欧盟没有在自贸协定电子商务章节中规定互联网中介责任条款。但是,2000年《电子商务指令》也对中间服务提供者的责任做了与DMCA大致相同的规定。该指令旨在欧洲内部市场统一电子商务规范。该指令在某些条件下免除互联网中介对其管理的内容的责任,第四部分对中间服务提供者履行纯粹传输服务、缓存和托管服务三种类型服务的侵权责任作了限制性规定④。托管非法服务的服务提供商一旦意识到它的非法性质,就要马上将其删除或禁用对它的访问⑤。该指令的责任豁免仅涵盖对托管内容扮演中立、仅限技术和被动角色的服务。该指令还规定,成员国不得强制中间服务提供者承担内容监控的一般性义务,以及主动收集表明违法活动事实的一般性义务⑥,以免使其负担过重。但是,该指令适用范围比较宽泛,包括对诽谤、散布色情信息、网络毒品

---

① See Eric Goldman, Why Section 230 Is Better Than the First Amendment, 95 Notre Dame Law Review 33-46 (2019).
② See Congressional Research Service, Section 230: An Overview, CRS Report R46751, 7 April 2021, p.30.
③ See e. g. Department of Justice, The Department of Justice' Review of Section 230 of Communications Decency Act of 1996, https://www.justice.gov/archives/ag/department-justice-s-review-section-230-communications-decency-act-1996, visited on 7 June 2022.
④ See Directive 2000/31/EC of the European Parliament and of the Council of 8 June 2000 on certain legal aspects of information society services, in particular electronic commerce, in the Internal Market ("Directive on electronic commerce"), Art. 12-14.
⑤ Ibid., Art. 14(1)(b).
⑥ Ibid., Art. 15.

交易等行为的制裁，而美国 DMCA 仅限于版权侵权的情形。

与美国不同的是，欧盟 2019 年《数字单一市场版权指令》已经引入了新的责任机制。第 17 条将在线内容共享服务提供者允许公众访问其用户上传的版权作品或其他受保护内容，定性为向公众传播或向公众提供行为，而非托管服务。据此，此类平台须积极履行授权寻求义务，即尽最大努力获得授权，以及版权过滤义务，即尽最大努力阻止用户上传受版权保护的内容，包括采取上传安装过滤器等必要的内容审查措施以解决平台监管责任问题[①]。这意味着，在线共享内容服务提供者实质上须承担一般过滤义务，从而使第 17 条成了该指令最有争议的条款之一。原来，美式网络安全港规则占据主导地位，网络服务提供商没有内容审查义务，自然就没有事先的内容过滤义务。版权权利人更多地依赖"通知-删除"模式来打击侵权，网络服务提供商接到版权权利人的合格的侵权通知后，需立即删除侵权内容。第 17 条规定实际上背离了现有网络安全港规则，在线共享内容服务提供者将对平台上的内容承担更多的注意义务，在一定程度上限制了其商业经营自由。为了履行义务，网络平台需要掌握过滤技术，未掌握此类技术的企业将无法进入相关市场，这在一定程度上提高了市场准入门槛。另一方面，过滤技术的进步，将使版权侵权的预防方式发生革命性变化。而网络安全港规则已经成为充分利用这一技术的法律障碍。因此，必须改革网络安全港规则以引入过滤器义务[②]。

由此可见，贸易协定互联网中介责任规则有着长期的国内法基础以及丰富的实践，美式规则更是美国国内法的直接输出。应当看到，尽管各国普遍面临着如何处理互联网中介责任的问题，但仅有 CPTPP、USMCA 等少数美式贸易协定对此做出规定，反映出美国在这一问题上具有鲜明的进攻利益美国互联网平台独步全球，在世界范围内占据的市场份额相当高，美国无疑将致力于减轻其互联网平台在其他国家承担的责任。而这会对其他国家的互联网平台监管带来挑战。因此，随着 WTO 电子商务谈判以及双边和区域贸易协定数字贸易规则制定不断推进，互联网中介责任规则的争议也会越来越大。

---

① See Directive (EU) 2019/790 of the European Parliament and of the Council of 17 April 2019 on copyright and related rights in the Digital Single Market and amending Directives 96/9/EC and 2001/29/EC (Text with EEA relevance.), Art. 17.

② 参见崔国斌：《论网络服务商版权内容过滤义务》，载《中国法学》2017 年第 2 期，第 215—237 页。

第十章

全球数字贸易规则的中国政策选择

中国作为数字贸易大国,对于参与全球数字贸易规则制定有着重大利益。能否形成有利于己的数字贸易规则,将直接影响数字贸易发展。但是,跨境数据流动、数据本地化和源代码保护等议题具有相当的复杂性和敏感性,中国在这些议题上的政策选择面临着重大挑战。特别是在当前错综复杂的国际形势下,如何平衡安全与发展的关系,在国际谈判中维护自身利益,通过国际合作拓展发展空间,是摆在我们面前的重要课题。

第一节 中国数字贸易发展现状及法律制度建设

中国数字贸易快速发展,并在促进和规范数字贸易发展方面取得了较大进展,为中国参与全球数字贸易规则制定及国际合作打下了基础。但是,与数字贸易相关的国内法律制度远未完善,参与制定数字贸易规则话语权不强的问题仍然十分突出,更高标准数字贸易规则对中国国内治理和国际谈判形成重大挑战。

一、中国数字贸易发展现状

近年来,全球数字贸易快速发展,数字贸易的重要作用更加凸显,数字贸易占全球贸易的比重迅速上升,未来还将显著增长,数字贸易正在成为推动全球经济复苏、重塑全球经贸格局的重要力量。在这一大背景下,中国数字贸易也进入了高速增长、快速创新的"快车道"。特别是自 2019 年 11 月中共中央、国务院《关于推进贸易高质量发展的指导意见》首次将"加快数字贸易发展"写入国家层面的政策文件之后,中国数字贸易发展进入了新阶段,数字贸易规模快速扩大,市场主体发展活跃,数字领域有序开放,国际市场持续拓展。

在电子商务领域，中国的优势比较明显。据联合国贸发会议统计，2020年中国网上零售额达14 143亿美元，位居世界第一，远超美国的7 917亿美元。在商品交易总额(Gross Merchandize Value，GMV)排名前十的B2C电子商务公司中，中国有四家，分别是阿里巴巴、京东、拼多多和美团，美国也有四家，分别是亚马逊、易贝、沃尔玛和优步①。中国跨境企业对消费者(B2C)电商出口额也居全球首位，2019年销售额为1 050亿美元②，成为拉动外贸增长的新支点。在主导电子商务的企业对企业(B2B)销售③中，2019年中国销售额为26 040亿美元，位居世界第三，排在美国和日本之后，美国继续主导整个电子商务市场④。

在数字服务贸易领域，中国贸易规模快速扩大，占服务贸易比重也在稳步提升。中国拥有海量数据和丰富应用场景优势，5G、物联网、云计算、大数据、人工智能等新一代数字技术加快应用，为金融、保险、运输、旅游、文化、教育、医疗、研发设计等服务贸易提供更多的数字化解决方案，也将有效加快相关领域的数字化进程。数字技术广泛应用，越来越多的服务贸易由线下转到线上，服务贸易数字化进程进一步加快。《中国数字贸易发展报告2020》显示，按照联合国贸发会议的统计口径测算，2020年中国可数字化交付的服务贸易额为2 947.6亿美元，同比增长8.4%，占服务贸易总额的比重达44.5%，成为服务贸易新的增长点。而且中国数字服务贸易有着广阔的增长空间，预计到2025年，中国可数字化的服务贸易进出口额将超过4 000亿美元，占服务贸易总额的比重达50%左右⑤。

但是，应当看到，中国是数字贸易大国，并非数字贸易强国，与世界先进水平尚有一定差距，在数字数据、数字平台、数字技术方面均是如此。从总体规模来看，联合国贸发会议的数据显示，2020年全球可数字化的服务贸易占比已达

---

① See UNCTAD, Estimates of Global E-Commerce 2019 and Preliminary Assessment of COVID-19 Impact on Online Retail 2020, UNCTAD Technical Notes on ICT for Development No.18, May 2021, pp.1-2.

② Ibid., p.6.

③ 2019年全球B2B电子商务的价值为21.8万亿美元，占所有电子商务的82%，包括在线市场平台的销售额和电子数据交换(EDI)交易。See UNCTAD, Estimates of Global E-Commerce 2019 and Preliminary Assessment of COVID-19 Impact on Online Retail 2020, UNCTAD Technical Notes on ICT for Development No.18, May 2021, p.4.

④ Ibid.

⑤ 参见中国服务贸易指南网：《〈中国数字贸易发展报告2020〉发布：中国数字贸易规模将持续扩大》，http://tradeinservices.mofcom.gov.cn/article/szmy/gnqwfb/202109/119433.html，访问日期2022年5月27日。

61%，中国的占比为44.5%，说明中国与全球平均水平还有差距，也说明中国数字服务贸易有相当大的提升空间；从数字数据来看，中国在数据收集和数据访问方面处于领先地位，据IDC预测，全球数据圈将从2018年的33ZB（1ZB相当于1万亿GB）增至2025年的175 ZB，中国的数据量预计将平均增长30%，到2025年将成为数据量最大的区域①。但是，中国的数据价值尚未充分利用，数据价值链没有形成，数据货币化能力不强；从数字平台来看，中国数字平台虽然规模较大，按市值计算的全球前十大企业中，中国占据两席，分别是腾讯和阿里巴巴②，但即使是这些国内头部企业，其市场主要在国内，海外布局仍相当有限，尚未成为有全球影响力的平台；从数字技术看，中国正在大力推动人工智能、物联网、大数据、云计算、区块链等新兴技术发展，在人工智能、5G、量子计算技术等领域处于世界领先地位③。但是，关键核心技术研发创新能力不足，特别是许多技术仍然掌握在以美国为代表的发达国家手中，制约着中国数字贸易加速发展以及国际竞争力的提升。

二、国内数字贸易法律制度建设

（一）电子商务便利化

中国正在加快电子商务规范化发展，推动建立适应新主体、新模式发展的电子商务政策法规体系。2019年1月，《电子商务法》正式生效，对电子商务经营者的主体责任、交易安全、个人信息保护、消费者权益保护以及市场秩序、公平竞争等内容进行了规范，标志着中国电子商务全面法制化时代到来。

无纸化贸易方面，中国已经具备比较完善的法律框架。《电子商务法》明确规定电子发票与纸质发票具有同等法律效力④。在海关监管领域，无纸化进程启动得更早。《海关法》规定，办理进出口货物的海关申报手续，应当采用纸质报关单和电子数据报关单的形式⑤。2013年，海关总署发布公告《关于深化通

---

① See David Reinsel, John Gantz & John Rydning, Digital Age 2025: The Digitization of the World from Edge to Core, IDC White Paper, November 2018, pp.7-8.
② See PWC, Global Top 100 Companies by Market Capitalization, May 2021, p.22.
③ See Graham Allison, Kevin Klyman & Karina Barbesino et al, The Great Tech Rivalry: China vs the U.S., Harvard Kennedy School's Belfer Center for Science and International Affairs Paper, December 2021, p.2.
④ 参见《电子商务法》第14条。
⑤ 参见《海关法》第25条。

关作业无纸化改革试点工作有关事项》(公告〔2013〕19号),中国在全国范围内开展通关作业无纸化改革试点。2021年2月,《亚太跨境无纸化贸易便利化框架协议》①正式生效,中国将根据协议要求不断完善跨境无纸化贸易领域的相关法规和制度建设,并通过现有的或创建新的跨境无纸化贸易系统推进贸易数据和文件的跨境互认。

电子签名和电子认证方面,中国已经构建起相对成熟的法律体系。《电子商务法》明确规定,电子商务当事人订立和履行合同,适用《电子签名法》等法律的规定②。2005年4月生效的《电子签名法》③赋予电子签名与手写签名同样的法律效力,消除了电子商务发展的一大法律障碍,成为中国电子商务法制化发展的里程碑。《电子签名法》规定,电子签名需要第三方认证的,由依法设立的电子认证服务提供者提供认证服务④,同时对境外的电子认证服务提供者在境外签发的电子签名认证证书的法律效力作了规定⑤。2009年1月,工信部《电子认证服务管理办法》对电子服务认证机构、认证服务和认证证书等方面作出规定,并明确经工信部根据有关协议或者对等原则核准后,承认境外的电子认证服务机构在境外签发的电子签名认证证书的与境内电子认证服务机构签发的电子签名认证证书具有同等的法律效力⑥。

跨境电子商务方面,中国正在逐步完善相关法律制度。《电子商务法》规定"国家促进跨境电子商务发展",并对建立健全跨境电子商务管理制度、跨境电子商务综合服务和监管体系建设、跨境电子商务国际交流合作和国际规则制定以及跨境电子商务争议解决机制等方面作了规定⑦。为落实《电子商务法》的相关规定,灵活调整贸易政策和适应贸易新发展,有关部委出台了一系列规范

---

① 《亚太跨境无纸化贸易便利化框架协议》(Framework Agreement on Facilitation of Cross-border Paperless Trade in Asia and the Pacific)由联合国亚洲及太平洋经济社会委员会(ESCAP)倡导发起,于2015年4月启动谈判,2016年5月完成,先后有中国、俄罗斯、韩国、印度和印度尼西亚等近30个亚太经社成员加入,已于2021年2月21日正式生效。
② 参见《电子商务法》第47条。
③ 《电子签名法》根据2015年4月24日第十二届全国人民代表大会常务委员会第十四次会议《关于修改〈中华人民共和国电力法〉等六部法律的决定》第一次修正,根据2019年4月23日第十三届全国人民代表大会常务委员会第十次会议《关于修改〈中华人民共和国建筑法〉等八部法律的决定》第二次修正。
④ 参见《电子签名法》第16条。
⑤ 参见《电子签名法》第26条。
⑥ 参见《电子认证服务管理办法》第42条。
⑦ 参见《电子商务法》第71—73条。

性文件,推动跨境电子商务管理制度和监管体系建设。2019年1月,商务部等六部委联合发布的《关于完善跨境电子商务零售进口监管有关工作的通知》(商财发〔2018〕486号)实施,对跨境电商零售进口的两种模式,即"网购保税进口"(海关监管方式代码1210)和"直购进口"(海关监管方式代码9610),明确了不同市场主体、消费者和监管机关的责任。2020年7月,海关总署《关于开展跨境电子商务企业对企业出口监管试点的公告》(公告〔2020〕75号)实施,在全国海关范围内全面复制推广跨境电商B2B出口监管试点,针对跨境电商B2B直接出口(海关监管方式代码9710)和跨境电商出口海外仓(海关监管方式代码9810)两种跨境电商B2B出口模式,明确了企业管理、通关管理等事宜。

(二)电子商务信任环境

线上消费者保护方面,中国已经具备相对完整的法律体系。中国出台并实施了《民法典》《消费者权益保护法》《电子商务法》《数据安全法》《个人信息保护法》《网络交易监督管理办法》《关于平台经济领域的反垄断指南》《公平竞争审查制度实施细则》等多部与线上消费者保护相关的法律、行政法规、部门规章和规范性文件,不断完善线上消费者保护的法律体系。同时,中国也在不断推动在线争议解决(ODR)等替代性纠纷解决机制,以更加有效、便捷地解决日益增加的、小额量大的跨境电子商务争议。

个人信息保护方面,中国法律体系已经初步建立,个人信息保护力度不断加大。2021年11月《个人信息保护法》正式生效,标志着中国基本形成了个人信息保护法律框架。《个人信息保护法》确立个人信息保护原则,规范个人信息处理活动,强化个人信息处理者义务,规范个人信息跨境流动,明确个人信息保护的法定职责。《个人信息保护法》作为中国第一部综合性的个人信息保护专门立法,在一定程度上借鉴了GDPR,对企业全面保护个人信息作了较为严格的规定,在敏感信息处理、未成年人个人信息处理等方面与GDPR基本一致,在同意规则、信息主体知情权等方面的严厉程度甚至超过GDPR。除了《个人信息保护法》以及《民法典》《刑法》《网络安全法》《数据安全法》《电子商务法》《消费者权益保护法》《全国人民代表大会常务委员会关于加强网络信息保护的决定》等相关法律,中国还出台了大量法规、规章、规范性文件和司法解释,如《电信条例》《征信业管理条例》《地图管理条例》《快递业暂行条例》《规范互联网信息服务市场秩序若干规定》《儿童个人信息网络保护规定》《最高人民法院关于审理使用人脸识别技术处理个人信息相关民事案件适用法律若干问题的规定》等,以及相关国家标准,如《信息安全技术 个人信息安全规范》《信息安全技术 个人信息安全影响评估指南》《信息安全技术 个人信息去标识化指南》《信息安全技术 移动智能终端个人信息保护技术要求》等。

网络安全方面,中国网络安全法律体系逐步健全。作为中国第一部网络安全管理的基础性保障法,《网络安全法》于2017年6月正式生效,标志着中国网络安全工作有了基础性的法律框架,意味着建设网络强国的制度保障迈出了坚实一步。《网络安全法》不仅申明了网络主权原则,构建了网络运行安全保障制度特别是关键信息基础设施保护制度,还形成了网络信息安全保护制度,有利于为数字贸易创造安全的网络环境。具体制度上,《网络安全法》明确了互联网信息内容管理部门、网络运营者及个人在网络安全保护领域的权利与义务,建立起网络安全等级保护制度和网络安全监测预警和信息通报制度等,为及时预测、发现和处置网络安全事件提供了制度保障。《互联网新闻信息服务管理规定》《关键信息基础设施安全保护条例》《网络安全审查办法》等一系列配套制度的制定与出台,不断夯实网络安全立法架构。数据安全方面,《网络安全法》和《数据安全法》《区块链信息服务管理规定》《汽车数据安全管理若干规定(试行)》等法律法规共同构建了兼顾维护数据安全与促进数据流动的平衡机制。

(三) 跨境数据流动

近五年来,中国正在加快数据领域立法进程,以《网络安全法》《数据安全法》和《个人信息保护法》为核心的法律框架已经初步形成。对于数据跨境流动,中国提出了《全球数据安全倡议》,建立起以出境安全评估为主要机制的监管体系,并规定了广泛的数据本地存储和处理要求。中国还出台了《出口管制法》和《阻断外国法律与措施不当域外适用办法》等,为反击美国制裁以及阻断美国法律不当适用提供法律依据。

中国数字领域立法的价值取向是相当明确的,即强调总体国家安全观,重视数据安全管理。其中跨境数据流动制度是典型代表。《网络安全法》第37条确立了关键信息基础设施运营者产生和收集的重要数据和个人信息跨境流动的基本制度,即原则上要求本地存储,必要时出境须进行安全评估。该条规定也明确了中国跨境数据流动管理制度的两大重点领域,即重要数据和个人信息。重要数据和个人信息的跨境流动,须分别遵循相关具体法律规定。《数据安全法》第11条规定,国家积极开展数据安全治理、数据开发利用等领域的国际交流与合作,参与数据安全相关国际规则和标准的制定,促进数据跨境安全、自由流动。可见,数据跨境流动首先必须是安全的,在保障安全的前提下才能跨境自由流动,呼应了《网络安全法》的制度安排。

个人信息跨境流动制度以《个人信息保护法》为主要依据。《个人信息保护法》第三章专门规定了个人信息跨境提供的规则,构建起以安全评估、个人信息保护认证、标准合同等为主的跨境传输机制,并要求个人信息处理者取得个人的单独同意;同时还规定了关键信息基础设施运营者和处理个人信息达到国家网信部门规定数量的个人信息处理者的数据本地化要求①。当然,《个人信息保护法》对此仅作原则性规定,有关安全评估、保护认证和标准合同的实施细则由网信部门制定。

重要数据保护跨境流动管理是中国数据安全的关键要义。《网络安全法》首次在法律层面提出重要数据的概念以来,中国高度重视重要数据安全保护。《数据安全法》将重要数据作为核心概念,要求建立国家数据分类分级保护制度。《网络安全审查办法》将重要数据的风险作为重要考虑因素之一。不同于其他国家大多对具体部门、特定场合的数据进行管理,中国把重要数据作为一个大类提出统一要求,体现出从战略高度审视重要数据保护和数据安全问题。其中,本地存储和出境安全管理是重要数据保护制度的核心内容。

中国除依法要求重要数据在境内存储外,还构建了以出境安全评估为核心的出境安全管理制度,包括两个层面:一是关键信息基础设施的重要数据的出境安全管理,适用《网络安全法》的规定。关于关键信息基础设施的范围,《关键信息基础设施安全保护条例》将公共通信和信息服务、能源、交通、水利、金融、公共服务、电子政务、国防科技工业等重要行业和领域的重要网络设施、信息系统等纳入其中,并规定由行业主管部门认定关键信息基础设施。关于重要数据的识别,2021年9月发布的《重要数据识别指南(征求意见稿)》明确了识别重要数据的基本原则和流程。二是其他重要数据的出境安全管理办法,由国家网信部门会同有关部门制定②。此外,《关于汽车数据安全管理的若干规定(试行)》等行业数据管理规定也涉及所在行业重要数据出境的相关规则。对于重要数据出境安全评估制度的实施,2022年7月发布的《数据出境安全评估办法》确立了风险自评估与安全评估相结合的机制③,并适用于所有数据处

---

① 参见《个人信息保护法》第38—40条。
② 参见《数据安全法》第31条。
③ 参见《数据出境安全评估办法》第3条。

者①,较之《网络安全法》规定的关键信息基础设施运营者而言更加宽泛,且安全评估基本属于个案评估②,进一步反映出强化数据安全监管的大趋势。

三、参与制定全球数字贸易规则

(一) 参与制定全球数字贸易规则取得的进展

近年来,中国逐步加大参与全球数字贸易规则制定的力度,数字贸易规则制定话语权得以有力提升,为中国进一步把握、参与、影响乃至引领未来数字贸易规则的制定奠定了良好的基础。具体表现在以下五方面。

第一,中国不断提升自贸协定数字贸易规则水平。中国在 2015 年《中韩 FTA》中首次纳入电子商务规则,其后签署的《中澳 FTA》(2015 年)、《中新 FTA 升级》(2018 年)、《中国-柬埔寨自贸协定》(2020 年)、RCEP(2020 年)和《中国-新西兰自贸协定升级》(2021 年)也包含了电子商务条款。从《中韩 FTA》到 RCEP,中国商签的电子商务规则的水平不断提高。《中韩 FTA》《中澳 FTA》和《中新 FTA 升级》都采用的是电子商务专章模式,但只包含电子认证和电子签名、网络消费者保护、个人信息保护、无纸化贸易等浅层规则,没有涉及跨境数据流动等深层规则。而且条款内容相对简单,有些仅作原则规定,有些采用的是"致力于""尽可能"等不具有强制执行力的表述③。RCEP 电子商务章范围更加全面,已经接近 CPTPP 等高标准电子商务规则的基本框架,但是规则水平与后者仍有一定差距。

第二,中国积极参与 WTO 电子商务联合声明谈判。自 2019 年正式参加 WTO 电子商务谈判以来,中国先后提交多份提案,围绕自身利益坚持谈判立场④。中国主张着重关注互联网支持的跨境货物贸易,以及相关的支付和物流服务,同时关注服务贸易的数字化趋势;强调谈判应该是公开的、包容的和透明

---

① 参见《数据出境安全评估办法》第 2 条。
② 同上,第 14 条。
③ 中韩 FTA、中澳 FTA 和中新 FTA 电子商务章的文本参见中国自由贸易区服务网 http://fta.mofcom.gov.cn/,访问日期 2022 年 6 月 14 日。
④ 参见 中国提交的提案:WTO, Communication from China, Joint Statement on Electronic Commerce, INF/ECOM/19, 24 April 2019;WTO, Communication from China, Joint Statement on Electronic Commerce, INF/ECOM/32, 9 May 2019;WTO, Communication from China, Joint Statement on Electronic Commerce, INF/ECOM/40, 23 September 2019;WTO, Communication from China, Joint Statement on Electronic Commerce, INF/ECOM/60, 28 October 2020.

的,通过精心设计的框架和灵活的方法落实谈判结果,确保感兴趣的成员参与整个过程。谈判应设定合理的目标水平,充分考虑会员的监管权力,在技术进步、业务发展和成员合法的公共政策目标(如网络主权、数据安全、隐私保护等)之间取得平衡,并通过平等协商达成反映所有成员利益的平衡、务实的结果。谈判应当在现有 WTO 协议和框架的基础上,坚持发展层面,充分考虑发展中成员面临的困难和挑战,包括目前尚未加入谈判的成员,特别是最不发达国家①。中国提出的相关案文已被纳入 2020 年 12 月的谈判合并案文,如电子支付服务条款、改善贸易政策条款、物流服务条款、加强贸易便利化条款、提供贸易促进与支持服务条款以及电子商务相关网络设备及产品条款②,有些主张在联合声明谈判清洁文本中得到反映。

第三,中国主动开放对接更高标准数字经济规则。中国已经正式申请加入 CPTPP 和 DEPA,这不仅对中国推动数字领域制度型开放提出了新的要求,也是积极参与数字贸易国际规则制定以及有效拓展数字经济国际合作的重要举措,既有利于提升数字贸易规则制定话语权,也有助于为数字经济和贸易发展构建良好的国际合作环境。加入 CPTPP 和 DEPA,也是中国应对经贸关系地缘政治化,特别是美西方"去中国化"的战略举措。目前,中国正在为加入 CPTPP 和 DEPA 谈判做积极准备,努力建立数字经济合作伙伴关系,拓展前沿领域合作。

第四,中国积极推进"数字丝绸之路"规则建设。2017 年 5 月,习近平出席"一带一路"国际合作高峰论坛开幕式并发表主旨演讲,提出要"坚持创新驱动发展,加强在数字经济、人工智能、纳米技术、量子计算机等前沿领域合作,推动大数据、云计算、智慧城市建设,连接成 21 世纪的'数字丝绸之路'"③。当前,"数字丝绸之路"正成为推动新型全球化的数字桥梁④。基于中国在电子商务、数字技术、数字基础设施等方面的优势,中国正在通过积极推动"丝路电商"合

---

① See WTO, Communication from China, Joint Statement on Electronic Commerce, INF/ECOM/19, 24 April 2019, paras. 2.4-2.5.
② See WTO, WTO Electronic Commerce Negotiations Consolidated Negotiating Text-December 2020 Revision, INF/ECOM/62/Rev.1, 14 December 2020, pp.10-11, 16, 18, 19-20, 22, 71.
③ 参见新华网:《习近平在"一带一路"国际合作高峰论坛开幕式上的演讲》,http://www.xinhuanet.com//politics/2017-05/14/c_1120969677.htm,访问日期 2022 年 5 月 29 日。
④ 参见中国国际经济交流中心"一带一路"课题组:《"数字丝绸之路"重在规则建设》,载《经济日报》2021 年 8 月 19 日第 10 版。

作备忘录①，与以色列、巴勒斯坦和斯里兰卡等"一带一路"共建国家商谈自贸协定等方式②，加快构建"数字丝绸之路"国际规则体系。

第五，中国积极参与多边机制数字议题合作。自2016年G20杭州峰会以来，中国多边机制数字议题的参与度明显提升。中国积极参与G20、APEC有关电子商务、数据利用、人工智能、数字税、数字基础设施等一系列议题的讨论，以及OECD有关区块链、人工智能等议题的公共咨询和专家研讨，提出中国方案。中国还积极参与OECD数字经济税收"双支柱"方案的相关工作。同时，中国密切关注G7、美欧贸易与技术委员会的数字议题最新动态。除了传统国际组织的数字议题以外，对于特定领域的专业性国际组织的讨论，特别是有关人工智能、数字货币、5G等重点领域的议题，中国也越来越重视并逐步扩大参与面，如参与国际标准化组织（ISO）和国际电工委员会（IEC）的标准制定。

（二）参与制定全球数字贸易规则存在的问题

应当看到，中国在参与制定数字贸易规则中话语权不强的问题仍然十分突出，主要表现为以下三方面。

一是WTO电子商务议题的谈判能力不强。虽然中国在WTO电子商务联合声明谈判中提出了符合自身利益的特有主张，但并没有得到其他参加方的附议，若要推动这些主张写入未来的协议，仍有相当的难度。这说明中国输出自己主张的能力还有所欠缺，未能通过政策对话会、研讨会等多种渠道，并联合有共同利益的成员一起推动规则形成。

二是双边区域贸易协定的规则引领能力不强。中国已经形成的数字贸易规则大多是借鉴现有贸易协定中的浅层规则，很少自己创建规则，自身独特利益难以体现。例如，中国物流服务、电子支付服务比较发达，但最近两年缔结的RCEP、《中国-新西兰自贸协定升级》等的电子商务章也没有纳入相关条款，无法形成中国方案和模板。

三是国际组织数字议题的议程设置能力不强。G20、APEC等国际组织数字议题讨论由美国、日本、新加坡等国家主导，特别是在隐私保护、数据流动、人工智能、数字税等焦点议题上，中国基本处于被动防守状态。即使是跨境电子

---

① 参见商务部：《我国已经与22个国家签署了"丝路电商"合作备忘录》，http://www.mofcom.gov.cn/article/i/jyjl/e/202102/20210203037599.shtml，访问日期2022年5月29日。
② 有关中国正在谈判的自贸区的信息，参见中国自由贸易区服务网 http://fta.mofcom.gov.cn/，访问日期2022年6月14日。

商务便利化等有进攻利益的议题,中国也很少主动提出相关倡议。

中国参与全球数字贸易规则制定的话语权不强,原因主要在于:第一,国内法制尚不完善。国内数字治理体系及法治建设做好充分准备,是有效参与国际规则制定的前提。跨境数据流动等具有高度复杂性和敏感性的规则尤其如此。中国有关跨境数据流动、重要数据识别、个人信息保护等的实施细则尚不完善,严重影响到参与相关议题国际谈判及合作。

第二,规则制定能力薄弱。传统上,国际规则制定权由欧美国家把控,中国大多是国际规则接受者。若要从规则接收者向规则制定者转变,必须要有与之相称的国际规则制定能力。近年来,"北京共识""北京效应"在一定程度上挑战了"华盛顿共识""布鲁塞尔效应",但是中国还不具备塑造世界的能力,国际规则谈判能力仍需较长时间的积累。

第三,基础研究支撑不足。中国有关数字经济规则和治理的基础研究比较薄弱。例如跨境数据流动分级分类监管问题,尽管各界对其必要性已有一致认识,但尚未深入到具体方案上;再如数字税问题,中国的研究刚刚起步,对自身情况缺少科学研判,因此中国在是否开征数字税、数字产品跨境交易国内税的问题上立场模糊,对外谈判缺少支撑。

数字贸易规则制定话语权不强,将直接影响和制约中国从数字贸易大国跃升为数字贸易强国。一方面,具备把握和引领规则制定的能力是数字贸易强国的应有之义;另一方面,制定有利于己的数字贸易国际规则,是为数字贸易发展赢得先机、使数字贸易继续发挥经济增长新引擎作用的必要条件。在当前错综复杂的国际形势下,对于中国而言,增强数字贸易规则制定的话语权尤为重要。

(三)更高标准数字贸易规则给中国带来的挑战

1. 更高标准数字贸易规则对国际谈判的挑战

应当看到,对比 CPTPP 以及 DEPA 等更高标准数字贸易规则,中国已经形成的数字贸易规则存在较大差距。这一现实与更高标准数字贸易规则快速推进趋势之间的鸿沟,将导致中国在未来的国际谈判中处于被动。

第一,中国参与 WTO 电子商务谈判面临巨大压力。2019 年启动的 WTO 电子商务谈判是数字贸易领域最为重要的国际谈判。因为谈判参加方占世界贸易总额的 90% 以上,相比区域贸易协定,更加契合数字贸易天然的全球属性,而且推动谈判达成协议有利于增强 WTO 在全球经济治理中的相关性。中国已经明确谈判重点是跨境货物贸易以及相关的支付和物流服务,同时关注服务贸易的数字化趋势,并指出考虑到数据流动、数据储存、数字产品待遇等问题的复杂性和敏感性,以及各成员之间的意见分歧,提交 WTO 谈判前需要更多的探索性讨论。这与美国高雄心水平的诉求存在很大分歧。在谈判中,美国联合其他立场相近的成员力推更高标准数字贸易规则,而中国秉持网络安全优先,且囿于国内已有法律原则和监管制度,很难接受以下高标准条款,那么就面临如何既坚持自身主张、又不至于破坏谈判的两难选择。

(1) 跨境数据自由流动条款。《网络安全法》确立了网络信息技术产品和服务的国家安全审查制度,以及关键信息基础设施收集和产生的个人信息和重要数据以境内存储为原则、以安全评估为例外的数据本地化要求。《征信业管理条例》《关于银行业金融机构做好个人金融信息保护工作的通知》《人口健康信息管理办法》《网络预约出租汽车经营服务管理暂行办法》等法律规定也对不同行业的数据本地化作了要求。

(2) 计算设施位置条款。中国要求某些计算设施必须本地化。《网络出版管理规定》《地图管理条例》《电子银行业务管理办法》等法律规定都要求相关服务器和存储设备设在中国境内。

中国已经通过签署 RCEP,接受跨境数据流动和计算设施位置条款的约束,同时规定了一般例外和基本安全利益例外。但问题是中国比较广泛的跨境数据流动限制和数据本地化措施能否成功寻求例外? 如前文所述,跨境数据流动限制和数据本地化措施的实施方式要满足 GATS 第 14 条的前言要求较为困难,一项具体措施能否成功寻求例外往往取决于个案。而在与国家监管自主权产生冲突时,自由贸易协定总是倾向于优先考虑贸易自由化。那么,中国诸多相关措施可否均成功寻求一般例外和基本安全利益例外是存疑的。

(3) 源代码条款。尽管要求提交 IT 系统源代码的银行业安全规定已经废除,但是由于政府获取数据的考虑,不排除实践中仍然存在此类做法,因此中国倾向于暂不接受源代码条款。

(4) 数字产品的非歧视待遇。数字产品的范围十分广泛,其中有些产品比较复杂和敏感,尚未对外资开放。特别是出于数字内容的监管考虑,以及云计算服务的市场准入等原因,中国目前很难接受数字产品非歧视待遇条款,确保产品在数字化及电子传输的过程中受到同等对待。

第二,影响中国区域贸易协定电子商务规则谈判。中国正在开展中日韩、中国-挪威的自贸协定谈判、《中国-韩国自贸协定第二阶段》谈判、《中国-秘鲁自贸协定升级》谈判等区域贸易协定谈判,并且正在研究《中国-加拿大自贸协定》等的可行性,电子商务都是谈判的重要议题。日本、秘鲁和加拿大是CPTPP成员方,很有可能以CTTPP电子商务章节和CPTPP+数字贸易规则作为谈判文本,要求中国做出相应承诺。如果中国未来谈判缔结的双边和区域贸易协定不纳入更高标准数字经贸条款,就难以很好地融入数字时代区域一体化的进程,甚至在新一轮国际经贸规则重构中面临被边缘化的风险。

2. 更高标准数字贸易规则对国内治理的挑战

以跨境数据自由流动和禁止数据本地化为代表的更高标准数字贸易规则,将从网络安全、数据安全、个人信息保护、政府获取数据等方面对中国带来重大挑战。从更深层次来看,更高标准数字贸易规则实质上是对中国的网络治理能力、国内法律体系和管辖权行使的挑战。

第一,网络综合治理能力有待强化。习近平在2018年全国网络安全和信息化工作会议上指出,"要提高网络综合治理能力,形成党委领导、政府管理、企业履责、社会监督、网民自律等多主体参与,经济、法律、技术等多种手段相结合的综合治网格局"。对照上述"五大治理主体"和"三种治理手段"的要求,应当看到,中国的网络综合治理能力亟待加强。从治理主体来看,政府缺少有效治理网络、精准处理问题的工具,企业泄露、滥用个人信息的情况频发却未得到有效约束,社会监督机制尚未形成,网民自律意识比较薄弱;从治理手段来看,中国不仅欠缺有效调控利益关系的经济手段以及有效规制网络空间的法律手段,还欠缺有效治理技术创新的技术手段。

第二,国内法律体系有待完善。中国尚未建立起与更高标准数字贸易规则对应的国内法律体系,特别是数据保护和数据安全的相关法律制度。《网络安全法》《数据安全法》和《个人信息保护法》有关重要数据识别和数字身份等的诸多实施细则均尚未出台,数据出境安全评估等制度在具体操作过程中有待进一步落地,有关数据开发利用和数据安全的国家标准体系也未建立。国内相关法律体系不健全,将严重影响数据依据中国法律进行跨境传输,以及数据出境后获得相应保护。

第三,管辖权行使存在困难。对于跨境调取数据的难题,主要有司法协助或执法合作、主张域外管辖权、主张数据本地化三种解决方案。通过司法协助或执法合作间接行使管辖权,往往十分耗时,而且存在很大的不确定性。主张境外数据的域外管辖权,如美国CLOUD案,必然导致与数据所在国的管辖权冲突问题。数据本地化则会引发广泛的数据保护主义或贸易壁垒的质疑。而中国采取的数据本地化措施,是OECD数字贸易限制指数将中国列为限制最高国家的主要原因①。

总体而言,更高标准的数字贸易规则,不仅将在国际层面对中国参与数字贸易规则谈判形成制约,也将在国内层面对中国的治理能力、法律体系和管辖权行使带来深层影响。在更高标准数字贸易规则对中国形成重大挑战的大背景下,中国应当着力加强数字贸易规则国际谈判和数字贸易国际合作,为中国从数字贸易大国迈向数字贸易强国提供制度保障。

第二节 中国参与数字贸易规则国际谈判的对策

数字经济时代,数字贸易规则制定权和主导权是全球博弈的焦点,主要经济体之间争夺异常激烈。2020年以来,数字经济和贸易的重要作用更加凸显,数字贸易规则制定不断加速。加之美国在数字领域打压遏制中国以及欧盟将经贸问题地缘政治化等因素,中国参与数字贸易规则制定所处的国际环境错综复杂。中国要把握、参与、影响乃至主导数字贸易规则的制定,亟须以更加主动的姿态参与国际谈判,在重点议题上加强应对。

一、参与国际谈判的基本思路

当前,面对全球百年变局的复杂形势以及发展数字贸易的战略需求,中国参与更高标准数字贸易规则国际谈判,必须从中国具体国情出发,统筹国内和国际两个大局,兼顾安全和发展两件大事。具体而言是平衡以下三对关系:

一是平衡短期利益与长期利益的关系。短期来看,中国数字贸易的优势在货物贸易领域,因此谈判重点是市场准入、关税及其他税费、贸易便利化等议题;长远来看,中国要大力发展数字贸易,提升在互联网价值链、数据价值链以及全球价值链上的位置,必须重视数字服务贸易的发展以及相关贸易规则的制定。特别是跨境数据流动规则,由于数字贸易的核心是跨境数据流动,中国要提升数字贸易的国际竞争力,必然要解决跨境数据流动的壁垒问题。这都需要中国在参与国际谈判时为数字贸易发展预留相应的政策空间,不能预先把可能

---

① See Janos Ferencz, The OECD Digital Services Trade Restrictiveness Index, OECD Trade Policy Papers No. 221, January 2019, pp.13-16.

成为国内产业下一个增长点的数字服务贸易排除在外,否则将会丧失规则制定的主动权和话语权。

二是平衡开放市场与适度保护的关系。既要看到开放市场对中国数字贸易发展的促进作用,吸收国外的新技术、新理念、新制度有利于推动中国数字贸易加快发展,特别是计算机服务、专业服务等服务领域得到进一步提升;又要看到开放市场对国内产业带来的冲击,虽然中国数字贸易增长很快,但是在基础设施、商业模式、运营机制和管理体制等方面,与发达国家特别是美国还有较大差距。

三是平衡国家安全与自由贸易的关系。在数字贸易发展中,国家安全至关重要,社交网络、搜索引擎和云计算等新兴服务的核心是数据流动,许多数字服务还涉及关键信息基础设施的运营,一旦发生重大网络安全和数据安全事件,会对国家安全、公共安全和人身财产等造成严重损害。因此,中国发展数字贸易,应当充分认识到数字贸易事关国家安全,必须以保障国家安全为前提。如果对国家安全的强调超过必要的限度,则会限制数字贸易发展。数字贸易实力不强,反过来会影响国家安全,特别是数据安全和网络安全的保障能力。

二、参与国际谈判的主要路径

中国参与更高标准数字贸易规则国际谈判,应当注重国内法治和国际规则的良性互动,一方面要主动参与并影响数字贸易规则国际谈判,加强多边协调与合作;另一方面要加快构建国内法律体系,强化法律的实施和执行。同时,中国还要加强基础研究和储备,为国际国内的制度构建提供智力支持。

第一,主动参与数字贸易规则谈判和议题讨论。中国应以更加主动的姿态参与WTO电子商务谈判及其他数字贸易议题谈判,保障进攻利益,维护防守利益。在互联网支持的跨境货物贸易以及相关的支付、物流服务等进攻利益方面,中国应积极通过研讨会、公私对话会、政策对话会等机制加紧联系磋商,促进共识达成;在数据流动、数据储存、数字产品待遇等防守利益方面,中国应主动加强与利益相关方的探索性讨论,提出主张,分享经验,增进了解,弥合差距;在技术援助和能力建设方面,中国应积极推动相关规则形成,切实为发展中成员和最不发达成员创造参与机会并使之从中获益。

第二,积极构建"一带一路"数字贸易规则体系。中国是数字经济和数字贸易大国,推进"数字丝绸之路"建设具备良好的产业基础和广阔的市场空间,也赋予中国参与构建数字贸易规则体系的重大机遇。中国推进"数字丝绸之路"建设，应加强数字经济、人工智能等前沿领域合作，推动数字基础设施和智慧城市建设，并以此为基础与沿线国家签订自贸协定、数字经济协定、合作协议或谅解备忘录，建立数字经济合作伙伴关系。同时，中国应加强构建"一带一路"数字贸易规则框架，进一步发挥优势，加快形成跨境电子商务便利化、数字技术合作、中小企业、数字包容性、技术援助和能力建设等规则模板，这不仅有利于输出"中国方案"，也可以为全球数字贸易规则制定提供制度性国际公共产品，在一定程度上填补国际公共产品供给的缺口。

第三，加强多边合作与协调。数字贸易具有全球属性，双边和区域层面的措施无法释放所有潜在利益，数字贸易规制的许多问题都需要在多边层面上解决。特别是服务贸易是数字贸易的核心，而服务贸易在很大程度上受国内监管的影响，因此服务贸易政策的国际监管合作与协调尤为重要。而且数字贸易还涉及贸易之外的许多其他政策领域，包括互联网治理、隐私保护等，需要开展更深层次的合作来共同应对。一是积极参与G20、APEC、OECD等多边数字经济治理机制，强化数字议题推动能力，先在小范围形成共识再扩大范围，推动达成更加广泛的协议；增强数字议程设置能力，提供更多的议题和提案，并与WTO、区域贸易协定的数字贸易议题谈判议题形成联动，通过多平台多渠道并行推动相关议程；二是广泛参与国际标准制定，包括国际标准化组织（ISO）和国际电工委员会（IEC）与信息安全、隐私保护和新兴技术等有关的国际标准；三是提升多元主体参与度，鼓励企业、商协会、专家学者等积极参加高层次研讨，发出中国声音，维护自身利益，建立多层次多议题朋友圈等。

第四，加快构建相关国内法律体系。国内的治理体系及法治建设做好充分准备，是有效应对高标准数字贸易规则的前提。跨境数据流动等具有高度复杂性和敏感性的规则尤其如此。中国已经建立起以《网络安全法》《数据安全法》《个人信息保护法》为三大支柱的数据法律体系，确立了以数据本地存储为原则、数据出境安全评估为例外的跨境数据流动管理制度。但是，重要数据识别等相关实施细则尚未出台，数据出境安全评估制度有待进一步落地，在很大程度上影响了上述法律的有效实施，以及对外谈判及国际合作的开展。因此，中国应加快完善数据安全和数据保护相关法律制度，以此为基础形成"中国方案"，与数字经贸国际规则制定形成良性互动。当然，相关法律的制定过程必然是不同价值的协调及多方利益的博弈，需要经过实践的不断调整、不断完善。对于个人信息保护认证等适合在国内自贸试验区先行先试的，应当抓紧推进试点工作,通过压力测试降低改革风险,加快立法进程。

第五,强化相关法律的实施和执行。加大执法权,以及增加罚款和处罚的力度、范围是数据保护领域的一大趋势。这是国际社会对一系列严重案件的回应。面对大规模违反数据安全和个人信息保护法律的案件,现有的监管权有其不足。因此,欧盟、日本、澳大利亚等经济体制定和修改法律时都强化了执法权。美国也在实践中大量使用罚款和处罚措施来阻止相关违法行为。实施不力一直是中国法治建设的难题。对于广泛存在的知识产权保护、数据安全和个人信息保护方面的违法行为,执行不力的现象尤为突出。要使企业确保数据安全和数据保护,应当严格法律责任,加大处罚力度。只有实施得到保障,中国相关法律对数据存储、处理、访问等的严格要求才有可能逐步放松,与数字贸易发展及规制的大趋势同向而行。

第六,加强基础研究和储备。数字贸易无疑给监管和治理带来了巨大挑战。建立适当的监管框架,对各国都是一个新问题,对发展中国家尤其如此。而且数字贸易具有跨领域的性质,涵盖面广,在基础研究上是否有充分的准备,关系到政府能否做好应对措施。中国有关数字贸易的基础研究还比较薄弱。对此,中国应当加强数字贸易各领域问题的基础研究,完善学理支撑和智力支持。

三、核心议题谈判的具体对策

(一) 跨境数据流动

在跨境数据流动议题上,RCEP 的缔约实践表明,中国的基本态度是承认数据自由流动的基本理念,同时强调基本安全利益例外[①]。但中国未在 WTO 电子商务谈判中提出跨境数据流动的相关案文。同时中国最新的国内数据立法呈现出强化网络安全和数据安全的趋势。可见,目前中国接受 CPTPP 跨境数据自由流动和禁止数据本地化规则仍然有一定的挑战。对于中国在 WTO 电子商务谈判以及 DEPA、CPTPP 谈判中应当如何应对跨境数据流动议题,建议如下:

在 WTO 电子商务谈判中,中国可通过主张采用灵活的谈判框架,对跨境数据流动议题暂不承诺或者接受软性义务条款。WTO 电子商务谈判参加方

---

① See RCEP, Art. 12.14, 12.15.

众多,对跨境数据流动议题分歧很大。美国坚持达成高雄心水平的跨境数据自由流动和禁止数据本地化条款,但是与美国立场不同的成员不在少数,其中包括欧盟,因此目前要就条文达成一致有相当的难度。在这种情况下,中国可暂不对跨境数据流动议题做出承诺,或者与立场相对接近的成员方共同推动形成有利于己的案文,包括软性义务条款。

在 CPTPP 谈判中,中国可通过主张适用例外条款,以及谈判过渡期安排、负面清单和双边换文等多种方式,争取更大的政策空间。一方面,CPTPP 跨境数据流动条款和禁止数据本地化条款本身没有直接规定基本安全利益例外,但是第 28 章"例外和总则"的安全例外条款①同样可以适用。而且 CPTPP 安全例外条款的表述比较宽泛,为今后在实践中主张网络安全等基本安全利益留有余地。此外,CPTPP 一般例外条款也可适用。另一方面,虽然中国作为申请加入方无权在加入谈判时修改 CPTPP 已有电子商务条款,因为 CPTPP 的修正须经所有缔约方同意并批准后才能生效②,但是可以就加入的条款和条件进行谈判。中国可以参照马来西亚和越南有关通过电子方式跨境传输信息条款的两年争端解决过渡期安排③,争取有关跨境数据流动和禁止数据本地化等条款的更宽松的争端解决过渡期安排。中国也可以参考日本有关投资互联网服务的不符措施、越南有关电子游戏业务的不符措施、新加坡有关全国电子系统收集和管理专有信息的未来不符措施等安排,对特定部门数据的跨境流动做出保留,特别是中国有核心关切的某些重要数据。中国还可以借鉴加拿大有关文化产业、越南有关电子商务等的双边换文(CPTPP 有关电子商务的不符措施和双边换文的梳理见附件 1),与相关成员开展双边谈判。如果与 CTPPP 其他所有成员谈判能达成一致,同样能达到负面清单的效果。

与此同时,中国也应抓紧完善跨境数据流动国内法律体系。中国已经确立了数据出境安全评估为主的跨境数据流动制度。该评估制度对数据跨境流动的限制程度较大,企业合规成本较高,下一步应在实践基础上继续探索更加便

---

① CPTPP 安全例外条款规定,本协定的任何内容不得解释为:(a)要求一缔约方提供或允许获得其确定的一旦披露将违背其基本安全利益的任何信息;(b)排除一缔约方采取其认为对履行维护或恢复国际和平或安全义务或保护其自身基本安全利益所必需的措施。See CPTPP, Art.29.2.
② See CPTPP, Art. 30.2.
③ CPTPP 电子商务章争端解决条款规定,关于现行措施,在该协定对马来西亚生效之日起 2 年内,就其在第 14.4 条(数字产品的非歧视性待遇)和第 14.11 条(通过电子方式跨境传输信息)下的义务,马来西亚、越南无需遵从第 28 章(争端解决)的争端解决。See CPTPP, Art.29.2.

利的评估制度。此外,还应加快出台并完善有关标准合同、个人信息保护认证的实施细则,对评估制度形成补充。

(二)电子传输免关税

在 WTO 电子传输免关税问题上,中国支持电子传输暂免关税延期①,对是否应该永久化没有明确表态。中国是否应当接受电子传输免关税永久化,可以主要考虑以下两个方面。

一是潜在收入损失问题。由于不同测算方法会导致不同的结果,加上电子传输免关税的适用范围难以预测,因此很难准确测算电子传输免关税给中国带来的潜在收入损失。参考 WTO 和 UNCTAD 的测算,可以大致得出的基本结论是,电子传输免关税给中国带来的潜在收入损失不大,收入损失的绝对值和在关税总收入的占比都不大。而且应当看到,中国已经成为可数字化产品最大的出口国,这使与其他发展中国家的立场并不完全一致。据统计,1998 年,WTO 发达成员在全球可数字化产品出口中占 91%,其他 WTO 发展中成员占 6%,中国占 2%。2017 年,WTO 发达成员的份额从 91%下降到 76%,其他 WTO 发展中成员的份额从 6%下降到 5%,中国可数字化产品出口约 220 亿美元(净出口 157 亿美元),份额从 6%上升到 18%②。中国可数字化产品出口不断增加,免关税给出口企业带来的收益越来越大,因此,中国在电子传输免关税上的进攻利益也在扩大。

二是关税征管权限问题。关税征管权限在多大程度上受到影响,与电子传输的范围有关。电子传输的范围越广,对电子传输征收关税的权限范围就越小,反之也成立。从理论上讲,电子传输可以包括以电子方式传输的产品和服

---

① See WTO, Work Programme on Electronic Commerce, Communication from Albania; Australia; Bahrain, Kingdom of; Brazil; Brunei Darussalam; Canada; Chile; China; Columbia; Costa Rica; Dominican Republic; Ecuador; EL Salvador; European Union; Georgia; Guatemala; Honduras; Hong Kong, China; Iceland; Israel; Japan; Kazakhstan; Korea, Republic of; Kuwait, The State of; Kyrgyz Republic; Liechtenstein; Malaysia; Mexico; Moldova, Republic of; Montenegro; New Zealand; Nigeria; North Macedonia; Norway; Panama; Paraguay; Peru; Philippines; Qatar; Russia Federation; Saudi Arabia, Kingdom of; Singapore; Switzerland; Separate Customs Territory of Taiwan, Penghu, Kinmen and Matsu; Tajikistan; Thailand; Ukraine; United Arab Emirates; United Kingdom; United States; Uruguay and Yemen,WT/MIN(22)/W/10/Rev.1, 12 June 2022.

② See Rashmi Banga, Growing Trade in Electronic Transmissions: Implications for the South, UNCTAD Research Paper No. 29, 2019, p.14.

务,对电子传输作狭义解释的确将使电子传输免关税大打折扣。如果电子传输包括载体和内容,电子传输免关税的适用范围就会比较广。而且以3D打印为代表的新兴技术迅猛发展,还将进一步扩大电子传输免关税的范围。这样一来,税收征管的权限就会受到相应的制约。对中国而言,可能影响较大的是3D打印等新兴技术对关税征管权限的制约。新兴技术发展速度快,中国在这些技术领域的布局和市场份额有很大的不确定性,从这个角度来看,电子传输免关税永久化可能会在较大程度上限制关税征管权限。

综合来看,电子传输免关税永久化对中国有利有弊,中国可暂不承诺。在WTO电子商务谈判以及DEPA、CPTPP谈判中,为了推动谈判顺利进行以及出于利益交换需要,中国也可以接受电子传输免关税永久化。

(三)源代码保护

中国此前签署的协定均不包含源代码保护条款。DEPA也没有源代码保护条款。但是,中国若要加入CPTPP,必须接受源代码保护条款。中国在加入谈判中能通过争端解决过渡期安排、负面清单、双边换文等方式,为行使监管权保留空间。

不过,对中国较为有利的是,CPTPP源代码条款仅适用于大众市场软件或包含该软件的产品,不包括用于关键基础设施的软件。至于关键基础设施的范围,条文并未明确,有待于在具体案例中进行解释。中国可主张《网络安全法》所称的关键信息基础设施属于CPTPP源代码条款规定的关键基础设施,从而为实施关键信息基础设施安全保障措施保留自主权。

(四)互联网中介责任

近年来,中国有关网络服务提供者的内容审核义务的法律规定逐步完善,《网络安全法》《网络信息内容生态治理规定》等规范性文件要求进一步压实网络平台信息内容管理主体责任,这明显不同于USMCA交互式计算机服务条款以及CDA第230条。CPTPP没有交互式计算机服务条款,所以该条款不会影响中国加入CPTPP谈判。不过,基于国内监管理念和法律制度的不同,以及国内互联网平台海外布局有限,目前中国不宜接受美式交互式计算机服务条款。

中国此前签署的协定不包含互联网服务提供商安全港条款。有关网络服务提供者侵权责任,国内最新规定主要见于《民法典》"避风港原则"。相比此前

《侵权责任法》《信息网络传播权保护条例》《电子商务法》等的规定，《民法典》第1194—1197条对避风港原则做了更加细化和明确的规定，适用范围也由知识产权领域扩展至其他民事权益领域，以更好地平衡用户、网络服务提供者和权利人之间的利益。上述规定在很大程度上与CPTPP互联网服务提供商安全港条款是一致的，因此中国在加入CPTPP谈判中可以接受安全港条款。

此外，对中国加入CPTPP和DEPA谈判带来重大挑战的还有数字产品非歧视待遇条款。对此，中国也可以通过争端解决过渡期安排、负面清单、双边换文等方式，减轻数字产品非歧视待遇条款对国内监管形成的冲击。

第三节　中国参与数字贸易国际合作的路径选择

2021年12月，中共中央、国务院发布《"十四五"数字经济发展规划》，对推动数字经济发展做出重大决策部署，提出中国应有效拓展数字经济国际合作，推动"数字丝绸之路"深入发展，包括"围绕多双边经贸合作协定，构建贸易投资开放新格局，拓展与东盟、欧盟的数字经济合作伙伴关系"。其中，中国同新加坡、欧盟开展合作，将成为有效拓展数字贸易国际合作的重要抓手。

一、加强DEPA数字经济新议题合作

2021年11月1日，中国正式申请加入DEPA，引起广泛关注。DEPA是新加坡主导的数字贸易规则新模式。中国同新加坡是亲密而特殊的伙伴，中国是新加坡最大贸易伙伴，新加坡是中国最大投资来源国。中国申请加入DEPA，不仅是积极参与数字贸易规则制定的重要举措，也是与新加坡建立数字经济合作伙伴关系的重要契机。特别是在人工智能、金融科技、中小企业和数字包容性等DEPA数字经济新议题上，中新合作有着广阔的空间，意义十分重大。

（一）加强DEPA数字经济新议题合作的重要意义

相比数字贸易协定，DEPA模式更加契合当前中国数字经济和贸易的发展实际。加入DEPA并接受相关数字经济新议题，有利于中国进一步发挥数字经济和贸易的优势，当然也会对国内改革开放带来一定挑战。

第一，有利于增强中国制定数字经济规则的能力。DEPA不仅包括数字贸易规则，还纳入数字经济新议题，中国加入DEPA是把握数字经贸规则制定权的重要机遇。特别是加入DEPA数字经济新议题，有利于中国抓住新兴数字领域规则制定的主动权。而且许多新议题的规则尚不成熟，为中国输出数字经济规则"中国方案"留下更大的空间。

第二，有利于提升中国数字技术和市场的治理能力。DEPA人工智能、金融科技合作、政府采购、竞争政策合作等条款重点关注数字技术的新问题及数字治理的新发展，并致力于推动缔约方之间的合作。中国高度关注并及时回应这些新兴技术与趋势。例如，2019年中国发布《新一代人工智能治理原则——发展负责任的人工智能》，提出人工智能治理框架和行动指南，强调和谐友好、公平公正、包容共享、尊重隐私、安全可控和共担责任。又如，2020年中国签署RCEP，其中竞争专章规定就竞争执法相关问题进行合作。中国加入上述议题有利于与缔约方开展相关合作，以及紧跟新兴技术与趋势，提升国内治理和监管能力。尽管在具体议题的利益和立场上中国与DEPA缔约方并不相同，但DEPA上述条款以软约束及合作为主，并不会对国内治理造成很大挑战。

第三，有利于增加中国受益于数字经济发展的机会。中小企业在保持数字经济活力和增强竞争力方面发挥着重要作用。但是，中小企业数字化转型过程中碰到诸多困难和障碍，中小企业受到较大冲击，面临较大压力。DEPA中小企业合作模块回应了中小企业在数字经济时代的利益和发展诉求，与其数字化转型需求高度契合，同时也将为中小企业扩大影响力及参与全球数字治理提供平台和路径。中国东西部和城乡数字经济发展差异显著，群体和性别的数字不平等现象比较明显。数字鸿沟抑制了数字红利的充分释放，也会影响数字经济的可持续发展。而疫情强化了弥合数字鸿沟的必要性和紧迫性。DEPA数字包容性模块提出了支持和帮助数字经济边缘群体的国际合作方案，中国可以通过加入该模块，与缔约方一道共同提高数字经济边缘群体参与数字经济的机会，进一步缩小数字鸿沟，促进中国数字经济包容性发展。

但是，加入DEPA数字经济新议题也将对我国网络安全、数据安全及其法律制度构建等带来一定挑战，特别是在数据创新、数字身份等方面。数据创新方面，该条款以跨境数据流动和数据共享为基础，与中国高度重视网络安全和数据安全的基本理念和法律制度有较大差距，而且国内数据创新领域的建设尚在起步阶段，接受该条款存在难度。数字身份方面，中国数字身份体系尚处于探索性建设阶段。《网络安全法》明确提出国家实施网络可信身份战略,《个人信息保护法》规定推进网络身份认证公共服务建设,《电子营业执照管理办法(试行)》《关于加快推进电子证照扩大应用领域和全国互通互认的意见》等对企业电子证照作了规定。加入 DEPA 数字身份模块,将为中国构建数字身份制度提供有益参考,并提高数字身份体系的互操作性。但是,必须看到,中国在个人信息和重要数据保护及出境管理制度方面与新加坡等 DEPA 缔约方有着较大差异,在对数字身份提供同等保护上面临相当大的挑战。加之中国人口众多,企业数量庞大,在国内数字身份体系尚未建立之前就承担相关国际义务,国内监管将面临很大风险。

(二)加强 DEPA 数字经济新议题合作的对策

DEPA 采取模块化的方法,开放给缔约方按照议定的条件加入。加入方可以就拟加入的模块与签署方开展谈判[①]。对于 DEPA 数字经济新议题涉及的模块,考虑到其对中国相关国内法治和国际谈判带来的挑战和机遇,建议中国选择加入新兴技术和趋势模块、中小企业合作模块和数字包容性模块,并就数字身份模块、创新和数字经济模块开展试点,同时对标新议题的相关规则,加快建立和完善国内法律制度。

第一,加快完善数据保护相关法律制度。中国已经建立起以《网络安全法》《数据安全法》《个人信息保护法》为三大支柱的数据法律体系,确立了以数据本地存储为原则、数据出境安全评估为例外的跨境数据流动管理制度。但是,重要数据识别等相关实施细则尚未出台,数据出境安全评估制度有待进一步落地,在很大程度上影响了上述法律的有效实施,以及对外谈判及国际合作的开展。因此,中国应加快完善数据安全和数据保护相关法律制度,以此为基础形成"中国方案",与数字贸易国际规则制定形成良性互动。

第二,加快建立数字身份相关法律制度。中国应根据《网络安全法》《个人信息保护法》等有关网络身份的规定,参考国际公认的技术标准和框架,加快出台实施细则,构建符合国情的数字身份体系。在网络身份管理和监管方面,对网络身份认证公共服务提供者的主体资格和责任义务进行规定,并确定数字化应用场景的适用范围和法律地位。在网络身份技术标准方面,加强技术创新与规范统一,支撑网络身份认证服务体系与数据治理体系的融合。在网络身份国

---

① 参见 DEPA 第 16.4 条。

际合作方面,就网络身份相关政策和法规、技术实现工具和保障标准以及最佳实践,加强与 DEPA 缔约方交流及合作。

第三,积极推进新兴数字领域政策试点。中国应根据具体情况,在保障网络安全和数据安全的前提下,积极推进新兴数字领域政策试点,例如推动自贸试验区开展监管数据沙盒、数据共享项目试点、探索企业数字身份互联互通试点等。上述试点可以采取单边开放措施,也可以与 DEPA 缔约方合作开展。中国与新加坡已经在数字经济领域开展了广泛合作,双方可以此为基础,深化可信数据共享框架和开放许可协定等新兴数字领域的合作。推进新兴数字领域政策试点有利于切实推进新兴数字领域国内改革开放,并为国家参加、研判 DEPA 相关模块的谈判工作提供试点经验。

第四,加强数字经济前沿领域交流合作。中国可通过项目合作和政策试点等方式,在人工智能、金融科技、数字身份等领域,加强与 DEPA 缔约方之间的合作,例如促进中国-新加坡金融科技部门企业合作,推动人工智能企业开展合作,主动推广符合自身利益的人工智能治理框架。中国还应加强与 DEPA 缔约方之间的信息交流,通过国际论坛、政策对话等多种形式交流关于数字技术治理、中小企业创新经验、数字包容性等信息。同时,应重点加强国际人才交流,例如金融科技部门中创新或创业人才的合作、金融科技解决方案的制定。此外,也要提高参与交流合作的主体的多元化程度,听取企业、商协会、专家学者等利益相关者的意见。

中国申请加入 DEPA,是积极参与数字贸易国际规则制定以及有效拓展数字经济国际合作的重要举措,不仅有利于提升数字经贸规则制定话语权,也有助于为数字经济和贸易发展构建良好的国际合作环境。中国申请加入 DEPA,也对推动数字经济和贸易制度型开放提出了新的要求。中国应当积极借鉴国际规则和经验,围绕数据跨境流动、数据隐私保护、市场准入、竞争政策等重大问题探索建立治理规范。同时,中国应当加快推动 DEPA 数字经济新议题及其他议题谈判,建立数字经济合作伙伴关系,拓展前沿领域合作。中国还应更加主动地参与 WTO 电子商务谈判,积极推进 CPTPP 数字贸易规则谈判,并与 DEPA 谈判议题形成联动,通过多平台多渠道并行推动相关议程,形成有利于己的数字贸易规则。

二、加强中欧跨境数据流动合作

当前,在地缘政治局势紧张和中美对抗不断加剧的新常态下,中国和欧洲比以往更需要彼此合作,不仅是共同维护多边主义,也需要深化双边合作。在数字领域开展合作,中欧双方已经取得共识。其中,跨境数据流动合作将成为中欧数字合作的重要突破口。

(一)中欧跨境数据流动合作的背景和意义

2020年9月14日,习近平同德国欧盟领导人共同举行会晤,将数字合作确定为下阶段中欧合作的重点领域,决定建立数字领域高层对话,打造中欧数字合作伙伴,推动制定全球数字领域标准和规则,促进全球数字经济治理良性发展。这为中欧数字合作提供了重要战略指引。此前,中欧数字领域高层对话于9月10日在刘鹤同欧盟委员会执行副主席韦斯塔格的共同主持下启动。2020年12月30日,中欧全面投资协定完成谈判,将为中欧在数字领域扩大相互投资提供新的机遇。然而,由于所谓"新疆人权问题",欧盟对华政策明显转变,中欧合作形势急转直下,欧洲议会冻结了中欧投资协定的批准过程,数字领域高层对话和中欧数字伙伴关系也被搁置。

中欧数字合作出现波折,是经贸问题政治化所致。但是,撇开地缘政治因素不谈,中欧推动数字领域务实合作取得实际成效,也会面临诸多挑战,不仅涉及贸易投资利益的分配,还有隐私和安全的考量;既有价值观的分歧,又有法律制度的不同,各种问题相互交织,错综复杂。同时,中欧数字领域的双边合作,难免受到美国的影响。美国为了巩固数字霸权,采取"小院高墙"策略,加速"去中国化",拉拢欧盟搞小圈子,扰乱中欧数字领域合作的进程。数字领域成为中欧合作新的增长点,不仅需要化解矛盾和危机的政治智慧,也需要合作路径和机制层面的具体落实。

必须看到,合作仍然是中欧关系的大方向和主基调。在世界经济遭受严重冲击的特殊背景下,中欧双边的数字合作是刻不容缓的,也是各有所需的,双方在诸多领域可以进行合作。其中,跨境数据流动是中欧双边合作最为核心的问题。中欧在数字领域开展贸易、投资和技术领域的合作都离不开数据流动。数据流动规则也是全球数字治理规则的核心内容,需要中欧加强合作,共同推动国际规则制定。

近年来,中国数字企业快速成长,但市场主要在国内,海外份额仍然有限;中国积极进军人工智能、区块链、云计算、5G网络、无人驾驶汽车以及更多尖端技术领域,但在许多关键核心技术上还落后于美国;中国数据圈迅猛增长,但与全球数据圈相对割裂是实际存在的问题。中国要想更好地参与全球数字竞争、获取全球数字资源、畅通国内外经济循环、掌握数字治理话语权，应当积极推动中欧数字合作。中欧在数字领域既有合作也有竞争，但中欧之间没有重大利害冲突和地缘政治矛盾。中欧可以合作的领域很多，需要找准符合共同利益、立场相对接近、具有关键作用的突破口。由于中美欧在不同层面的数字博弈都会聚焦到跨境数据流动问题上，中欧双方应当以此为支点，撬动整个中欧数字合作，进而打造中欧数字伙伴。

必须承认，一方面，中欧在推动数字经济增长和数字技术发展方面越来越相互依赖，中欧数字合作有着巨大的潜力和需求。《中欧全面投资协定》降低数字领域的投资准入壁垒，中国对欧盟开放云计算等数字服务①，就是中欧数字合作需求的实际反映。中欧跨境数据流动合作，有利于实现中欧两大数字市场、两方数字资源的更好联通、更大效益，推动中欧数字化转型更加强劲，数字红利更可持续。另一方面，由于数字主权战略以及地缘政治因素，加之美欧之间在数字领域的复杂互动，欧盟仍然面临着与中国是合作还是竞争的方向选择。这一选择不仅是欧盟的内部决策，也取决于中欧之间的战略互信，尤其是数字领域的战略互信。如何通过具体措施增强战略互信，进而推动跨境数据流动合作落到实处，是摆在中欧双方面前的难题。

（二）中欧跨境数据流动合作的基本路径

中欧跨境数据流动合作应在考虑价值理念和监管模式差异的基础上，兼顾双方的利益和诉求，在个人数据和非个人数据跨境流动合作基本路径的构建中，建立以双方认可的规则为基础的合作框架。

1. 个人数据的跨境流动：中欧部分充分性协议

鉴于欧盟数据保护领域的布鲁塞尔效应以及欧盟视个人数据保护为基本权利②的价值观取向，在中欧个人数据跨境流动合作中欧盟也将坚持其一贯标准，即 GDPR 第五章的规定，当个人数据得到充分保护时，才可进行国际传输。

---

① See EU-China Comprehensive Agreement on Investment (CAI)-Schedule of China, Annex I Entry 12. 根据中欧投资协定规定，互联网数据中心服务的外商投资者持股不得超过 50%。这意味着包括云计算在内的互联网数据中心服务对欧盟的开放水平已经与《〈内地与港澳关于建立更紧密经贸关系的安排〉服务贸易协议》持平，超越了《自由贸易试验区外商投资准入特别管理措施（负面清单）（2020 年版）》。这将打破长期以来该项业务不对境外投资者开放的限制，为欧盟云服务商进入中国市场提供更大的机遇。

② See Charter of Fundamental Rights of the European Union, Art. 8.

GDPR为国际数据传输提供了多种传输机制，包括充分性决定、标准合同条款、约束性公司规则、认证机制、行为准则、减损的使用等。其中，充分性认定是最重要的传输机制。但是，考虑到充分性认定的考察标准①和严苛程度②，目前中国几乎不可能获得欧盟的完全充分性认定。因此，长期来看，中欧合作可推动部分充分性协议，即类似美欧隐私盾协议或者欧盟给予加拿大的充分性认定，近期则可以寻求替代性国际传输机制。

尽管中欧对于个人数据的理念差异较大，但是国际合作更重要的是协调国内规制的冲突。而中欧部分充分性协议符合双方数据保护的基本方向。对欧盟而言，给予中国部分充分性认定有利于扩大欧盟数据保护制度的全球版图。欧委会通讯文件《在现代化世界中交换和保护数据》指出，欧委会鼓励其他国家寻求部分充分性决定或者特定部门的充分性决定③。对难以获得欧盟完全充分性认定，但欧盟数据流动对其特定部门或地理区域又是至关重要的国家来说，部分充分性决定提供了一种选择。对中国而言，寻求获得欧盟部分充分性认定有利于中国企业更好地进入欧盟市场。近年来，中国企业在欧正在以后起之势加速发展，但欧盟严苛的数据法规和标准也是企业面临的重要挑战之一，运营成本增加，开展业务受限，市场准入受阻。如果中欧部分充分性协议能够达成，将为中国企业在欧投资运营提供更加稳定的营商环境，并有助于中国企业以欧盟为重要战略支点开展全球化布局。

美欧隐私盾框架是部分充分性决定的典型例子，虽然已经被判无效，但其基本架构对中欧达成部分充分性协议仍有参考价值。美国秉持不同于欧盟综合立法的部门方法，主要针对金融、医疗等特定部门数据立法，也没有独立的政

---

① 在评估第三国对个人数据的保护水平时，GDPR第31条规定了相关考虑因素，包括法治和基本人权的保护程度、是否存在独立且有效运作的监管机构以及承担有关个人数据保护的国家责任或国际承诺。
② 迄今为止，获得欧盟充分性认定的国家和地区仅有12个，分别是安道尔、阿根廷、加拿大（商业组织）、法罗群岛、根西岛、以色列、马恩岛、日本、泽西岛、新西兰、瑞士和乌拉圭。2021年6月，欧盟委员会分别根据GDPR和《执法指令》正式通过了英国的充分性决定，此外还启动了根据GDPR通过韩国充分性决定的程序。See European Commission, Adequacy decisions: How the EU determines if a non-EU country has an adequate level of data protection, https://ec.europa.eu/info/law/law-topic/data-protection/international-dimension-data-protection/adequacy-decisions_en, visited on 14 August 2021.
③ See European Commission, Communication from the Commission to the European Parliament and the Council, Exchanging and Protecting Personal Data in a Globalised World, COM(2017) 7 final, October 2017, p.8.

府数据保护机构,因此美国数据保护法本身不符合欧盟的充分性标准。美欧隐私盾框架主要包括适用于美国企业和政府两个层面的制度设计,目的是对美欧双方的数据保护制度做折中处理,填补监管差距。

企业层面,为了进入隐私盾,美国企业和其他组织必须向美国商务部自证且公开声明其遵守隐私盾原则,包括补充原则,根据这些原则公布隐私政策,完全实施这些原则,完成年度重新认证,向欧盟公民提供免费的独立争议解决机制,并接受美国联邦贸易委员会、运输部及其他法定机构的监管。美国商务部经与欧盟委员会磋商形成的隐私盾原则包括通知原则、选择原则、对外传输原则、安全原则、数据完整和用途限制原则、获取原则以及追索、执行和责任原则;隐私盾补充原则包括适用于敏感数据、人力资源数据、旅行信息、公共记录和公开信息等特定数据的原则,以及适用于互联网中介、数据保护机构、公共机构等不同组织的原则[①]。隐私盾原则及补充原则是针对美国企业的实体义务,旨在提高企业的隐私保护水平,而非谋求改变美国的数据保护制度。加入隐私盾的美国企业通过自证其符合隐私盾原则,被欧盟视为能够提供充分的隐私保护,解决跨大西洋数据传输的法律基础问题。

执行机制方面,美国商务部全面负责隐私盾框架的执行,发布隐私盾名单,有权将不遵守隐私盾原则的企业从名单中删除。美国政府专门向欧盟委员会递交书面声明,确保行政机关在监督和执行过程中,有明确的权力范围和保障措施。美国还任命了下设于国务院的监察员,独立于国家安全机构,由其专门负责向欧盟数据主体提供救济措施[②]。相比此前的《安全港协议》,隐私盾框架更加强化美国政府的执行机制和权力界限,而隐私盾被判无效也是出于对美国政府访问和使用欧盟个人数据的关切[③],反映出对于有关数据的公私权利,欧盟的天平明显倾向于私权利。

中国可以参考美欧隐私盾框架,与欧盟开展部分充分性谈判。企业层面,中国企业依据《个人信息保护法》等法律规定开展合规工作,使其具备加入中欧框架的基础。《个人信息保护法》在一定程度上借鉴 GDPR,对企业全面保护个

---

① 参见隐私盾框架文本 https://www.privacyshield.gov/EU-US-Framework,访问日期 2022 年 6 月 14 日。
② See Privacy Shield Framework, EU-U.S. Privacy Shield Ombudsperson Mechanism,https://www.privacyshield.gov/servlet/servlet.FileDownload?file=015t00000004q0g, visited on 5 October 2021.
③ See CJEU, The Court of Justice invalidates Decision 2016/1250 on the adequacy of the protection provided by the EU-US Data Protection Shield,Press Release No 91/20, July 2020.

人信息做了较为严格的规定,在敏感信息处理、未成年人个人信息处理等方面与 GDPR 基本一致,在同意规则、信息主体知情权等方面的严厉程度甚至超过 GDPR。行政监管层面,不同于欧盟及各国均采取独立的数据保护机构机制,中国仍然维持多部门执法机制,这一重要区别可能是中欧充分性谈判的焦点之一。中国也可以仿效美欧隐私盾框架下美国行政权力设置的相应安排,特别是监察员制度,以强化对个人数据的保护。

同时,中欧部分充分性谈判必须符合中国的相关法律规定。《网络安全法》第 37 条确立了关键信息基础设施运营者产生和收集的个人信息跨境流动的基本制度,即原则上要求本地存储,必要时出境须进行安全评估。《个人信息保护法》第三章专门规定了个人信息跨境提供的规则,构建了以安全评估、个人信息保护认证、标准合同等为主的跨境传输机制①。中国的安全评估和欧盟的充分性认定同属有条件的流动机制,前者是个案审查,后者是统一认定,比较而言,前者对数据传输的限制程度更高②。因此,中欧部分充分性协议应在根据中国法律要求进行本地存储的前提下,对出境安全评估机制做出便利化的安排,例如,部分充分性协议即可被视为符合安全评估要求。

2. 个人信息国际传输的替代性机制

除了充分性决定,GDPR 还规定了标准合同条款、约束性公司规则、认证机制等替代性传输工具。中国《个人信息保护法》第 38 条也对个人信息保护认证、标准合同作了规定。这就为中欧就认证机制和标准合同开展合作、争取早期收获奠定了基础。

认证机制方面,作为 GDPR 和《个人信息保护法》引入的新机制,中欧双方开展合作有较大空间。认证机制是由第三方认证机构对企业的数据保护能力进行认证,评估企业的 ICT 产品和服务、数据保护政策及实践是否符合个人信息和数据安全的法律法规。认证机制的核心是企业对数据保护的自我监管,目的是在企业与用户之间建立起收集、处理、使用、传输数据的信任关系,以解决跨境数据流动中信任缺失的问题。在欧洲,认证机制已经实际应用,如欧洲隐私印章 EuroPriSe。中国尽管已有法律规定,《中国(上海)自由贸易是试验区临港新片区总体方案》也曾提出要建立数据保护能力认证管理机制,但个人信

---

① 参见《个人信息保护法》第 38—40 条。
② See Francesca Casalini, Javier López-González and Taku Nemoto, Mapping Commonalities in Regulatory Approaches to Cross-Border Data Transfers, OECD Trade Policy Papers No. 248, May 2021, pp.9-10.

息保护认证机制建设尚未全面启动。GDRP 和《个人信息保护法》的认证机制均须经政府认可,双方可就相互承认、对等或协调等进行正式合作,也可开展主管机关之间的信息交流、对话或会议。此外,中欧双方还可合作建立认证机构。

标准合同是 GDPR 应用最为广泛且较为成熟的数据传输机制,可以为中国具体建构标准合同传输机制提供借鉴和参考。2021 年 6 月,欧盟委员会根据 GDPR 发布了现代化的标准合同条款,分别适用于处理者和控制者以及国际传输,取代了原来依据《数据保护指令》发布的标准合同条款。2023 年 2 月,中国国家网信办公布《个人信息出境标准合同办法》,对个人信息处理者通过订立标准合同的方式向境外提供个人信息的具体情形和要求作了规定。中欧双方可就标准合同开展正式和非正式合作,包括分享信息、经验和最佳实践,以及共同帮助中小企业克服使用标准合同的障碍。

3. 非个人数据的跨境流动:中欧重要数据的跨境流动机制

中国对非个人数据跨境流动的管理主要围绕重要数据展开,以数据安全为要义。中国除依法要求重要数据在境内存储外,还构建了以出境安全评估为核心的出境安全管理制度。当然,重要数据本地存储和出境安全评估并非绝对要求。《数据安全法》规定要开展数据领域国际交流与合作,参与数据安全相关国际规则和标准的制定,促进数据跨境安全、自由流动①。《关于汽车数据安全管理的若干规定(试行)》也明确中国缔结或者参加的国际条约、协定有不同规定的,适用该国际条约、协定,但中国声明保留的条款除外②。上述规定为中欧之间以合作协议或备忘录的方式,就重要数据跨境传输做出特殊安排提供了法律依据。

中欧重要数据跨境传输协议或备忘录应以中国已有的重要数据出境安全评估制度为基础,以提升跨境数据流动便利性为宗旨,建立合规成本更低的评估制度,实现保障安全与有效利用的合理平衡。考虑到重要数据的特殊性和敏感性,双方可以采用数据监管沙盒的形式,在特定行业或者特定地理区域内先行先试,通过便利跨境数据流动来促进数据驱动型创新。

总体而言,中欧跨境数据流动合作以不改变各自国内法律体系为前提,以规则为基础,构建对另一方数据保护制度的信任,打通个人数据和非个人数据跨境传输的通道。中欧推进跨境数据流动合作,将在很大程度上惠及中欧数字

---

① 参见《数据安全法》第 11 条。
② 参见《关于汽车数据安全管理的若干规定(试行)》第 11 条。

企业，实现两方数据资源、两大数字市场的进一步联通，并为广泛开展数字领域其他合作奠定基础、树立标杆。

推动中欧跨境数据流动合作取得切实成果，不仅将促进中欧双方共享数字经济红利，也将使中欧数字关系迈向更高水平，展现出超越双边协调的全球意义。第一，中欧跨境数据流动合作将为全球数字领域标准和规则的制定提供制度性国际公共产品，在一定程度上填补国际公共产品供给的缺口，缓解国际社会集体行动的困境，避免陷入"金德尔伯格陷阱"。第二，中欧跨境数据流动合作将证明不仅所谓志同道合的"民主"国家可以共同制定全球数字规则，价值体系、监管模式不同的经济体也能就这一充满争议的议题达成一致，完全可以避免零和博弈。第三，中欧跨境数据流动合作也可能会反过来影响中美数字博弈，促使美国为了其数字企业在中国市场的利益，调整对华数字策略，令中美数字对抗得到缓解。

有鉴于此，推进中欧跨境数据流动合作，既要认识到合作带来的广泛利益和广阔机遇，也要看到面临的阻力和困难。对此，中欧双方既要对中美欧数字博弈的发展态势、中欧之间的监管差异及其政治经济影响进行全面、深入分析，以便共同克服可能危及合作的挑战；也要跳出中欧之间利益博弈、制度博弈的思维定式，以尊重各自的价值理念和监管要求为前提，以发展破除难题，建立跨境数据流动合作机制，平衡反映双方关切，形成基于规则的、充分信任的、互利互惠的数字合作伙伴。

当然，中国拓展数字经贸国际合作的对象绝不仅仅限于新加坡、欧盟，也应当包括与其他有共同利益的经济体，其中不排除美国。尽管中美在数字领域分歧很大，但在面对全球性的挑战和共同需求时，中美之间仍有合作空间。中美共同推动WTO第12届部长级会议取得积极成果，包括电子传输免关税的延期，就是双方合作的最佳例证。未来中国还应继续抓住机会，尽力摒弃发展道路之争，与美国开展数字领域双多边合作。

结　　语

当前,全球数字贸易迅猛发展,推动着数字贸易规则快速形成。但是,围绕数字贸易的规则仍然是初步的、不成熟的,有关数字技术、数字数据和数字平台的国际规则有待进一步探索。随着数字贸易深化发展,数字贸易规则平衡政府为实现公共利益的监管权、制定规则推动市场开放以及互联网开放自由之间关系的必要性愈发凸显。因为数字贸易规则不仅涉及个人权利、商业利益和公共政策,而且越来越多地与更广泛的国家安全利益联系在一起,例如网络安全、关键信息基础设施以及半导体供应等方面。

由于数字贸易广泛且日益增长的重要性,许多经济体正在努力应对快速发展的数字贸易挑战。但是各方利益不同,应对挑战的方式也不相同,美欧等主要经济体之间在数字贸易领域的制度竞争愈演愈烈。各种规制方式的冲突导致单边措施和区域协调并行,碎片化趋势加剧,有的国家甚至会被边缘化,反过来也可能阻碍数字贸易发展。因此,推动全球数字贸易规则发展,应着力促成WTO电子商务谈判达成协议。WTO电子商务谈判更加契合数字贸易的全球属性,并通过提供包容性解决方案,增强发展中成员从数字贸易中获益的能力。

近年来,中国在数字贸易领域的全球利益不断扩大,对数字贸易规则的需求也更加凸显。但是,中国国内法律制度与更高标准数字贸易规则还有差距,要想制定有利于己的数字贸易规则仍然面临严峻挑战。因此,中国应以更加主动的姿态参与WTO电子商务谈判及其他数字贸易议题谈判,同时加强多边协调和双边合作,增强议程设置能力和引领能力,保障进攻利益,维护防守利益。对于跨境数据流动等更高标准规则,中国作为数字贸易大国,应当抱持更加开放的态度,并保持数字贸易政策的弹性和灵活性。

应当看到,在逆全球化、新冠疫情和俄乌危机等多重因素交织影响下,构建全球数字贸易规则更加需要跨越分歧走向合作。战略合作能够与日益激烈的战略竞争并存。中国要站在统筹中华民族伟大复兴战略全局和世界百年未有之大变局的高度，加快形成数字贸易的"中国方案"，推动多双边数字贸易合作，拓展数字经济伙伴关系，为全球数字贸易规则制定提供更多制度性国际公共产品。

附　　录

附录 1　CPTPP 有关电子商务的不符措施和双边换文

成员	形式	具　体　规　定
日本	附件 1	部门：信息和通信 分部门：电信和基于因特网的业务 描述：投资 1.《外汇与外贸法》规定的事先通知要求和审查程序适用于拟在日本投资电信业和基于因特网的服务的外国投资者； 2. 投资审查依据如下标准进行：该投资是否可能引起损害国家安全，扰乱公共秩序，或妨碍公共安全； 3. 根据审查结果，投资者可能被要求改变投资内容或停止投资进程。
越南	附件 1	部门：娱乐、文化和体育服务 分部门：电子游戏业务 描述：跨境服务贸易和投资 　　外资不得提供电子游戏服务，除非签订商业合作合同，或与经授权允许提供这类服务的越南合作伙伴设立合资企业，或购买经授权允许提供这类服务的越南企业的股份。在设立合资企业或购买企业股份的情形下，外资股比不得超过 49%。 　　协定生效之日起两年内，越南应允许通过因特网提供电子游戏服务的外资股比达到 51%。协定生效之日后五年，越南应取消对外资的股比限制。 　　为进一步明确，对跨境服务不设限制，不得阻碍越南要求确保跨境提供电子游戏服务遵守越南的法律法规，包括适用的注册和许可要求。
澳大利亚	附件 2	部门：广播视听服务　广告服务　现场演出 描述：跨境服务贸易和投资 　　澳大利亚保留采取或维持与任何与下列方面相关的措施的权利：(d) 使澳大利亚消费者合理接收澳大利亚视听内容的其他电子视听服务。

续表

成员	形式	具 体 规 定
新加坡	附件 2	部门：全国电子系统的管理和运营 措施：跨境服务贸易和投资 　新加坡保留采取或维持任何有关或影响全国电子系统收集和管理专有信息的措施之权利。
加拿大	加拿大与所有其他成员关于文化产业的双边换文	加拿大保留采取或维持任何对服务提供者或投资者的歧视性要求，以便对加拿大内容的开发进行财政支持的措施的权利，以及限制在线访问外国视听内容的措施的权利。
越南	越南与加拿大、日本、新西兰关于电子商务的换文	尽管有第 14 章（电子商务）第 14.18 条（争端解决）第 2 款的规定，自协定对越南生效之日起五年内，根据越南《网络安全法》或有关网络安全的相关立法采取或维持的、可能违反协定第 14.11 条（通过电子方式进行的信息）和第 14.13 条（计算设施的位置）义务的措施，加拿大、日本和新西兰应避免诉诸协定第 28 章（争端解决）。

资料来源：作者根据 CPTPP 整理。

附录 2 USMCA 数字贸易章

第十九章
数 字 贸 易

第 19.1 条：定义

就本章而言：

算法指的是用于解决问题或获得结果的预定义步骤序列；

计算设备指的是用于处理或存储商业用信息的计算机服务器和存储设备；

涵盖的人指的是：

（a）第 14.1 条（投资章，定义）定义的涵盖投资；

（b）第 14.1 条（投资章，定义）定义的缔约方的投资者，或

（c）第 15.1 条（跨境服务章，定义）定义的缔约方的服务提供者，

但不包括第 17.1 条（金融服务章，定义）定义的涵盖的人；

数字产品指的是以数字形式编码、用于商业销售或分销且可采用电子方式传输的计算机程序、文本、视频、图像、录音或其他产品①；

电子认证指的是验证电子通信或交易的当事方的身份并确保电子通信的完整性的过程或行为；

电子签名指的是电子文档或消息中附加于其的或与其逻辑相关的电子形式的数据，可用于识别与电子文档或消息相关的签字人，并表明签字人同意电子文档或消息中包含的信息；

政府信息指的是中央政府持有的非专有信息，包括数据；

信息内容提供者指的是其提供的全部或部分信息系通过互联网或任何其他交互式计算机服务创建或开发的所有个人或实体；

交互式计算机服务指的是提供或允许多个用户对计算机服务器进行电子访问的所有系统或服务；

个人信息指的是关于已识别或可识别的自然人的任何信息，包括数据；

贸易管理文件指的是缔约方签发或控制的、必须由或为进口商或出口商填写的有关货物进出口的各种表格；以及

非应邀电子商业信息指的是为了商业或营销目的，在未经接收人同意或接

---

① 为进一步明确，数字产品不包括金融工具的数字形式，也不包括货币。数字产品的定义不得被理解为缔约方表达数字产品属于商品还是服务的观点。

收人明确拒绝的情况下,发送至接收人的电子地址的电子信息①。

第 19.2 条:范围和总则

1. 各缔约方认识到数字贸易带来的经济增长和机会,以及建立框架提高消费者对数字贸易的信心,并避免对数字贸易的使用和发展造成不必要的障碍的重要性。

2. 本章适用于缔约方采取或维持的通过电子方式影响贸易的各项措施。

3. 本章不适用于:

(a) 政府采购;或

(b) 除第 19.18 条(开放政府数据)外,缔约方或以其名义持有或处理的信息,或与该信息相关的措施,包括与信息收集相关的措施。

4. 为进一步明确,影响以电子方式交付或提供的服务的措施须遵守第 14 章(投资)、第 15 章(跨境服务贸易)和第 17 章(金融服务)的规定,包括本协定列出的适用于以上义务的例外或不符措施。

第 19.3 条:关税

1. 任何缔约方不得对一缔约方和另一缔约方的人之间以电子方式传输的数字产品的进出口征收关税或其他费用。

2. 为进一步明确,第 1 款的任何规定均不阻止缔约方对以电子方式传输的数字产品征收国内税、费用或其他收费,条件是此类国内税、费用或收费应以符合本协定的方式征收。

第 19.4 条:数字产品的非歧视性待遇

1. 任何缔约方给予另一缔约方领土内创作、制作、出版、订约、代理或首次商业化提供的数字产品的待遇,或其给予数字产品的作者、表演者、制作者、开发者或所有者的待遇,均不得低于其给予其他同类数字产品的待遇②。

2. 各缔约方理解,本条不适用于缔约方提供的补贴或赠款,包括政府支持的贷款、担保和保险。

---

① 就美国而言,非应邀电子商业信息不包括主要为了商业或营销目的以外的目的而发送的电子信息。
② 为进一步明确,如果非缔约方的数字产品属于"同类数字产品",则其属于第 19.4.1 条意义上的"其他同类数字产品"。

第 19.5 条：国内电子交易框架

1. 每一缔约方应维持符合《1996年联合国国际贸易法委员会电子商务示范法》原则的电子交易法律框架。

2. 每一缔约方应努力：

（a）避免对电子交易施加不必要的监管负担；以及

（b）便利利害关系人就建立电子交易法律框架提出建议。

第 19.6 条：电子认证和电子签名

1. 除非其法律另有规定，缔约方不得仅以签名采用电子形式为由否认其法律效力。

2. 缔约方不得对电子认证和电子签名采取或维持以下措施：

（a）禁止电子交易的当事方就交易共同确定适当的认证或电子签名方法；或

（b）阻止电子交易的当事方获得向司法或行政机关确认其交易符合有关认证或电子签名的法律要求的机会。

3. 尽管有第2款规定，缔约方可针对特定交易类型，要求电子签名或认证方法符合特定操作标准，或经依法授权机构认证。

4. 各方应鼓励采用可交互操作的电子认证。

第 19.7 条：在线消费者保护

1. 缔约方认识到采取和维持透明和有效措施，保护消费者从事数字贸易时免受第21.4.2条（竞争政策——消费者保护）所述诈骗和商业欺诈行为侵害的重要性。

2. 每一缔约方应采取和维持消费者保护法，禁止将对从事在线商业活动的消费者造成伤害或潜在伤害的诈骗和商业欺诈行为。

3. 缔约方认识到，各自国内的消费者保护机构或其他相关机构就跨境数字贸易相关活动开展合作以提高消费者福利的重要性并且符合公共利益。为此，缔约方确认第21.4.4条和第21.4.5条（竞争政策——消费者保护）项下的合作包括在线商业活动相关的合作。

第 19.8 条：个人信息保护

1. 缔约方认识到，保护数字贸易用户个人信息带来的经济和社会效益，以及对增强消费者对数字贸易的信心所发挥的作用。

2. 为此,每一缔约方应采取或维持保护数字贸易用户个人信息的法律框架。在建立保护个人信息的法律框架时,每一缔约方应考虑相关国际机构①提出的各项原则和指导方针,例如《APEC 隐私框架》以及《OECD 隐私保护和个人数据跨境流动指南》(2013)等。

3. 缔约方认识到上述关键原则包括:限制收集、选择、数据质量、用途说明、使用限制、安全保障、透明度、个人参与和责任。缔约方还认识到确保遵守个人信息保护措施的重要性,并确保对个人信息跨境流动的限制均在必要范围之内且与相关的风险成比例。

4. 每一缔约方应努力采取非歧视做法,保护数字贸易用户免受其管辖范围内发生的个人信息保护违法行为的侵害。

5. 每一缔约方应公布其为数字贸易用户提供的个人信息保护措施的相关信息,包括:

(a) 个人如何寻求救济;以及

(b) 企业如何符合法律要求。

6. 认识到缔约方可能采取不同法律方式保护个人信息,每一缔约方应鼓励建立机制促进不同制度之间的兼容性。缔约方应努力就其管辖范围内适用此类机制的信息开展交流,并探讨扩大此类机制或其他适当安排的方法,以增强相互之间的兼容性。缔约方认识到《APEC 跨境隐私规则》体系是促进跨境信息传输以及保护个人信息的有效机制。

第 19.9 条:无纸化贸易

缔约方应努力接受以电子方式提交的贸易管理文件与此类文件的纸质版具有同等法律效力。

第 19.10 条:数字贸易互联网的接入和使用原则

缔约方认识到如其领土内的消费者具备以下能力则可从中获益:

(a) 在合理网络管理下,由消费者选择接入和使用互联网上可获取的服务和应用;

---

① 为进一步明确,缔约方可通过采取或维持相关措施,例如保护隐私、个人信息或个人数据的综合性法律,涉及隐私的部门法律,或规定企业执行对隐私的自愿承诺的法律,来符合本款规定的义务。

(b) 在消费者选择的终端用户设备不损害网络的条件下,将该设备连接到互联网;以及

(c) 获得消费者互联网接入服务提供者网络管理实践的信息。

第 19.11 条:通过电子方式跨境传输信息

1. 当以电子方式跨境传输信息是为了涵盖的人开展业务,缔约方不得禁止或限制以电子方式跨境传输信息,包括个人信息。

2. 本条任何规定不得阻止缔约方为实现合法公共政策目标而采取或维持与第 1 款不符的措施,条件是该措施:

(a) 其适用方式不构成任意或不合理歧视,或对贸易的变相限制;以及

(b) 不对信息传输施加超出实现目标所需要的限制①。

第 19.12 条:计算设备的位置

缔约方不得以涵盖的人在该缔约方领土内使用或放置计算设备作为在其领土内开展业务的条件。

第 19.13 条:非应邀商业电子信息

1. 缔约方应采取或维持规定限制非应邀商业电子信息的措施。

2. 缔约方应对发送至电子邮件地址的非应邀商业电子信息采取或维持以下措施:

(a) 要求非应邀商业电子信息提供方提高接收人阻止继续接收此类信息的能力;或

(b) 要求按照每一缔约方法律法规的规定,获得接收人对接受商业电子信息的同意。

3. 每一缔约方均应努力采取或维持使消费者能够减少或阻止发送至电子邮件地址以外的非应邀商业电子信息的措施。

4. 每一缔约方应提供针对未遵守根据第 2 款或第 3 款采取或维持的措施的非应邀商业电子信息提供方的追索权。

5. 缔约方应努力就非应邀商业电子信息监管领域的共同关切在适当的情

---

① 如果某项措施仅仅基于数据传输的跨境方式改变了竞争条件,进而对另一缔约方服务提供者造成了损害这一理由给予数据传输不同待遇,该项措施不符合本段的条件。

况下开展合作。

第 19.14 条：合作

1. 认识到数字贸易的全球性后，缔约方应努力：

（a）在数字贸易的法规、政策、执行和合规方面交流信息和分享经验，包括：

（i）个人信息保护，特别是在执行隐私保护法的过程中加强现有的国际合作机制；

（ii）电子通信安全；

（iii）认证；以及

（iv）政府使用数字工具和技术来提高政府绩效；

（b）针对促进和发展包括《APEC 跨境隐私规则》在内的相关机制开展合作并保持对话，进一步实现隐私制度的全球互操作性；

（c）积极参与区域和多边论坛，促进数字贸易的发展；

（d）鼓励私营部门制定自律方法促进数字贸易，包括行为准则、示范合同、指导原则和执行机制等；

（e）为残疾人获取信息和通信技术提供便利；以及

（f）通过国际跨境合作倡议推动建立相关机制，协助用户提起与个人信息保护相关的跨境投诉。

2. 缔约方应考虑建立论坛，以解决上述问题，或与执行本章规定相关的任何其他事项。

第 19.15 条：网络安全

1. 缔约方认识到网络安全威胁会破坏对数字贸易的信心。因此，缔约方应努力：

（a）负责应对网络安全事件的国家机关的能力建设；以及

（b）加强现有合作协作机制，识别和减少影响电子网络的恶意侵入或恶意代码传播，利用此类机制迅速解决网络安全事件，并分享有关网络安全意识和最佳实践信息。

2. 鉴于网络安全威胁不断变化的特点，缔约方认识到在处理这些威胁时采用基于风险的方法可能比指令性监管更有效。因此，每一缔约方应努力采用并鼓励其管辖范围内的企业使用依赖于基于共识的标准和风险管理最佳实践的基于风险的方法,识别和防范网络安全风险,检测、响应网络安全事件并恢复正常。

第 19.16 条:源代码

1. 任何缔约方不得以转移或获得另一缔约方的人拥有的软件源代码或该源代码表达的算法,作为在其领土内进口、分销、销售或使用该软件或含有该软件的产品的条件。

2. 本条的任何内容不得妨碍缔约方的监管机关或司法机关针对具体调查、检验、检查执法行动或司法程序要求另一缔约方的人保存和向监管机关提供软件的源代码或该源代码表达的算法①,但需采取保护措施防止未经授权的披露。

第 19.17 条:交互式计算机服务

1. 缔约方认识到推动交互式计算机服务,包括中小企业,对于数字贸易增长至关重要。

2. 为此,除下文第 4 段规定的情况以外,在确定与服务于存储、处理、传输、分发或提供信息相关的危害责任时,任何缔约方均不得采取或维持将交互式计算机服务提供者或用户视为信息内容提供者的措施,但提供者或用户创建或开发了全部或部分信息的情况除外②。

3. 任何缔约方不得以下列事项为由对交互式计算机服务的提供者或用户施加责任:

(a) 提供者或用户本着善意原则,针对可通过提供或使用交互式计算机服务访问或获得的材料以及提供者或用户认为有害或令人反感的材料,自愿采取限制其访问或可用性的任何行动;或

(b) 为了实现或向信息内容提供商或其他人提供能够限制访问其认为有害或令人反感的材料的技术手段而采取的任何行动。

4. 本条的任何内容均不得:

(a) 适用于缔约方有关知识产权的任何措施,包括知识产权侵权责任的措

---

① 如果商业机密所有者声明处于机密状态,则该项披露不得解释为对软件源代码作为商业机密的状态产生了负面影响。

② 为进一步明确,缔约方可以通过其法律、法规或司法判例适用现有法律原则来遵守本条规定。

施;或

(b) 被解释为扩大或削弱缔约方保护或执行知识产权的能力;或

(c) 被解释为阻止:

(i) 缔约方执行刑法;或

(ii) 交互式计算机服务的提供者或用户遵守执法机构的具体合法命令①。

5. 本条规定受附件 19-A 的约束。

第 19.18 条: 开放政府数据

1. 缔约方认识到促进公众获取和使用政府信息有助于促进经济和社会发展、提高竞争力和推动创新。

2. 如果缔约方选择向公众提供政府信息,包括数据,则该缔约方应努力确保信息采用机器可读和开放的格式,并且可以被搜索、检索、使用、重复使用和重新分发。

3. 缔约方应努力合作找出每一缔约方扩大该方提供的政府信息,包括数据的访问和使用范围的方式,以期增加和创造商机,特别是为中小企业增加和创造商机。

附件 19-A

1. 本协定生效后三年内,第 19.17 条不适用于墨西哥。

2. 缔约方理解墨西哥《联邦电信和广播法》第 145 和 146 条在本协定生效之日时仍然有效,与第 19.7.3 条规定不符。在与本条有关的争议中,根据墨西哥《联邦电信和广播法》第 145 条和第 146 条的规定采取或维持的附属措施应被推定为与第 19.7.3 条规定不符。

3. 缔约方理解墨西哥将以有效且符合《墨西哥合众国宪法》规定,特别是第 6 和第 7 条的方式履行第 19.7.3 条项下的义务。

4. 为进一步明确,第 19.17 条受第 32.1 条(一般例外)的约束,除了其他方面,该条还规定就第十九章而言,《服务贸易总协定》第 14 条(a)段项下维护公共道德所必需的例外措施情况经适当变通后纳入本协定并成为本协定的组成部分。缔约方同意,防止在线性交易、儿童性剥削和卖淫活动所必要的各项措施,例如《第 115—164 号公法》《2017 年允许国家和受害者打击在线非法性交

---

① 缔约方理解在适用第 2 款的情况下,第 4(c)(ii)段所述措施不应与第 2 款规定不符。

易法案》(该法修改了1934年《通讯法》)以及《关于预防、惩治和根除贩卖人口罪以及保护和援助此种罪行受害者的一般法》的任何相关规定项下的措施,均属于维护公共道德所必需的措施。

附录3　日本-欧盟经济伙伴关系协定电子商务章节

第八章　服务贸易、投资自由化和电子商务
第五节　电　子　商　务

第8.70条：目标和一般规定

1. 双方认识到,电子商务有助于实现经济增长并增加众多领域的贸易机遇。此外,双方还认识到了推动电子商务的使用和发展的重要性。

2. 本节的目的在于努力为电子商务的使用打造充满信任和信心的环境,并推动双方之间的电子商务。

3. 双方认识到技术中立原则在电子商务中的重要性。

4. 本节适用于双方通过电子手段影响贸易的各项措施。

5. 本节不适用于赌博和博彩服务、广播服务、视听服务、公证人或同等职业的服务以及法律代理服务。

6. 如本节的规定与本协议的其他规定之间存在任何不一致之处,则应以其他规定为准。

第8.71条：定义

就本节而言：

(a) "电子认证"指的是验证电子通信或交易的一方的身份或确保电子通信的可靠性的过程或行为；和

(b) "电子签名"指的是附加于其他电子数据或与其他电子数据逻辑相关且符合下列要求的电子格式数据：

(i) 由特定人员用于确认该名人员已经按照各方的法律法规创建或签署了相关电子数据；和

(ii) 确认电子数据中的信息未被更改。

第8.72条：关税

双方不得对电子传输征收关税。

第8.73条：源代码

1. 任何一方均不得要求转让或使用另一方的人员拥有的软件的源代码①。

---

① 为明确起见,"另一方的人员拥有的软件的源代码"包括产品中包含的软件的源代码。

但本款的任何规定均不禁止在商业谈判合同中列入或执行与转让或授予源代码相关的条款和条件，也不禁止自愿转让源代码或授予源代码的访问权限，例如政府采购。

2. 本条规定不影响：

（a）法院、行政法庭或竞争管理机构旨在纠正违反竞争法的行为的各项要求；

（b）法院、行政法庭或行政当局在保护和执行知识产权方面的要求，但前提是源代码受知识产权的保护；以及

（c）双方有权根据 GPA 第三条的规定采取各项措施。

3. 为明确起见，本条规定不禁止任何一方根据第 1.5 条、第 8.3 条和第 8.65 条的规定采取或维持与第 1 款不一致的措施①。

第 8.74 条：国内规则

各方应确保以合理、客观和公正的方式管理影响到电子商务的普遍适用性的各项措施。

第 8.75 条：无事先授权的原则

1. 双方将尽力不针对通过电子方式提供的服务提出事先授权要求或具有同等效力的任何其他要求。

2. 第 1 款规定不影响非专门针对通过电子方式提供的服务的授权机制以及电信领域的规则。

第 8.76 条：通过电子方式签订合同

除非其法律和法规另有其他规定，否则双方不得采取或维持下列电子交易监管措施：

（a）仅仅以合同系以电子方式签订为由，便否认合同的法律效力、有效性或可执行性；或

（b）以其他方式妨碍使用以电子方式订立的合同。

第 8.77 条：电子认证和电子签名

1. 除非其法律和法规另有规定，否则任何一方均不得仅以签名采用了电

---

① 这些措施包括确保安全和保障的措施，例如开展认证程序时。

子形式为由否认签名的法律效力。

2. 双方不得采取或维持下列电子认证和电子签名监管措施：

（a）禁止电子交易的各方就其交易事宜共同确定适当的电子认证方法；或

（b）防止电子交易各方获得以下机会：向司法或行政当局确认其电子交易符合电子认证和电子签名方面的各项法律要求。

3. 尽管有第 2 款规定，但就特定类别的交易而言，各方均可要求：认证方法符合某些性能标准或由经认可的主管部门根据其法律法规对认证方法进行认证。

第 8.78 条：消费者保护

1. 双方认识到采用和维持适用于电子商务的透明、有效消费者保护措施的重要性以及有助于提高消费者对电子商务的信心的各项措施的重要性。

2. 双方认识到各自的消费者保护主管部门之间在电子商务相关活动领域开展合作以加强对消费者的保护的重要性。

3. 双方认识到根据各自的法律法规采取或维持电子商务用户个人数据保护措施的重要性。

第 8.79 条：未经请求的商业电子信息

1. 各方应针对未经请求的商业电子信息采取或维持以下措施：

（a）要求提供未经请求的商业电子信息的提供方提高接收人防止持续接收相关信息的能力；或

（b）要求按照其法律和法规的规定，取得接收人对商业电子信息的事先同意。

2. 各方应确保：商业电子信息可以得到清楚的识别，明确地披露其代表的对象，并列入必要的信息，以使接收者能够随时自由请求停止接收上述信息。

3. 双方应提供针对不遵守第 1 款和第 2 款采取或维持的各项措施的未经请求的商业电子信息的提供方的诉诸法律的权利。

第 8.80 条：电子商务合作

1. 双方应酌情合作并积极参与多边论坛，以促进电子商务的发展。

2. 双方同意就电子商务相关监管事项保持对话，以便酌情分享信息和经验，包括涉及以下事项的相关法律法规及其实施以及电子商务最佳做法的信息

和经验:
（a）消费者保护；
（b）网络安全；
（c）打击未经请求的商业电子信息；
（d）承认向公众发出的电子签名证书；
（e）中小型企业在电子商务的使用方面面临的挑战；
（f）促进跨境认证服务；
（g）知识产权；和
（h）电子政务。

第 8.81 条: 数据的自由流动

在本协议生效之日起三年内，双方应重新评估是否需要将与数据的自由流动相关的规定纳入本协议。

参 考 文 献

中文文献：

1. 安佰生：《WTO"必要性测试"规则探析》,《财经法学》2015 年第 2 期。
2. 崔国斌：《论网络服务商版权内容过滤义务》,《中国法学》2017 年第 2 期。
3. 高建树、李晶：《数字贸易规则的"求同"与"存异"——以欧盟 RTAs 电子商务章节为例》,《武大国际法评论》2020 年第 2 期。
4. 国家税务总局国际税务司专项研究小组：《国家税务总局权威解答：数字经济税收"双支柱"问题（上）》,《中国税务报》2021 年 12 月 1 日 B1、B2 版。
5. 何波：《俄罗斯跨境数据流动立法规则与执法实践》,《大数据》2016 年第 6 期。
6. 何其生：《WTO 电子商务零关税政策的法律分析》,《世界贸易组织动态与研究》2010 年第 4 期。
7. 洪延青：《数据竞争的美欧战略立场及中国因应——基于国内立法和经贸协定谈判双重视角》,《国际法研究》2021 年第 6 期。
8. 黄宁、李杨：《"三难选择"下跨境数据流动规制的演进与成因》,《清华大学学报（哲学社会科学版）》2017 年第 5 期。
9. 黄宇帅：《美国网络治理追踪：〈通信规范法〉第 230 条的历史、现状与未来》,《网络信息法学研究》2021 年第 1 期。
10. 黄志雄：《互联网监管的"道路之争"及其规则意蕴》,《法学评论》2019 年第 5 期。
11. 金晶：《个人数据跨境传输的欧盟标准——规则建构、司法推动与范式扩张》,《欧洲研究》2021 年第 4 期。
12. 李海英：《数据本地化立法与数字贸易的国际规则》,《信息安全研究》2016 年第 9 期。
13. 梁咏等：《全球化大变局下的中欧贸易治理：博弈、竞合和未来》,法律出版社 2020 年 10 月版。
14. 刘金河、崔保国：《数据本地化和数据防御主义的合理性与趋势》,《国际展望》2020 年第 6 期。
15. 刘天亮：《澳大利亚"反加密"法案遭质疑》,《人民日报海外版》2019 年 4 月 18 日第 6 版。
16. 彭德雷：《数字贸易的"风险二重性"与规制合作》,《比较法研究》2019 年第 1 期。
17. 彭岳：《数据本地化措施的贸易规制问题研究》,《环球法律评论》2018 年第 2 期。

18. 彭岳：《数字贸易治理及其规制路径》，《比较法研究》2021 年第 4 期。
19. 戚聿东、纪长青：《开源：数字技术扩散促进数字技术创新》，《光明日报》2019 年 9 月 10 日第 16 版。
20. 单文华、邓娜：《欧美跨境数据流动规制：冲突、协调与借鉴——基于欧盟法院"隐私盾"无效案的考察》，《西安交通大学学报（社会科学版）》2021 年第 5 期。
21. 沈玉良、金晓梅：《数字产品、全球价值链与国际贸易规则》，《上海师范大学学报（哲学社会科学版）》2017 年第 1 期。
22. 沈玉良等：《全球数字贸易规则研究》，复旦大学出版社 2018 年 10 月版。
23. 石静霞：《数字经济背景下的 WTO 电子商务诸边谈判：最新发展及焦点问题》，《东方法学》2020 年第 2 期。
24. 石月：《数字经济环境下的跨境数据流动管理》，《信息安全与通信保密》2015 年第 10 期。
25. 孙红梅：《"双支柱"方案将启全球税收治理新篇章》，《经济参考报》2021 年 10 月 12 日第 A08 版。
26. 孙益武：《数字贸易中的知识产权议题》，《南京大学法律评论》2019 年第 2 期。
27. 谭观福：《数字贸易规制的免责例外》，《河北法学》2021 年第 6 期。
28. 万霞：《国际法中的"软法"现象探析》，《外交学院学报》2005 年第 1 期。
29. 王伟域：《积极应对全球数字经济税收变革》，《中国税务报》2022 年 02 月 16 日第 6 版。
30. 吴汉东：《论网络服务提供者的著作权侵权责任》，《中国法学》2011 年第 2 期。
31. 忻华：《"欧洲经济主权与技术主权"的战略内涵分析》，《欧洲研究》2020 年第 4 期。
32. 鄢雨虹：《国际经贸协定中的源代码规则新发展及中国立场》，《武大国际法评论》2021 年第 3 期。
33. 喻玲：《〈跨太平洋伙伴关系协定（TPP）〉网络服务提供者侵权责任规则评析——兼评我国网络服务提供者版权侵权责任制度》，《华东理工大学学报（社会科学版）》2016 年第 6 期。
34. 俞子荣、袁波、王蕊等著：《RCEP：协定解读与政策对接》，中国商务出版社 2021 年 5 月版。
35. 张金平：《跨境数据转移的国际规制及中国法律的应对——兼评我国〈网络安全法〉上的跨境数据转移限制规则》，《政治与法律》2016 年第 12 期。
36. 张泽平：《全球治理背景下国际税收秩序的挑战与变革》，《中国法学》2017 年第 3 期。
37. 赵旸頔、彭德雷：《全球数字经贸规则的最新发展与比较——基于对〈数字经济伙伴关系协定〉的考察》，《亚太经济》2020 年第 4 期。
38. 中国国际经济交流中心"一带一路"课题组：《"数字丝绸之路"重在规则建设》，《经济日报》2021 年 8 月 19 日第 10 版。
39. 中国欧盟商会：《脱钩：全球化何去何从》，https://europeanchamber.oss-cn-beijing.

aliyuncs.com/upload/documents/documents/Decoupling_CN[869].pdf,访问日期 2021 年 9 月 10 日。

40. 中国信息通信研究院、中国人工智能产业发展联盟主编:《人工智能治理白皮书(2020)》,2020 年 9 月。

41. 中国信息通信研究院主编:《数字经济治理白皮书》,2021 年 12 月。

42. 周念利、陈寰琦:《数字贸易规则"欧式模板"的典型特征及发展趋向》,《国际经贸探索》2018 年第 3 期。

43. 周念利、吴希贤:《美式数字贸易规则的发展演进研究——基于〈美日数字贸易协定〉的视角》,《亚太经济》2020 年第 2 期。

英文文献:

1. Abid A. Adonis, Critical Engagement on Digital Sovereignty in International Relations: Actor Transformation and Global Hierarchy, 21(2) Global: Jurnal Politik Internasional 262-282 (2019).

2. Ali Parry, Adelia Jansen van Rensburg & Wilma Viviers etc., Are Digital Advances and Inclusive Growth Compatible Goals? Implications for Trade Policy in Developing Countries, in Maarten Smeets(ed.), Adapting to the Digital Trade Era: Challenges and Opportunities, Geneva: WTO, 2021.

3. Amir Nasr, The Digital Economy Should be Front and Center for the Indo-Pacific Economic Framework, https://www.project-disco.org/21st-century-trade/060122-the-digital-economy-should-be-front-and-center-for-the-indo-pacific-economic-framework/, visited on 6 June 2022.

4. Andrea Andrenelli & Javier López-González, Electronic Transmissions and International Trade-Shedding New Light on the Moratorium Debate, OECD Trade Policy Papers No. 233, 13 November 2019.

5. Andrea Andrenelli & Javier López-González, 3D Printing and International Trade: What is the Evidence to Date? OECD Trade Policy Paper No. 256, November 2021.

6. Anja Kovacs & Nayantara Ranganathan, Data Sovereignty, of Whom? Limits and Suitability of Sovereignty Frameworks for Data in India, Data Governance Network Working Paper, No. 3, November 2019, https://datagovernance.org/files/research/1606371623.pdf, visited on 3 March 2022.

7. Anu Bradford, The Brussels Effect: How the European Union Rules the World, Oxford University Press, 2020.

8. Anupam Chander & Uyên P. Lê, Data Nationalism, 64(3) Emory Law Journal 677-739 (2015).

9. APEC, Pathfinder Initiative Proposal for a Permanent Customs Duty Moratorium on Electronic Transmissions, Including Content Transmitted Electronically, 2016 CTI Repot to Ministers, https://ustr.gov/sites/default/files/Pathfinder_on_Permanent_Customs_Duty_Moratorium_on_Electronic_Transmissions_Including_Co.pdf, visited on 6 June 2022.
10. APEC, Updated Pathfinder Initiative Proposal on Building Blocks for Facilitating Digital Trade, 2019/CSOM/014app05, https://ustr.gov/sites/default/files/Pathfinder_Digital_Trade_Building_Blocks.pdf, visited on 6 June 2022.
11. Avalara, VAT on Digital Services, https://www.avalara.com/eu/en/learn/whitepapers/vat-on-digital-services.html, visited on 9 May 2022.
12. Ben Balzer, Brian Lavery & Sangho Lee et al. (eds.), Singapore FinTech Landscape 2020 and Beyond, Singapore: Oliver Wyman & SFA, 2020.
13. Bernard M. Hoekman & Petros C. Mavroidis, WTO "à la carte" or "menu du jour"? Assessing the Case for More Plurilateral Agreements, 26(2) The European Journal of International Law 319-343(2015).
14. Carnegie Endowment for International Peace, The Encryption Debate in Australia: 2021 Update, https://carnegieendowment.org/files/202104-Australia_Country_Brief.pdf, visited on 19 May 2022.
15. Carolina Aguerre, Digital Trade in Latin America: Mapping Issues and Approaches, 21(1) Digital Policy, Regulation and Governance 2-18(2019).
16. Caroline Freund, Alen Mulabdic & Michele Ruta, Is 3D Printing a Threat to Global Trade? The Trade Effects You Didn't Hear About, World Bank Policy Research Working Paper 9024, September 2019.
17. CJEU, The Court of Justice Invalidates Decision 2016/1250 on the Adequacy of the Protection Provided by the EU-US Data Protection Shield, Press Release No 91/20, July 2020.
18. Congressional Research Service, Section 230: An Overview, CRS Report R46751, 7 April 2021.
19. Daniel Bunn, Elke Asen & Cristina Enache, Digital Taxation Around the World, Tax Foundation, https://taxfoundation.org/digital-tax/, visited on 12 June 2022.
20. Daniel Castro, The False Promise of Data Nationalism, December 2013, http://www2.itif.org/2013-false-promise-data-nationalism.pdf, visited on 26 February 2022.
21. Daniel Castro & Alan McQuinn, Cross-Border Data Flows Enable Growth in All Industries, Information Technology and Innovation Foundation, www2.itif.org/2015-cross-border-data-flows.pdf, visited on 15 February 2020.

22. Darin Lahood, LaHood Introduces Digital Trade for Development Act, https://lahood.house.gov/2021/5/lahood-introduces-digital-trade-development-act, visited on 2 September 2021.
23. David Capie & Paul Evans, The Asia-Pacific Security Lexicon (Upated 2nd Edition), Cambridge University Press, 2007.
24. David Reinsel, John Gantz & John Rydning, Digital Age 2025: The Digitization of the World from Edge to Core, IDC White Paper, November 2018.
25. David Reinsel, John Gantz & John Rydning, Data Age 2025: The Evolution of Data to Life-Critical, IDC White Paper, April 2017.
26. Douglas W. Arner, Jànos Barberis & Ross P. Buckley, The Evolution of FinTech: A New Post-Crisis Paradigm? 47 Georgetown Journal of International Law 1271(2015).
27. Duane Morris, Russia's New Personal Data Localization Law Goes into Effect, https://www.duanemorris.com/alerts/russia_personal_data_localization_law_goes_into_effect_1015.html, visited on 24 February 2022.
28. ECIPE Digital Trade Estimates Project, Finland-Restrictions on Cross-Border Data Flows, https://ecipe.org/dte/database/?country=FI&chapter=829&subchapter=830, visited on 27 December 2021.
29. Elke Asen & Daniel Bunn, What European OECD Countries Are Doing about Digital Services Taxes, https://taxfoundation.org/digital-tax-europe-2020/, visited on 21 December 2021.
30. Eric Geller, A Complete Guide to the New "Crypto Wars", The Daily Dot, https://www.dailydot.com/debug/encryption-crypto-wars-backdoors-timeline-security-privacy/, visited on 20 May 2022.
31. Eric Goldman, Why Section 230 Is Better Than the First Amendment, 95 Notre Dame Law Review 33-46(2019).
32. European Commission, 2030 Digital Compass: the European Way for the Digital Decade, COM(2021) 118 final, March 2021.
33. European Commission, A European Strategy for Data, COM(2020) 66 final, February 2020.
34. European Commission, Adequacy decisions: How the EU determines if a Non-EU Country has an Adequate Level of Data Protection, https://ec.europa.eu/info/law/law-topic/data-protection/international-dimension-data-protection/adequacy-decisions_en, visited on 6 June 2022.
35. European Commission, Binding Corporate Rules (BCR) Corporate Rules for Data Transfers within Multinational Companies, https://ec.europa.eu/info/law/law-topic/

data-protection/international-dimension-data-protection/binding-corporate-rules-bcr_en, visited on 23 October 2021.

36. European Commission, Commission recommends common EU approach to the security of 5G networks, Strasbourg, 26 March 2019.
37. European Commission, Communication from the Commission to the European Parliament, the Council, the Economic and Social Committee and the Committee to the Regions, A European strategy for data, COM/2020/66 final, 19 February 2020.
38. European Commission, Communication from the Commission to the European Parliament and the Council, Exchanging and Protecting Personal Data in a Globalised World, COM(2017) 7 final, 10 January 2017.
39. European Commission, Communication from the Commission to the European Parliament, the Council, the Economic and Social Committee and the Committee to the Regions, A European strategy for data, COM/2020/66 final, 19 February 2020.
40. European Commission, Communication from the Commission to the European Parliament and the Council — Two Years of Application of the General Data Protection Regulation, COM(2020) 264 final, June 2020.
41. European Commission, Communication from the Commission to the European Parliament and the Council, Exchanging and Protecting Personal Data in a Globalised World, COM(2017) 7 final, October 2017.
42. European Commission, Concept Note on WTO Reform, https://trade.ec.europa.eu/doclib/docs/2018/september/tradoc_157331.pdf, visited on 1 February 2020.
43. European Commission, Connecting Europe and Asia — Building blocks for an EU Strategy, Joint Communication to the European Parliament, the Council, the European Economic and Social Committee, the Committee of the Regions and the European Investment Bank, JOIN(2018) 31 final, September 2018.
44. European Commission, Data Protection: European Commission Launches the Process Towards Adoption of the Adequacy Decision for the Republic of Korea, https://ec.europa.eu/commission/presscorner/detail/en/ip_21_2964, visited on 6 June 2022.
45. European Commission, Digital Markets Act (DMA), https://ec.europa.eu/competition-policy/sectors/ict/dma_en, visited on 6 June 2022.
46. European Commission, EU Proposal for a Legal Text on Digital Trade in the EU-Indonesia FTA, https://trade.ec.europa.eu/doclib/docs/2017/september/tradoc_156106.pdf, visited on 6 June 2022.
47. European Commission, EU-Chile Free Trade Agreement EU Textual Proposal Title on Digital Trade, https://trade.ec.europa.eu/doclib/docs/2018/february/tradoc_156582.

pdf, visited on 11 July 2021.
48. European Commission, European Alliance for Industrial Data, Edge and Cloud, https://digital-strategy.ec.europa.eu/en/policies/cloud-alliance, visited on 19 December 2021.
49. European Commission, European Commission Adopts Adequacy Decision on Japan, Creating the World's Largest Area of Safe Data Flows, https://ec.europa.eu/commission/presscorner/detail/en/ip_19_421, visited on 6 June 2022.
50. European Commission, European Commission Adopts Adequacy Decision on Japan, Creating the World's Largest Area of Safe Data Flows, Press release, 23 January 2019.
51. European Commission, European Commission Adopts New Tools for Safe Exchanges of Personal Data, Press release, 4 June 2021.
52. European Commission, European Commission and HR/VP Contribution to the European Council, EU-China—A strategic outlook, March 2019.
53. European Commission, Explanatory Notes on VAT E-commerce Rules, September 2020.
54. European Commission, Guidance on the Regulation on a Framework for the Free Flow of Non-personal Data in the European Union, COM(2019) 250 final.
55. European Commission, Horizon Europe's First Strategic Plan 2021-2024: Commission Sets Research and Innovation Priorities for a Sustainable Future, https://ec.europa.eu/commission/presscorner/detail/en/IP_21_1122, visited on 6 June 2022.
56. European Commission, Impact Assessment: Proposal for a Regulation of the European Parliament and of the Council on European Production and Preservation Orders for Electronic Evidence in Criminal Matters and Proposal for a Directive of the European Parliament and of the Council Laying down Harmonised Rules on the Appointment of Legal Representatives for the Purpose of Gathering Evidence in Criminal Proceedings, Commission Staff Working Document, SWD(2018) 118 final, 17 April 2018.
57. European Commission, Joint Statement of the Trilateral Meeting of the Trade Ministers of the United States, European Union, and Japan, https://trade.ec.europa.eu/doclib/docs/2019/may/tradoc_157894.pdf, visited on 1 February 2020.
58. European Commission, Modernising VAT for Cross-Border E-Commerce, https://ec.europa.eu/taxation_customs/business/vat/modernising-vat-cross-border-ecommerce_en, visited on 6 June 2022.
59. European Commission, Proposal for a Regulation of European Parliament and of the Council Concerning the Respect for Private Life and the Protection of Personal Data in Electronic Communications and Repealing Directive 2002/58/EC (Regulation on Privacy

and Electronic Communications), COM(2017) 10 final, 1 October 2017.
60. European Commission, Proposal for a Regulation of the European Parliament and of the Council on European Data Governance (Data Governance Act), COM(2020) 767 final, https://eur-lex.europa.eu/legal-content/EN/TXT/PDF/?uri=CELEX: 52020PC0767&from=EN, visited on 14 June 2022.
61. European Commission, Proposal for a Regulation on a Single Market for Digital Services (Digital Services Act) and amending Directive 2000/31/EC, COM/2020/825 final.
62. European Commission, Proposal for a Regulation on Contestable and Fair Markets in the Digital Sector (Digital Markets Act), COM/2020/842 final.
63. European Commission, Questions and Answers: An Open, Sustainable and Assertive Trade Policy, February 18, 2021, https://ec.europa.eu/commission/presscorner/detail/en/qanda_21_645, visited o 6 June 2022.
64. European Commission, Report of the 21th TISA Negotiation Round, November 2016, http://trade.ec.europa.eu/doclib/docs/2016/november/tradoc_155095.pdf, visited on 11 July 2021; USTR and European Commission, U.S.-EU Joint Report on TTIP Progress to Date, 17 January 2017, http://trade.ec.europa.eu/doclib/docs/2017/january/tradoc_155242.pdf, visited on 6 June 2022.
65. European Commission, Secure 5G Networks: Questions and Answers on the EU toolbox, Brussels, 29 January 2020.
66. European Commission, Shaping Europe's Digital Future, February 2020, https://ec.europa.eu/info/sites/default/files/communication-shaping-europes-digital-future-feb2020_en_4.pdf, visited on 6 June 2022.
67. European Commission, White Paper On Artificial Intelligence—A European Approach to Excellence and Trust, COM(2020) 65 final, 19 February 2020.
68. European Investment Bank, Who is Prepared for the New Digital age?—Evidence from the EIB Investment Survey, 20 April 2020.
69. European Parliament, A New EU-China Strategy, European Parliament Resolution of 16 September 2021 on a New EU-China Strategy, 2021/2037(INI), September 2021.
70. European Patent Office, Patent Index 2020: Boom in Digital Technologies Continues, https://www.epo.org/about-us/annual-reports-statistics/statistics/2020/digital-technologies.html, visited on 18 May 2022.
71. European Political Strategy Centre, Rethinking Strategic Autonomy in the Digital Age, European Commission, July 18, 2019.
72. EuroPriSe, European Privacy Seal Fact Sheet, https://www.euprivacyseal.com/EPS-en/Fact-sheet, visited on 10 December 2021.

73. Francesca Casalini, Javier Lopez-Gonzalez & Evdokia Moïsé, Approaches to Market Openness in the Digital Age, OECD Trade Policy Papers, No. 219, 2019.
74. Francesca Casalini, Javier López-González and Taku Nemoto, Mapping Commonalities in Regulatory Approaches to Cross-Border Data Transfers, OECD Trade Policy Papers No. 248, May 2021.
75. G20 Trade Ministers and Digital Economy Ministers, G20 Ministerial Statement on Trade and Digital Economy, Tsukuba, Japan: The G20 Ministerial Meeting on Trade and Digital Economy, 2019.
76. G7 Digital and Technology Ministers' Declaration, 28 April 2021.
77. G7 Digital and Technology Track—Annex 2 Roadmap for Cooperation on Data Free Flow with Trust, 28 April 2021.
78. G7 Tech Leaders Agree Bold New Proposals to Boost online Safety Worldwide, https://www.gov.uk/government/news/g7-tech-leaders-agree-bold-new-proposals-to-boost-online-safety-worldwide, visited on 10 October 2021.
79. Gail Kent, The Mutual Legal Assistance Problem Explained, The Center for Internet and Society, 23 February 2015, https://cyberlaw.stanford.edu/blog/2015/02/mutual-legal-assistance-problem-explained, visited on 1 April 2022.
80. Georg Kofler & Julia Sinnig, Equalization Taxes and the EU's "Digital Services Tax", in Werner Haslehner et al. (eds), Tax and the Digital Economy Challenges and Proposals for Reform 134-135 (The Netherlands Wolters Kluwer 2019); Chris Noonan & Victoria Plekhanova, Taxation of Digital Services Under Trade Agreements, 23 Journal of International Economic Law 1-25(2020).
81. Gisele Kapterian, A Critique of the WTO Jurisprudence on "Necessity", 59(1) International and Comparative Law Quarterly 89-127(2010).
82. Graham Allison, Kevin Klyman & Karina Barbesino et al., The Great Tech Rivalry: China vs the U.S., Harvard Kennedy School's Belfer Center for Science and International Affairs Paper, December 2021.
83. Greg Price, U.S. Tech Companies Give Russia Secretive Source Codes to Stay in Multibillion-Dollar Market, 23 June 2017, https://www.newsweek.com/russia-us-tech-source-code-628589, visited on 21 May 2022.
84. GSMA, The Data Value Chain, June 2018.
85. Hari Prabowo, E-Commerce in Post COVID-19 Era, Submitted by Indonesia at Preparatory Meeting for the Symposium on APEC Supporting the WTO Negotiations on Trade Related Aspects of E-Commerce, 2 February 2021, 2021/CTI/SYM/PM/006, http://mddb.apec.org/Documents/2021/CTI/SYM1-PM/21_cti_sym1_pm_006.pdf,

visited on 21 June 2021.
86. Hilary J. Allen, Regulatory sandboxes, 87 George Washington Law Review, 616(2019).
87. Henry Gao, Digital or Trade? The Contrasting Approaches of China and US to Digital Trade, 21 Journal of International Economic Law, 297(2018).
88. Hosuk Lee-Makiyama, Digital Trade in the U.S. and Global Economies, Submission to the USITC Investigation, European Centre for International Political Economy, https://ecipe.org/wp-content/uploads/2014/12/USITC_speech.pdf, visited on 29 February 2020.
89. Hosuk-Lee Makiyama & Badri Narayanan, The Economic Losses from Ending the WTO Moratorium on Electronic Transmissions, ECIPE Policy Brief No.3, 2019.
90. HP & AT Kearney, 3D Printing: Ensuring Manufacturing Leadership in the 21st Century.
91. India Department of Science and Technology, National Data Sharing and Accessibility Policy, https://dst.gov.in/national-data-sharing-and-accessibility-policy-0, visited on 28 December 2021.
92. Infocomm Media Development Authority and Personal Data Protection Commission, Artificial Intelligence Governance Framework Model Second Edition, Singapore: IMDA & PDPC, 2020.
93. Infocomm Media Development Authority of Singapore and Personal Data Protection Commission, Trusted Data Sharing Framework, Singapore: IMDA & PDPC, 2019.
94. Inside U.S. Trade, China check-in: Trade and Tech Council isn't about China, but it Looms, https://insidetrade.com/trade/china-check-trade-and-tech-council-isn%E2%80%99t-about-china-it-looms, visited on 18 October 2021.
95. Inside U.S. Trade, Cross-Border Data Provisions Not Included In Draft EU Digital Trade Chapter, July 27, 2016.
96. Inside U.S. Trade, Divisions Emerge as some WTO Members Push for E-commerce Plurilateral, 20 July 2018, https://insidetrade.com/daily-news/divisions-emerge-some-wto-members-push-e-commerce-plurilateral, visited on 6 June 2022.
97. Inside U.S. Trade, Harris proposes U.S. as next APEC host, Backs Deeper Indo-Pacific Ties, https://insidetrade.com/daily-news/harris-proposes-us-next-apec-host-backs-deeper-indo-pacific-ties, visited on 27 August 2021.
98. Inside U.S. Trade, Indonesia joins WTO E-Commerce Talks Despite Opposition to Permanent Moratorium, https://insidetrade.com/daily-news/indonesia-joins-wto-e-commerce-talks-despite-opposition-permanent-moratorium, visited on 5 February 2020.
99. Inside U.S. Trade, Lew Floats Possibility Of Side Deal To Address TPP Data

Localization, https://insidetrade.com/daily-news/lew-floats-possibility-side-deal-address-tpp-Data-localization, visited on 28 March 2022.

100. Inside U.S. Trade, Lew: TPP Local Data Requirements Still An Open Issue Internally, https://insidetrade.com/trade/lew-tpp-local-data-requirements-still-open-issue-internally, visited on 28 March 2022.

101. Inside U. S. Trade, Sullivan: White House Eyeing Outbound Investments that Undermine Export Controls, https://insidetrade.com/daily-news/sullivan-white-house-eyeing-outbound-investments-undermine-export-controls, visited on 27 August 2021.

102. Inside U.S. Trade, Tai: U.S. "Actively Working" with Partners to Establish Digital Trade Rules, https://insidetrade.com/daily-news/tai-us-%E2%80%98actively-working%E2%80%99-partners-establish-digital-trade-rules, visited on 3 September 2021.

103. Inside U.S. Trade, Treasury Considering Implementing Parts of CFIUS Reform Bill as Part of 301 Response, https://insidetrade.com/daily-news/treasury-considering-implementing-parts-cfius-reform-bill-part-301-response, visited on 2 September 2021.

104. Inside U. S. Trade, U. S. Joins MC12 Proposal to Extend WTO E-commerce Moratorium, 9 November 2021, https://insidetrade.com/daily-news/us-joins-mc12-proposal-extend-wto-e-commerce-moratorium, visited on 3 March 2022.

105. Inside U. S. Trade, U. S. Participation in E-commerce Initiative Tied to Ambitious Outcome, https://insidetrade.com/daily-news/us-participation-e-commerce-initiative-tied-ambitious-outcome, visited on 2 March 2020.

106. International Telecommunication Union, Measuring Digital Development: Facts and Figures 2021, Geneva: ITU, 2021.

107. Internet Society, Internet Way of Networking Use Case: Data Localization, September 2020, https://www.internetsociety.org/wp-content/uploads/2020/09/IWN-Use-Case-Data-Localization-EN.pdf, visited on 1 April 2022.

108. Jake Harrington & Riley McCabe, What the U.S. Innovation and Competition Act Gets Right, https://www.csis.org/analysis/what-us-innovation-and-competition-act-gets-right-and-what-it-gets-wrong, visited on 2 September 2021.

109. James Andrew Lewis, The Crypto Wars Are Over, 4 February 2021, https://www.csis.org/analysis/crypto-wars-are-over, visited on 21 May 2022.

110. James Somers, The Coming Software Apocalypse, https://www.theatlantic.com/technology/archive/2017/09/saving-the-world-from-code/540393/, visited on 14 May 2022.

111. Jan Neumann & Elisabeth Turk, Necessity Revisited: Proportionality in World Trade

Organization Law After Korea-Beef, EC-Asbestos and EC-Sardines, 37(1) Journal of World Trade 199-233(2003).

112. Janos Ferencz, The OECD Digital Services Trade Restrictiveness Index, OECD Trade Policy Papers No. 221, January 2019.

113. Javier López González & Janos Ferencz, Digital Trade and Market Openness, OECD Trade Policy Papers No. 217, https://doi.org/10.1787/1bd89c9a-en, visited on 1 December 2018.

114. Javier López González & Marie Agnes Jouanjean, Digital Trade: Developing a Framework for Analysis, OECD Trade Policy Papers, No. 205, TAD/TC/WP(2017)4/FINAL, 2017.

115. Javier López González & Marie-Agnes Jouanjean, Digital Trade: Developing a Framework for Analysis, OECD Trade Policy Papers No. 205, https://www.oecd-ilibrary.org/trade/digital-trade_524c8c83-en, visited on 16 August 2020.

116. Jennifer Daskal, Borders and Bits, 71 Vanderbilt Law Review 179(2018).

117. John H. Jackson, The Jurisprudence of GATT and the WTO: Insights on Treaty Law and Economic Relations, Cambridge University Press, 2000.

118. Jonah Force Hill, Problematic Alternatives: MLAT Reform for the Digital Age, Harvard National Security Journal (blog), 28 January 2015, http://harvardnsj.org/2015/01/problematic-alternatives-mlat-reform-for-the-digital-age/, visited on 1 April 2022.

119. Jonathan Keen, Kenya Passes Data Protection Law Inspired by GDPR, https://auth0.com/blog/kenya-passes-data-protection-law-inspired-by-gdpr/, visited on 6 June 2022.

120. Joshua P. Meltzer, A New Digital Trade Agenda, E15Initiative, International Centre for Trade and Sustainable Development (ICTSD) and World Economic Forum, August 2015, e15initiative.org/publications/a-new-digital-trade-agenda, visited on 17 June 2021.

121. Kellie Blyth, UAE: Health Data Law – Permitted Transfers of Health Data, Baker McKenzie law firm, July 7, 2021, https://me-insights.bakermckenzie.com/2021/07/07/uae-health-data-law-permitted-transfers-of-health-data/, visited on 30 December 2021.

122. Kenneth W. Abbott & Duncan Snidal, Hard and Soft Law in International Governance, 54(3) International Organization 421-456(2000).

123. Knowledge Ecology International (KEI), KEI Statement on TPP for the January 13, 2016 Hearing of the United States International Trade Commission Investigation No. TPA-105-001Trans-Pacific Partnership Agreement: Likely Impact on the U.S.

Economy and on Specific Industry Sectors, submitted on 29 December 2015, https://www.keionline.org/wp-content/uploads/KEI-USITC-TPP-29Dec2015.pdf, visited on 16 May 2022.

124. Kommerskollegium, Trade Regulation in a 3D Printed World—a Primer, Swedish National Board of Trade, April 2016.

125. Konstantinos Komaitis & Justin Sherman, US and EU tech strategy aren't as Aligned as You Think, https://www.brookings.edu/techstream/us-and-eu-tech-strategy-arent-as-aligned-as-you-think/, visited on 6 June 2022.

126. Konstantinos Komaitis, The "Wicked Problem" of Data Localisation, 2(3) Journal of Cyber Policy 355-365(2017).

127. Korean Financial Services Commission, Amendments Proposed to the Regulation on Supervision of Electronic Financial Transactions, 2018-273, September 20, 2018.

128. KPMG, Brazil: Review of Digital Services Tax Proposals, https://home.kpmg/us/en/home/insights/2021/04/tnf-brazil-review-of-digital-services-tax-proposals.html?msclkid=ff44a5e9c30211ecaa5574c208db3de4, visited on 23 April 2022.

129. Luca Belli, BRICS Countries To Build Digital Sovereignty, 18 November 2019, https://cyberbrics.info/brics-countries-to-build-digital-sovereignty/, visited on 7 March 2022.

130. Marc Champion, How US-China Tech Rivalry Looks Like a Digital Cold War, Bloomberg, 13 December 2019, https://www.bloomberg.com/quicktake/how-u-s-china-tech-rivalry-looks-like-a-digital-cold-war, visited on 17 August 2021.

131. Mark Scott & Laurens Cerulus, Europe's New Data Protection Rules Export Privacy Standards Worldwide, POLITICO, Jan. 31, 2018, https://www.politico.eu/article/europe-data-protection-privacy-standards-gdpr-general-protection-data-regulation/, visited on 6 June 2022.

132. Mark Wu, Digital Trade-Related Provisions in Regional Trade Agreements: Existing Models and Lessons for the Multilateral Trade System, December 2017, https://e15initiative.org/publications/digital-trade-related-provisions-in-regional-trade-agreements-existing-models-and-lessons-for-the-multilateral-trade-system/, visited on 13 May 2022.

133. Markham C. Erickson & Sarah K. Leggin, Exporting Internet Law through International Trade Agreements: Recalibrating U.S. Trade Policy, 24 Cath. U. J. L. & Tech 317(2015-2016).

134. Martina F. Ferracane, Restrictions on Cross-Border Data Flows: a Taxonomy, ECIPE Working Paper No. 1/2017.

135. Matthew P. Goodman, DEPA and the Path Back to TPP; https://www.csis.org/

analysis/depa-and-path-back-tp, visited on 19 July 2021; Susan Aaronson, The One Trade Agreement Biden Should Sign Up For Now, https://www.barrons.com/articles/the-one-trade-agreement-biden-should-sign-up-for-now-51614607309, visited on 3 September 2021.

136. Matthias Bauer & Fredrik Erixon, Europe's Quest for Technology Sovereignty: Opportunities and Pitfalls, ECIPE Occasional Paper 02/2020.

137. Matthias Bauer, Martina F. Ferracane & Erik van der Marel (2016). Tracing the Economic Impact of Regulations on the Free Flow of Data and Data Localization. Global Commission on Internet Governance (GCIG) Paper Series No. 30, May 2016, https://www.cigionline.org/static/documents/gcig_no30web_2.pdf, visited on 1 March 2022.

138. McKinsey Global Institute, Digital Globalization: The New Era of Global Flows, March 2016.

139. McKinsey Global Institute, Internet Matters: The Net's Sweeping Impact on Growth, Jobs, and Prosperity, May 2011.

140. Meredith Broadbent, Implications of the Digital Markets Act for Transatlantic Cooperation, https://www.csis.org/analysis/implications-digital-markets-act-transatlantic-cooperation, visited on 23 December 2021.

141. Michael E. Porter & James E. Heppelmann, How Smart, Connected Products Are Transforming Competition, 11(1) Harvard Business Review 64-89(2014).

142. Michael Kwet, Digital colonialism: US empire and the New Imperialism in the Global South, 60(4) Race & Class 3-26(2019).

143. Ministry of Trade and Industry of Singapore, Digital Economy Partnership Agreement Enters into Force, https://www.mti.gov.sg/-/media/MTI/Microsites/DEAs/Digital-Economy-Partnership-Agreement/28-Dec-20020-Press-Release-Digital-Economy-Partnership-Agreement-Enters-into-Force.pdf, visited on 31 July 2021.

144. Ministry of Trade and Industry of Singapore, Singapore Leads the Way in New Digital Economy Partnership Agreement with Chile and New Zealand, https://www.mti.gov.sg/-/media/MTI/Microsites/DEAs/Digital-Economy-Partnership-Agreement/Press-release-on-the-start-of-DEPA-negotiations-May-2019.pdf, visited on 15 July 2021.

145. Ministry of Trade and Industry of Singapore, Singapore Substantially Concludes Negotiations for Digital Economy Partnership Agreement with Chile and New Zealand, https://www.mti.gov.sg/-/media/MTI/Microsites/DEAs/Digital-Economy-Partnership-Agreement/Joint-Press-Release-SG-Substantially-Concludes-Negotiations-for-Di.pdf, visited on 15 July 2021.

146. Mira Burri & Rodrigo Polanco, Digital Trade Provisions in Preferential Trade

Agreements: Introducing a New Dataset, 23 Journal of International Economic Law 187 (2020).
147. Mireille Cossy, Determining "Likeness" under the GATS: Squaring the Circle, WTO Staff Working Paper ERSD-2006-08, September 2006, https://www.wto.org/english/res_e/reser_e/ersd200608_e.pdf, visited on 15 February 2020.
148. Monika Ermert, TISA Negotiations: Yes to E-Commerce, Data Flows, No to IPR, Data Protection? Intellectual Property Watch, 17 December 2014, https://www.ip-watch.org/2014/12/17/tisa-negotiations-yes-to-e-commerce-data-flows-no-to-ipr-data-protection/, visited on 14 June 2022.
149. National Institute of Standards and Technology, Framework for Improving Critical Infrastructure Cybersecurity (Version 1.1), April 16, 2018.
150. National Security Commission on Artificial Intelligence (NSCAI), The National Security Commission on Artificial Intelligence Final Report, 2021.
151. National Tax Agency of Japan, Revision of Consumption Taxation on Cross-border Supplies of Services, May 2015.
152. Neil MacFarquhar, They Want to Block Our Future: Thousands Protest Russia's Internet Censorship, The New York Times, April 30, 2018.
153. U.S. Congress, Net Neutrality: Hearing Before the Committee on Commerce, Science and Transportation, United State Senate, 109th Congress, Second Session, 7 February 2006.
154. New Zealand Foreign Affairs & Trade, Digital Economy Partnership Agreement-National Interest Analysis, A.15A, 2020.
155. New Zealand, Taxation (Residential Land Withholding Tax, GST on Online Services, and Student Loans) Act 2016, Public Act 2016 No 21, Date of assent: 13 May 2016.
156. Nick Couldry & Ulises A. Mejias, Data Colonialism: Rethinking Big Data's Relation to the Contemporary Subject, 20(4) Television & New Media 336-349(2018).
157. Nicolai Van Gorp & Dr Olga Bature, Challenges for Competition Policy in the Digitalized Economy, Brussels: European Parliament Think Tank, 2016.
158. Nigel Cory & Luke Dascoli, How Barriers to Cross-Border Data Flows Are Spreading Globally, What They Cost, and How to Address Them, https://itif.org/sites/default/files/2021-data-localization.pdf, visited on 2 September 2021.
159. Nigel Cory, Cross-Border Data Flows: Where Are the Barriers, and What Do They Cost? https://itif.org/publications/2017/05/01/cross-border-data-flows-where-are-barriers-and-what-do-they-cost, visited on 28 February 2020.
160. Nigel Cory & Robert D. Atkinson, Financial Data Does Not Need or Deserve Special

Treatment in Trade Agreements, https://www2.itif.org/2016-financial-data-trade-deals.pdf, visited on 14 May 2022.
161. OECD, Addressing the Tax Challenges of the Digital Economy, Action 1-2015 Final Report, OECD/G20 Base Erosion and Profit Shifting Project, OECD Publishing, 2015.
162. OECD, OECD Guidelines on the Protection of Privacy and Transborder Flows of Personal Data, https://www.oecd.org/sti/ieconomy/oecdguidelinesontheprotectionofprivacyandtransborderflowsofpersonaldata.htm, visited on 6 June 2022.
163. OECD, OECD Principles on AI, https://www.oecd.org/going-digital/ai/principles/, visited on 6 June 2022.
164. OECD, Revised Guidelines on the Protection of Privacy and Transborder Flows of Personal Data, https://www.oecd.org/digital/ieconomy/privacy-guidelines.htm, visited on 6 June 2022.
165. OECD, The Digital Transformation of SMEs, OECD Studies on SMEs and Entrepreneurship, Paris: OECD Publishing, 2021.
166. OECD, WTO and IMF, Handbook on Measuring Digital Trade, Version 1, 2020.
167. OECD/G20 Base Erosion and Profit Shifting Project Statement on a Two-Pillar Solution to Address the Tax Challenges Arising From the Digitalisation of the Economy, 1 July 2021.
168. Patrick Low, Digital Services Taxes, Trade and Development, Working Paper No. 2020-07, December 2020, https://iit.adelaide.edu.au/ua/media/1221/dst-paper_final_december_2020.pdf, visited on 12 June 2022.
169. PDPC, Memorandum of Understanding Between The Office of the Australian Information Commissioner And The Personal Data Protection Commission of the Republic of Singapore On Cooperation in Personal Data Protection, 25 March 2020.
170. Personal Information Protection Commission Japan, Supplementary Rules under the Act on the Protection of Personal Information for the Handling of Personal Data Transferred from the EU and the United Kingdom based on an Adequacy Decision.
171. Privacy Shield Framework, EU-U.S. Privacy Shield Ombudsperson Mechanism, https://www.privacyshield.gov/servlet/servlet.FileDownload?file=015t00000004q0g, visited on 5 October 2021.
172. PwC, Sizing the prize: What's the Real Value of AI for Your Business and How can you Capitalise, 2017.
173. Rachel F. Fefer, Internet Regimes and WTO E-Commerce Negotiations, Congressional Research Service R46198, https://crsreports.congress.gov/product/pdf/download/R/R46198/R46198.pdf, visited on 3 February 2020.

174. Rachel F. Fefer, Shayerah Ilias Akhtar & Wayne M. Morrison, Digital Trade and U.S. Trade Policy, Congressional Research Service, May 11, 2018, https://crsreports.congress.gov/product/pdf/R/R44565, visited on 6 June 2022.
175. Rajat Kathuria, Mansi Kedia & Gangesh Varma et.al, Economic Implications of Cross-Border Data Flows, Internet and Mobile Association of India, November 2019, https://icrier.org/pdf/Economic_Implications_of_Cross-Border_Data_Flows.pdf, visited on 1 April 2022.
176. Rashmi Banga, Growing Trade in Electronic Transmissions: Implications for the South, UNCTAD Research Paper No. 29, 2019.
177. Rashmi Banga, Moratorium on Duties for Electronic Transmissions at the WTO is Untenable, Trade Promotion Council of India, 28 May 2020.
178. Reid Smith, Some Preliminary Implications of WTO Source Code Proposal-MC11 briefing paper, Third World Network, https://ourworldisnotforsale.net/2017/TWN_Source_code.pdf, visited on 14 May 2022.
179. Renato Leite Monteiro, GDPR Matchup: Brazil's General Data Protection Law, https://iapp.org/news/a/gdpr-matchup-brazils-general-data-protection-law/, visited on 6 June 2022.
180. Richard Baldwin, 21st Century Regionalism: Filling the Gap between 21st Century Trade and 20th Century Trade Rules, WTO Staff Working Paper ERSD-2011-08, https://www.wto.org/english/res_e/reser_e/ersd201108_e.pdf, visited on 16 August 2020;
181. Richard Kozul-Wright & Rashmi Banga, Moratorium on Electronic Transmissions: Fiscal Implications and Way Forward, UNCTAD Research Paper No. 47, 2020.
182. Rishabh Sinha, What's in for Data Localization in India? https://www.esds.co.in/blog/whats-in-for-data-localization-in-india/, visited on 27 February 2022.
183. Riza Buditomo, Intangible Goods are Now Subject to Import Duty, https://www.bakermckenzie.com/en/insight/publications/2018/03/intangible-goods-import-duty-indonesia, visited on 8 February 2020.
184. Robert Anderton, Valerie Jarvis & Vincent Labhard et al., The digital economy and the euro area, published as part of the European Central Bank Economic Bulletin, Issue 8/2020.
185. Rolf H. Weber, Digital Trade and E-Commerce: Challenges and Oportunities for the Asia-Pacific Regionalism, 10 Asian J. WTO & Int'l Health L & Pol'y 321(2015).
186. Rudolf Adlung & Hamid Mamdouh, Plurilateral Trade Agreements: An Escape Route for the WTO? WTO Working Paper ERSD-2017-03, https://www.wto.org/english/

res_e/reser_e/ersd201703_e.htm, visited on 5 February 2020.
187. Rudolf Adlung & Antonia Carzaniga, MFN Exemptions under the General Agreement on Trade in Services: Grandfathers Striving for Immortality? 12 Journal of International Economic Law 357-392(2009).
188. S. Wunsch-Vincent & Arno Hold, Towards Coherent Rules for Digital Trade: Building on Efforts in Multilateral versus Preferential Trade Negotiations, in Mira Burri & Thomas Cottier (eds.), Trade Governance in the Digital Age, Cambridge University Press, 2012.
189. Shoshana Zuboff, Big Other: Surveillance Capitalism and the Prospects of an Information Civilization, 30 Journal of Information Technology 75-89(2015).
190. Siddharth Mohandas, Kristine Lee & Joshua Fitt, et al., Designing a U.S. Digital Development Strategy, Center for a New American Security, September 2020.
191. Stephane Couture & Sophie Toupin, What does the Notion of "Sovereignty" Mean When Referring to the Digital? 21(10) New Media & Society 2305-2322(2019).
192. Stéphane Couture, The Diverse Meanings of Digital Sovereignty, Global Media Technologies & Cultures Lab, Massachusetts Institute of Technology, 5 August 2020, https://globalmedia.mit.edu/2020/08/05/the-diverse-meanings-of-digital-sovereignty/, visited on 7 March 2022.
193. Steven Weber, Data, Development and Growth, 19(3) Business and Politics 397-423 (2017).
194. Stewart Baker, Cybersecurity and the TPP, 6 November 2015, https://www.washingtonpost.com/news/volokh-conspiracy/wp/2015/11/06/cybersecurity-and-the-tpp/, visited on 21 May 2022.
195. Susan Ariel Aaronson, The Digital Trade Imbalance and Its Implications for Internet Governance, Institute for International Economic Policy Working Paper Series, IIEP-WP-2016-7, April 2016.
196. Taku Nemoto & Javier López González, Digital Trade Inventory: Rules, Standards and Principles, OECD Trade Policy Paper No. 251, June 2021.
197. Tambiama Madiega, Digital sovereignty for Europe, European Parliamentary Research Service Ideas Paper, https://www.europarl.europa.eu/RegData/etudes/BRIE/2020/651992/EPRS_BRI(2020)651992_EN.pdf, visited on 6 June 2022.
198. The City UK, Current WTO Debate on the E-Commerce Moratorium: Scope and Impact, A Statement from the Global Services Coalition, https://www.thecityuk.com/news/current-wto-debate-on-the-e-commerce-moratorium-scope-and-impact/, visited on 9 March 2022.

199. The Economist, The World's Most Valuable Resource is No Longer Oil, but Data, https://www.economist.com/leaders/2017/05/06/the-worlds-most-valuable-resource-is-no-longer-oil-but-data, visited on 15 February 2020.
200. The Guardian, LA Times among US-based News Sites Blocking EU Users Due to GDPR, 25 May 2018, https://www.theguardian.com/technology/2018/may/25/gdpr-us-based-news-websites-eu-internet-users-la-times, visited on 5 November 2021.
201. The White House Council of Economic Advisers, The Cost of Malicious Cyber Activity to the U.S. Economy, February 2018.
202. The White House, Fact Sheet: In Asia, President Biden and a Dozen Indo-Pacific Partners Launch the Indo-Pacific Economic Framework for Prosperity, 23 May 2022, https://www.whitehouse.gov/briefing-room/statements-releases/2022/05/23/fact-sheet-in-asia-president-biden-and-a-dozen-indo-pacific-partners-launch-the-indo-pacific-economic-framework-for-prosperity/, visited on 6 June 2022.
203. The White House, National Security Strategy of the United States of America, December 2017.
204. The White House, On-the-Record Press Call on the Launch of the Indo-Pacific Economic Framework, 23 May 2022, https://www.whitehouse.gov/briefing-room/press-briefings/2022/05/23/on-the-record-press-call-on-the-launch-of-the-indo-pacific-economic-framework/, visited on 6 June 2022.
205. The White House, U.S.-EU Summit Statement, https://www.whitehouse.gov/briefing-room/statements-releases/2021/06/15/u-s-eu-summit-statement/, visited on 9 September 2021.
206. U.S. Department of Commerce, Intellectual Property and the U.S. Economy: 2016 Update, the Economics and Statistics Administration & the U.S. Patent and Trademark Office, 2016.
207. UNCTAD, Cyberlaw Tracker, https://unctad.org/page/data-protection-and-privacy-legislation-worldwide, visited on 14 June 2022.
208. UNCTAD, Data Protection and Privacy Legislation Worldwide, https://unctad.org/page/data-protection-and-privacy-legislation-worldwide, visited on 6 June 2022.
209. UNCTAD, Digital Economy Report 2019-Value Creation and Capture: Implications for Developing Countries, 2019.
210. UNCTAD, Digital Economy Report 2021-Cross-border data flows and development: For whom the data flow, 2021.
211. UNCTAD, Estimates of Global E-Commerce 2019 and Preliminary Assessment of COVID-19 Impact on Online Retail 2020, UNCTAD Technical Notes on ICT for

Development No.18, May 2021.
212. UNCTAD, Information Economy Report 2009: Trends and Outlook in Turbulent Times, UNCTAD/IER/2009, 22 October 2009.
213. UNCTAD, Information Economy Report 2013: The Cloud Economy and Developing Countries, December 2013.
214. UNCTAD, The "New" Digital Economy and Development, UNCTAD Technical Notes on ICT for Development No.8, TN/UNCTAD/ICT4D/08, October 2017.
215. UNCTAD, What is at Stake for Developing Countries in Trade Negotiations on E-commerce? The Case for Joint Statement Initiative, 2021.
216. United States Bureau of Economic Analysis, Interactive Table 3.3. U.S. Trade in ICT and Potentially ICT-Enabled Services, by Country or Affiliation ((A) (2006-2019)).
217. United States Department of Defense, Defense Federal Acquisition Regulation Supplement: Network Penetration Reporting and Contracting for Cloud Services, DFARS Case 2013 - D018, www.federalregister.gov/documents/2015/08/26/2015-20870/defense-federal-acquisitionregulation-supplement-network-penetration-reportingand-contracting-for. visited on 14 June 2022.
218. United States Department of State, Announcing the Expansion of the Clean Network to Safeguard America's Assets, 5 August 2020, https://2017-2021.state.gov/announcing-the-expansion-of-the-clean-network-to-safeguard-americas-assets/index.html, visited on 14 June 2022.
219. U.S. Congress, National Critical Capabilities Defense Act of 2021, S1864, 117th Congress, introduced on May 26, 2021.
220. U.S. Congress, Net Neutrality: Hearing Before the Committee on Commerce, Science and Transportation, United State Senate, 109th Congress, Second Session, 7 February 2006.
221. U.S. Congress, Notice of Ways and Means Motion to introduce an Act to implement a Digital Services Tax.
222. U.S. Department of Commerce, Measuring the Value of Cross-Border Data Flows, September 2016.
223. US Department of Treasury, Joint Statement from the United States, Austria, France, Italy, Spain, and the United Kingdom, Regarding a Compromise on a Transitional Approach to Existing Unilateral Measures During the Interim Period Before Pillar 1 is in Effect, October 21, 2021, https://home.treasury.gov/news/press-releases/jy0419, visited on 22 December 2021.
224. USITC, Digital Trade in the U.S. and Global Economies, Part 1, July 2013.

225. USITC, Digital Trade in the U.S. and Global Economies, Part 2, August 2014.
226. USITC, Global Digital Trade 1: Market Opportunities and Key Foreign Trade Restrictions, August 2017.
227. USTR, 2017 National Trade Estimate Report, 2017.
228. USTR, 2018 Fact Sheet: Key Barriers to Digital Trade, https://ustr.gov/about-us/policy-offices/press-office/fact-sheets/2018/march/2018-fact-sheet-key-barriers-digital, visited on 22 June 2022.
229. USTR, 2018 National Trade Estimate Report on Foreign Trade Barriers, 2018.
230. USTR, 2020 Review of Notorious Markets for Counterfeiting and Piracy, January 2021.
231. USTR, 2020 Special 301 Report, April 2020.
232. USTR, 2021 Trade Policy Agenda and 2020 Annual Report, March 2021.
233. USTR, 2021 Trade Policy Agenda and 2020 Annual Report.
234. USTR, Confirmation Letter (Access to and Use of the Internet), KORUS FTA Final Text, https://ustr.gov/sites/default/files/uploads/agreements/fta/korus/asset_upload_file844_12735.pdf, visited on 24 May 2021.
235. USTR, Fact Sheets on 2019 National Trade Estimate: Key Barriers to Digital Trade, https://ustr.gov/about-us/policy-offices/press-office/fact-sheets/2019/march/fact-sheet-2019-national-trade-estimate, visited on 21 February 2020.
236. USTR, Joint Statement of the Trade Ministers of the United States, Japan, and the European Union After a Trilateral Meeting, 30 November 2021, https://ustr.gov/about-us/policy-offices/press-office/press-releases/2021/november/joint-statement-trade-ministers-united-states-japan-and-european-union-after-trilateral-meeting, visited on 6 June 2022.
237. USTR, Outlines of the Trans-Pacific Partnership Agreement, https://ustr.gov/about-us/policy-offices/press-office/fact-sheets/2011/november/outlines-trans-pacific-partnership-agreement, visited on 27 June 2020.
238. USTR, Section 301 – Digital Services Taxes, https://ustr.gov/issue-areas/enforcement/section-301-investigations/section-301-digital-services-taxes?msclkid=5a1f5008c2cb11ecb5996604fa247433, visited on 23 April 2022.
239. USTR, Summary of the Trans-Pacific Partnership Agreement, https://ustr.gov/about-us/policy-offices/press-office/press-releases/2015/october/summary-trans-pacific-partnership, visited on 27 June 2020.
240. WEF, A Roadmap for Cross-Border Data Flows: Future-Proofing Readiness and Cooperation in the New Data Economy, World Economic Forum White Paper, June

2020.
241. World Trade Review, 3D Printing could Wipe out 40% of World Trade by 2040, https://www.gtreview.com/news/global/3d-printing-could-wipe-out-40-of-world-trade-by-2040/, visited on 18 March 2022.
242. WTO, Canada-Certain Measures Concerning Periodicals (Canada-Periodicals), WT/DS31/AB/R, 30 June 1997.
243. WTO, China's Proposal on WTO Reform, Communication from China, WT/GC/W/773, 13 May 2019.
244. WTO, China-Certain Measures Affecting Electronic Payment Systems, WT/DS413/R and Add.1, adopted 31 August 2012.
245. WTO, Committee on Special Commitments, Report of the Meeting Held on 2 June 2015, Note by the Secretariat, S/CSC/M/71, 17 June 2015.
246. WTO, Committee on Trade and Environment, GATT/WTO Dispute Settlement Practice relating to Article XX, Paragraphs (b), (d) and (g) of GATT, Note by the Secretariat, WT/CTE/W/53, 30 July 1997.
247. WTO, Communication from Brazil, Joint Statement on Electronic Commerce, JOB/GC/203 (INF/ECOM/17), 30 October 2018.
248. WTO, Communication from Brazil, Joint Statement on Electronic Commerce, Electronic Commerce and Copyright, JOB/GC/200 (INF/ECOM/16), 21 September 2018; Communication from Brazil and Argentina, Joint Statement on Electronic Commerce, Electronic Commerce and Copyright, JOB/GC/200/Rev.1 (INF/ECOM/16/Rev.1), 24 September 2018.
249. WTO, Communication from China, Joint Statement on Electronic Commerce, INF/ECOM/19, 24 April 2019.
250. WTO, Communication from China, Joint Statement on Electronic Commerce, INF/ECOM/32, 9 May 2019.
251. WTO, Communication from China, Joint Statement on Electronic Commerce, INF/ECOM/40, 23 September 2019.
252. WTO, Communication from China, Joint Statement on Electronic Commerce, INF/ECOM/60, 28 October 2020.
253. WTO, Communication from European Union, Joint Statement on Electronic Commerce, Establishing an Enabling Environment for Electronic Commerce, JOB/GC/188 (INF/ECOM/10), 16 May 2018.
254. WTO, Communication from European Union, Joint Statement on Electronic Commerce, JOB/GC/194 (INF/ECOM/13), 12 July 2018.

255. WTO, Communication from India and South Africa, Work Programme on Electronic Commerce, Moratorium on Customs Duties on Electronic Transmissions: Need for a Re-Think, WT/GC/W/747, 13 July 2018.

256. WTO, Communication from India, Work Programme on Electronic Commerce, Draft Ministerial Decision on Electronic Commerce, JOB/GC/153, 20 November 2017.

257. WTO, Communication from India and South Africa, Work Programme on Electronic Commerce, The E-Commerce Moratorium and Implications for Developing Countries, WT/GC/W/774, 4 June 2019.

258. WTO, Communication from Japan, Joint Statement on Electronic Commerce Initiative, List of the Key Elements and Ideas on Electronic Commerce, JOB/GC/180 (INF/ECOM/7), 13 April 2018.

259. WTO, Communication from the African Group, Work Programme on Electronic Commerce, Draft Ministerial Decision on Electronic Commerce, JOB/GC/155, 27 November 2017.

260. WTO, Communication from the European Communities and their Member States, Electronic Commerce Work Programme, S/C/W/183, 30 November 2000.

261. WTO, Communication from the European Union, Joint Statement on Electronic Commerce—EU proposal for WTO disciplines and Commitments Relating to Electronic Commerce, INF/ECOM/22, 26 April 2019.

262. WTO, Communication from the European Union, Joint Statement on Electronic Commerce—EU Proposal for WTO Disciplines and Commitments Relating to Electronic Commerce: Revision of Disciplines Relating to Telecommunications Services, INF/ECOM/43, 15 October 2019.

263. WTO, Communication from the European Union, Joint Statement on Electronic Commerce—EU Proposal for WTO Disciplines and Commitments Relating to Electronic Commerce, INF/ECOM/22, 26 April 2019.

264. WTO, Communication from the European Union, Joint Statement on Electronic Commerce—EU Proposal for WTO Disciplines and Commitments Relating to Electronic Commerce, INF/ECOM/22, 26 April 2019.

265. WTO, Communication from the Russia Federation, Joint Statement on Electronic Commerce Initiative, JOB/GC/181 (INF/ECOM/8), 16 April 2018.

266. WTO, Communication from the Russia Federation, Joint Statement on Electronic Commerce Initiative, JOB/GC/190 (INF/ECOM/12), 18 June 2018.

267. WTO, Communication from the United States, Joint Statement on Electronic Commerce Initiative, JOB/GC/178 (INF/ECOM/5), 12 April 2018.

268. WTO, Communication from the United States, Work Program on Electronic Commerce: Ensuring that Trade Rules Support Innovative Advances in Computer Applications and platforms, such as Mobile Applications and the Provision of Cloud Computing Services, S/C/W/339, 20 September 2011.
269. WTO, Communication from the United States, Work Programme on Electronic Commerce, the Economic Benefits of Cross-border Data Flows, S/C/W/382, 17 June 2019.
270. WTO, Contribution by the Committee on Trade and Development to the Work Programme on Electronic Commerce, Communication by the Chairperson, WT/COMTD/19, 15 July 1999.
271. WTO, Declaration on Global Electric Commerce, WT/MIN(98)/DEC/2, 25 May 1998.
272. WTO, EC-Measures Affecting Asbestos and Asbestos-Containing Products (EC-Asbestos), WT/DS135/AB/R, 12 March 2001.
273. WTO, Fiscal Implications of the Customs Moratorium on Electronic Transmissions: The Case of Digitizable Goods, JOB/GC/114, 20 December 2016.
274. WTO, Global Electronic Commerce, Proposal by the United States, WT/GC/W/78, 9 February 1998.
275. WTO, Joint Ministerial Statement on Services Domestic Regulation, WT/MIN(17)/61, 13 December 2017.
276. WTO, Joint Statement on Electronic Commerce, WT/L/1056, 25 January 2019.
277. WTO, Joint Statement on Electronic Commerce, WT/MIN(17)/60, 13 December 2017.
278. WTO, Joint Statement on Electronic Commerce: Co-conveners' Update, December 2020, https://www.wto.org/english/news_e/news20_e/ecom_14dec20_e.pdf, visited on 4 April 2021.
279. WTO, Korea-Measures Affecting Imports of Fresh, Chilled and Frozen Beef (Korea-Beef), WT/DS161/AB/R, WT/DS169/AB/R, 11 December 2000.
280. WTO, Non-Paper from Brazil, Exploratory Work on Electronic Commerce, JOB/GC/176 (INF/ECOM/3), 12 April 2018.
281. WTO, Preparations for the 1999 Ministerial Conference, Work Programme on Electronic Commerce, Communication from Indonesia and Singapore, WT/GC/W/247, 9 July 1999.
282. WTO, Proposal for the Exploratory Work by Japan, Joint Statement on Electronic Commerce Initiative, JOB/GC/177 (INF/ECOM/4), 12 April 2018.
283. WTO, Sixth Dedicated Discussion on Electronic Commerce under the Auspices of the

General Council on 7 and 21 November 2005—Summary by the Secretariat of the Issues Raised, WT/GC/W/556, 30 November 2005.

284. WTO, Statement by Indonesia: Facilitator's Consultation on Electronic Commerce, MC11 Declaration, and other relevant plenary sessions, WT/MIN（17）/68, 20 December 2017.

285. WTO, Strengthening and Modernizing the WTO: Discussion Paper, Communication from Canada, JOB/GC/201, 24 September 2018.

286. WTO, Submission by the United States, Work Programme on Electronic Commerce, WT/GC/16, G/C/2, S/C/7; IP/C/16, WT/COMTD/17, 12 February 1999.

287. WTO, Thailand-Restrictions on Importation of and Internal Taxes on Cigarettes（Thai-Cigarettes）, DS10/R-37S/200, 7 November 1990.

288. WTO, The Work Programme on Electronic Commerce, Note by the Secretariat, S/C/W/68, 16 November 1998.

289. WTO, The Work Programme on Electronic Commerce, The E-Commerce Moratorium: Scope and Impact, Communication from India and South Africa, WT/GC/W/798, 10 March 2020.

290. WTO, The Work Programme on Electronic Commerce, The E-Commerce Moratorium and Implications for developing countries, Communication from India and South Africa, WT/GC/W/774, 4 June 2019.

291. WTO, The Work Programme on Electronic Commerce, The Moratorium on Customs Duties on Electronic Transmissions: Need for Clarity on its Scope and Impact, Communication from India and South Africa, WT/GC/W/833, 8 November 2020.

292. WTO, United States-Measures Affecting Cross-Border Supply of Gambling Services（US-Gambling）, WT/DS285/R, 19 Nov. 2004; WT/DS285/AB/R, adopted 20 April 2005.

293. WTO, United States-Section 337 of the Tariff Act of 1937（US-Section 337）, L6439-36S/345, 7 November 1989.

294. WTO, Work Programme on Electronic Commerce, Adopted by the General Council on 25 September 1998, WT/L/274, 30 September 1998.

295. WTO, Work Programme on Electronic Commerce, Decision of 11 December 2009, WT/L/782, 11 December 2009.

296. WTO, Work Programme on Electronic Commerce, Decision of 17 December 2011, WT/L/843, 19 December 2009.

297. WTO, Work Programme on Electronic Commerce, Information Provided to the General Council, G/C/W/158, 26 July 1999.

298. WTO, Work Programme on Electronic Commerce, Information provided to the General

Council, G/C/W/158, 26 July 1999.
299. WTO, Work Programme on Electronic Commerce, Ministerial Decision of 7 December 2013, WT/MIN(13)/32, 11 December 2013.
300. WTO, Work Programme on Electronic Commerce, Ministerial Decision of 13 December 2017, WT/MIN(17)/65, 18 December 2017.
301. WTO, Work Programme on Electronic Commerce, Progress Report to the General Council, adopted by the Council for Trade in Services on 19 July 1999, S/L/74, 27 July 1999.
302. WTO, Work Programme on Electronic Commerce, Progress Report to the General Council, Adopted by the Council for Trade in Services on 19 July 1999, S/L/74, 27 July 1999.
303. WTO, Work Programme on Electronic Commerce, Progress Report to the General Council, G/C/W/158, 26 July 1999.
304. WTO, Work Programme on Electronic Commerce, Progress Report to the General Council, Council for Trade-Related Aspects of Intellectual Property Rights, IP/C/18, 30 July 1999.
305. WTO, Work Programme on Electronic Commerce, Report by the Chairman, WT/GC/W/739, 1 December 2017.
306. WTO, Work Programme on Electronic Commerce, Trade Policy, the WTO, and Digital Economy, Communication from Canada, Chile, Colombia, Côte d'Ivoire, the European Union, the Republic of Korea, Mexico, the Republic of Moldova, Montenegro, Paraguay, Singapore and Turkey, JOB/GC/116/Rev.1, 8 June 2017.
307. WTO, Working Party on Domestic Regulation, Report on the Meeting Held on 17 May 1999, Note by the Secretariat, S/WPDR/M/1, 14 June 1999.
308. WTO, Working Party on Domestic Regulation, Communication from Brazil, Canada and the United States, Views on the Issue of the Necessity Test in the Disciplines on Domestic Regulation, S/WPDR/W/44, 22 March 2011.
309. WTO, World Trade Report 2018: The Future of World Trade: How Digital Technologies are Transforming Global Commerce, October 2018.
310. WTO, WTO Agreements and Electronic Commerce, WT/GC/W/90, 14 July 1998.
311. WTO, WTO Electronic Commerce Negotiations Consolidated Negotiating Text-December 2020 Revision, INF/ECOM/62/Rev.1, 14 December 2020.
312. WTO, WTO Joint Statement Initiative on E-commerce: Statement by Ministers of Australia, Japan and Singapore, December 2021, https://www.wto.org/english/news_e/news21_e/ji_ecom_minister_statement_e.pdf, visited on 11 June 2022.

图书在版编目(CIP)数据

全球数字贸易规则新趋势及中国政策选择研究/李墨丝著. —上海:复旦大学出版社,2024.7
ISBN 978-7-309-17123-5

Ⅰ.①全… Ⅱ.①李… Ⅲ.①国际贸易政策-研究-中国 Ⅳ.①F741

中国国家版本馆 CIP 数据核字(2023)第 243364 号

全球数字贸易规则新趋势及中国政策选择研究
QUANQIU SHUZI MAOYI GUIZE XINQUSHI JI ZHONGGUO
ZHENGCE XUANZE YANJIU
李墨丝　著
责任编辑/谢同君

复旦大学出版社有限公司出版发行
上海市国权路 579 号　邮编:200433
网址:fupnet@fudanpress.com　http://www.fudanpress.com
门市零售:86-21-65102580　团体订购:86-21-65104505
出版部电话:86-21-65642845
上海盛通时代印刷有限公司

开本 787 毫米×960 毫米　1/16　印张 18.5　字数 313 千字
2024 年 7 月第 1 版
2024 年 7 月第 1 版第 1 次印刷

ISBN 978-7-309-17123-5/F・3020
定价:88.00 元

如有印装质量问题,请向复旦大学出版社有限公司出版部调换。
版权所有　侵权必究